Lichtkoordinaten
Ein Europaprojekt in Zeiten der Transformation

Inga van Tara

Lichtkoordinaten
Ein Europaprojekt in Zeiten
der Transformation

Inga van Tara

Zeitstrahl-Verlag

Herausgegeben von Katrin Köster

Kontaktadresse des Verlags:
Zeitstrahl-Verlag
Gelbinger Gasse 77
74523 Schwäbisch Hall

Informationen zum Buch:
Zeitstrahl-Verlag.de

Erste Auflage – August 2019
Mein herzlicher Dank geht an alle, die an der Fertigstellung dieses Buchs mitgewirkt haben. Ein ganz besonders herzlicher Dank geht vor allem an meine Mutter, Léon-Pierre und Marie-Claire, die sich mit außergewöhnlichem Engagement meinem Manuskript gewidmet haben. Ihnen war dafür keine Nacht zu lang und kein Sommer zu heiß! Da es mir wichtig erschien, den Text so authentisch wie möglich zu halten, übernahm ich wegen des ungewöhnlichen Inhalts, die mehrfache umfangreiche Schlusskorrektur selbst.

Die Autorin

Layout: Designerei Artmann GmbH
Einbandgestaltung: Katrin Köster, Foto Landkarte: www.istockphoto.com
Logo: Katrin Köster

Druck: CPI books GmbH, Leck
Printed in Germany

ISBN 978-3-00-062434-6

»Schreibe entweder etwas Lesenswertes
oder tue etwas, worüber es sich lohnt zu schreiben.«

Benjamin Franklin

»Oder tue beides.«

Inga van Tara

Allen, die ebenso wie ich in diese Geschichte hineingestolpert
»wurden« sage ich danke, danke, danke. Jeder von euch erklärte
sich bereit, in allen Situationen sein Bestes zu geben. Die
Herausforderungen waren für jeden von uns mehr als einmalig
und ungewöhnlich. Die meisten von uns kamen dabei an die
eigenen Grenzen.
Trotzdem, ihr habt geholfen, die Sache mit durchzuziehen.
Ihr seid ein klasse Team!

Opa, danke! Ohne dich wäre diese Geschichte gar nicht passiert.

Inhalt

1 Eine Idee wird Wirklichkeit — 10
2 Wie alles begann — 11
3 Eine verrückte Idee — 16
4 Dinge zum Abschluss bringen — 23
5 Erstaunliche Entdeckung — 27
6 Großes Fragezeichen — 34
7 Informationen aus der Vergangenheit — 38
8 Datenabgleich — 52
9 Auf nach Irland — 56
10 The hill of Tara — 63
11 Galway — 78
12 Schönheit der Landschaft — 87
13 Rückflug — 91
14 Wieder daheim — 97
15 Die Herren vom schwarzen Stein — 101
16 Der Entschluss — 112
17 Saint Germain — 116
18 Ein denkwürdiges Wochenende — 121
19 Der Untersberg — 126
20 Die Suche geht weiter — 129
21 Es wird konkreter — 132
22 Mariä Himmelfahrt — 138

23	Wieder zurück	159
24	Sabotage und Kraftprobe	169
25	Treffen mit der geistigen Welt	177
26	Der dritte Teil	187
27	Die nächste Reise wird geplant	192
28	Reisefieber	204
29	Immer wieder neue Aspekte	209
30	Granada	217
31	Oktoberfest	225
32	Letzte Vorbereitungen	233
33	Flug nach Athen	238
34	Die Akropolis	242
35	Delphi	255
36	Letzter Tag in Griechenland	268
37	Abreise	277
38	Es geht gleich weiter	279
39	Große Zweifel	287
40	Die Mannschaft wird komplett	289
41	Vilnius	303
42	Nachklang	323
43	Postskriptum	324
44	Anhang Bilder	326

1
Eine Idee wird Wirklichkeit

Der Blätterstapel auf dem Tisch musste nur noch in Form gebracht werden. Ich nahm die Seiten in beide Hände, klopfte sie mehrfach auf die Tischkante und schob sie in die offene Mappe hinein.
Eben noch hatte ich beim wiederholten Durchlesen des letzten Absatzes innegehalten. Konnte ich alles so stehen lassen? Das war meine größte Hoffnung. Denn erst der letzte Absatz machte die Geschichte komplett und authentisch.
Mit der Mappe in der Hand stand ich auf. Es hatte geklingelt. Das musste Miky sein, der das Manuskript abholen wollte. Meine Augen richteten sich zum Fenster. Die Sonne schien herein.

Ja. Alles das. Alles, was hier drinstand war meine Geschichte.
Ich dachte an Tim, meinen Freund, meinen Lebenspartner. Er war es, der mir den Anstoß gegeben hatte, alles aufzuschreiben. Er hatte mich immer wieder ermutigt, alles Erlebte festzuhalten, das Wissen, das mir zugänglich geworden war, mit anderen Menschen zu teilen.
»Damit es die anderen lesen können, denen es vielleicht genauso geht wie dir«, hatte er gesagt. »Menschen, die ähnlich Verrücktes erlebt haben und sich nicht trauen, es anderen zu erzählen. Oder ganz einfach Menschen, die lange Zeit genau wie du, Inga, wegen irgendwelcher Symptome gelitten haben und nicht wussten warum.«
Das war Anfang November 2017. Auf Tims Worte hatte ich mit einem »Ja gut, vielleicht irgendwann mal« reagiert. Die Idee hatte in dem Moment keine Dringlichkeit für mich gehabt. Zu jenem Zeitpunkt wollte ich nichts überstürzen, da alles Erlebte noch gar nicht weit zurücklag und eigentlich noch so nahe war. Außerdem war ich der Ansicht gewesen, dass ganz andere Dinge im Vordergrund standen.

Umso mehr erschien es mir später wie ein Wunder. Tatsächlich hatte ich es geschafft, hatte meine Gedanken in Worte gefasst und sie aufge-

schrieben. Ich war erstaunt, dass meine Geschichte zu einem Buch geworden war. Dass zwar noch als Rohfassung, aber doch komplett mit einem Anfang und Ende vor mir lag. Ich versuchte, mich zu erinnern, an welchem Tag ich angefangen hatte, alles aufzuschreiben, schaute in der Word-Datei nach und war verblüfft.
Es war der 27. November 2017 gewesen. Nur knapp einen Monat nach der letzten Etappe der Geschichte. Nur dreieinhalb Wochen, nachdem Tim mir den Anstoß dazu gegeben hatte.

Miky stand in der Tür und lachte: »Was für ein Ding, Inga. Da wird sich jeder fragen, wie man sich so was einfallen lassen kann. Weil es einfach unglaublich ist.«
Miky war mir in den letzten Jahren immer wieder durch sein wertvolles Wissen mit Rat und Tat zur Seite gestanden.
Er ließ die Mappe mit dem Manuskript in seine Tasche gleiten.
»Ich werde mir das nochmal genauestens zu Gemüte führen«, versicherte er. »Bin richtig gespannt. Aber ich muss gleich wieder los. Und dann gilt es abzuwarten, was die Leser damit machen. Ich melde mich.«

2
Wie alles begann

Bereits der erste Tag des Jahres 2015 hebelte mich erbarmungslos aus meiner Komfortzone. Meine Gesundheit wurde lahmgelegt. Eigentlich hatte sich alles schon ein halbes Jahr vorher abgezeichnet. Damals ließ ich mich auf Herz und Nieren untersuchen. Zu meiner Erleichterung konnte keiner der Ärzte etwas Konkretes feststellen. Trotzdem machte sich bei mir eine zunehmende Frustration bemerkbar. Laut der Ärzte war ich kerngesund, fühlte mich jedoch hundsmiserabel. Ich begann immer mehr an mir zu zweifeln und hatte das Gefühl, alles würde ins Schwanken geraten.

Dass es so etwas wie Aufstiegssymptome geben könnte, hatte ich nie in Betracht gezogen. Ebenso konnte ich mir nicht vorstellen, dass ich selber einmal von den Auswirkungen der Aufstiegssymptome betroffen sein würde. Und dennoch, auf der Suche nach einer Erklärung stieß ich zunehmend auf die Begriffe »Aufstiegssymptome« oder »Lichtkörpersymptome«, was mir anfänglich recht abenteuerlich und unrealistisch erschien.

Es dauerte eine ganze Weile, bis ich begreifen und annehmen konnte, dass es sich bei mir tatsächlich um Lichtkörpersymptome handelte. Als »Lichtkörper- bzw. Aufstiegssymptome« werden Symptomatiken bezeichnet, die im Zusammenhang mit der Energieerhöhung unseres Planeten Erde stehen.

Es waren zum Teil sehr bedrohliche Symptome: heftiger Druck im Brustkorb, Herzdruck, Herzrasen, eine Unruhe, die mich manchmal schier um den Verstand brachte, Schmerzen im ganzen Körper verbunden mit Schwindel und Panikattacken.

Eigentlich konnte ich kaum etwas dagegen tun. Ich begann mit dem langsamen Auflösen aller energetisch tiefschwingenden Aspekte, um mit der Energieerhöhung unserer Erde Schritt halten zu können. Vielleicht konnte man diesen Vorgang mit einer Reinwaschung vergleichen, die alle Schatten herauswusch, bis nur noch das Licht übrigblieb. Hierzu gehörten alte Krankheiten, negative Verhaltensmuster, alte Verstrickungen mit Menschen, Situationen ebenso wie Dinge, von denen man gar nichts wusste, weil sie karmisch bedingt waren.

Dass unsere Mutter Erde, Gaia genannt, eine Seele besitzen soll, fand ich interessant, als ich es einmal gelesen hatte. Sollte es also so sein, dass sich unsere Erde Gaia im energetischen Aufstieg befand? Sie sich immer vehementer von ihrem Schatten befreite und die Menschen das in Form von Naturkatastrophen vor Augen geführt bekamen? Dann wäre das ein Appell von unserer Mutter Erde Gaia an die Menschen: Wacht auf, beendet eure Kriege, achtet einander, habt Freude am Leben und achtet die Natur und die Tiere.

Und wenn die Erde sich aufgrund der Energieerhöhung reinigt, dann bleibt der Menschheit nichts anderes übrig, als es ihr gleich zu tun, wenn sie überleben will. Ansonsten würde die Menschheit an der Veränderung zerbrechen.

Ja, mir wurde bewusst, dass dank der jahrelangen Energiearbeit, die ich praktizierte, sich mein eigener Level automatisch laufend erhöhen musste. Dies war nichts anderes als eine logische Konsequenz dessen. Und wenn man die Wahl getroffen hatte, auf einem höheren Energielevel unterwegs zu sein, blieb einem keine andere Möglichkeit, als sich allem zu stellen. So viel war klar.

Es war ein kleiner Trost für mich zu wissen, dass es noch bedeutend mehr Menschen gab, als ich zunächst dachte, die unter ähnlichen Symptomen litten. Glücklicherweise hatte ich genügend wertvolle Begleiter an meiner Seite, die mich unterstützten und mir halfen, alles so gut wie möglich zu überstehen.

Ohne Tim, der diesen Prozess liebevoll und geduldig mitgetragen hatte, hätte ich das alles nicht geschafft. Seine wertvolle Unterstützung und der Mut, den er mir zusprach, munterten mich immer wieder auf.

Auch meine Mutter war immer für mich da. Ich konnte jederzeit auf sie zählen. Zu jeder Tages- und Nachtzeit.

Als die Symptome immer stärker wurden, ich zum Teil unfähig war, aufzustehen, traten bei mir tiefgreifende Veränderungen ein. Mein Leben wurde in eine neue Richtung gelenkt.

Ich spürte, dass ich keine Wahl hatte. Ich musste diesen Prozess durchlaufen und gelangte so in die Transformationsarbeit. Mit ihr war ich in der Lage, sämtliche vorhandenen Schatten herauszuarbeiten.

Mein gesamtes Leben wurde dabei auf den Kopf gestellt.

Alles bekam einen neuen Sinn.

Eine große Frage beschäftigte mich.

Was war meine wahre Lebensaufgabe und in welche Richtung sollte sich mein Leben verändern?

Wenn man keine Wahl mehr hat, gibt es nur noch eine Möglichkeit.

Ins Vertrauen zu gehen.

Sich vollkommen dem Vertrauen hinzugeben, kann sich anfühlen, als ob man fällt.
Die Kontrolle verliert.
Man fällt ohne zu wissen, wie lang und wie der vermeintliche Aufprall wohl sein könnte, wenn man landet.
Doch sobald man sich entschieden hat, genau diesen Weg zu nehmen, es wirklich fühlt und umsetzt, eröffnen sich neue Perspektiven. Diese werden einem quasi vom Universum vor die Füße gelegt. Besonders dann, wenn man nicht damit rechnet.
Es passiert einfach. Im banalen Alltag. Jeder, der aufmerksam ist, kann diese Zeichen erkennen. Oft sind es einfache Begebenheiten, wie ein Lied im Radio, eine Autonummer, ein Straßenname, ein zufälliges Treffen mit einem Menschen, den man jahrelang nicht gesehen hat.
Ganz spontan und unerwartet ergeben sich dadurch nicht selten richtungsweisende Veränderungen.
Doch immer wieder taucht dann der Verstand auf und meldet sich mit einem: »Das kann doch nur ein Zufall sein.«
Wie gerne übernimmt die Ratio das Ruder, um zu korrigieren, was sie nicht begreifen kann. Sobald man nicht aufpasst, ist man dann immer wieder schnell hineingetappt. In die Ratio-Falle.
Hat man es geschafft, den Zustand des Vertrauens und des Loslassens bewusst länger zu halten und zu leben, schwimmt man auf der Welle des Lebens und es ergibt sich eine Synchronizität nach der anderen. Aber genau das braucht sehr viel Übung, denn der Alltag fordert uns täglich heraus und lenkt unsere Aufmerksamkeit in den Verstand.
»So oft, so anstrengend«, dachte ich damals. Denn es war jedes Mal eine bewusste Entscheidung und forderte Kraft, wieder in den Zustand des Vertrauens zurück zu finden.
Doch es ging weiter. Ich fühlte mich wie ein kleines Kind, das laufen lernt. Es gab so viel Neues zu entdecken.

Willkommen in der neuen Zeit!

Es veränderte sich viel für mich. Ich hatte es entschieden und mein bisheriges Arbeitsleben ganz bewusst aufgegeben. Es passte nicht mehr in mein Leben, mich ständigem Stress und Druck auszusetzen. Dafür konnte ich fortan in einem wunderschönen selbst gestalteten Praxisraum meiner Energiearbeit nachgehen, Menschen in aller Ruhe behandeln und nach Beendigung meiner Arbeit ein gutes Gefühl mit nach Hause nehmen.

Trotzdem waren da noch viele Dinge aus der Vergangenheit, die sich plötzlich zeigten und integriert werden wollten. Ich erinnerte mich, wie ich mit Spiegelungen aus anderen Zeitepochen konfrontiert wurde. Dies geschah immer schneller und intensiver, so dass mir kaum noch Zeit zum Luftholen blieb.

Zu Beginn war es erschreckend und kräfteraubend für mich, die Bekanntschaft mit verirrten Seelen zu machen. Doch kam ich dadurch mit meinem verstorbenen Großvater in Kontakt, der mich bis heute aus der geistigen Welt tatkräftig unterstützt. Zu ihm sollten sich im Laufe der Monate noch weitere interessante feinstoffliche Weggefährten dazugesellen.

Ja, es war teilweise unglaublich, was mir aus der geistigen Welt mitgeteilt wurde. Wobei ich mir klar darüber war, dass ich bei allem sehr achtsam und vorsichtig sein musste. Ich musste stets sichergehen, dass die Informationen von der richtigen Quelle her kamen.

Mit der Zeit stellten sich immer längere Kraftphasen ein und manchmal konnte ich das Leben wieder richtig genießen.

Ich war damals fest entschlossen, alle belastenden Dinge aus der Vergangenheit zu einem Abschluss zu bringen.

Dieser Frühsommer sollte für mich den neuen Anfang von etwas völlig Unbekanntem einläuten. Alles, was damit in Gang kam, hatte mit alltäglicher Normalität nichts mehr zu tun. Dabei kam ich mit Energien inBerührung, die mich in meinem Heilungsprozess um ein Vielfaches voranbrachten.

Es begann eine derart verrückte, abgefahrene Geschichte, dass ich öfter glaubte, mich mitten in einem Film zu befinden.

Der Beginn war unspektakulär und hätte nicht weltlicher sein können, als er war.

Eine Geburtstagsfeier brachte den Stein ins Rollen...

3
Eine verrückte Idee

Sonntag, 28.5.17

»Haben wir an alles gedacht?» Ich sah fragend zu Tim hinüber. Eine angenehme Frühsommerfrische stieg uns in die Nase.
»Du bist da, ich bin da! Und wenn wir später im Rheinland ankommen, werden alle anderen auch da sein. Schließlich feiert meine Mutter heute ihren Achtzigsten. Und was wir nicht dabeihaben, brauchen wir nicht», lachte Tim.
Ich erinnerte mich noch genau an den Tag, als wir zum ersten Mal gemeinsam Tims Familie besuchten. Wir beide kannten uns da gerade mal ein Vierteljahr. Es war auf Anhieb eine gegenseitige Sympathie da gewesen. Bei dem Gedanken daran lächelte ich. Ja, ich hatte mich in Tims Familie auf Anhieb wohlgefühlt. Wie oft mochten wir dort inzwischen wohl schon gewesen sein?
Ich ließ die Scheibe herunter, drehte mich zu ihm hinüber und lächelte. Wieder wurde mir klar, wie unglaublich schön und wertvoll meine Beziehung zu Tim war. Dass Tim bereits die Fünfzig überschritten hatte, war ihm nicht anzusehen.
Wir hatten das beide von Anfang an gespürt, schon bei unserer ersten Begegnung vor vier Jahren. Ja, alles war richtig, genauso wie es war. In vielerlei Hinsicht waren wir uns so ähnlich und die Andersartigkeit eines jeden von uns stellte dabei eine wertvolle Ergänzung dar.
Am blauen Himmel zeichneten sich Schäfchenwolken ab. Der Tag versprach schön, für Ende Mai aber ungewöhnlich heiß zu werden.

Alle hoben die Sektgläser: »Ein Hoch auf die Jubilarin. Hoch, hoch, hoch! Wir wünschen dir von Herzen alles Gute.«
Es war eine lebendige, heitere Gesellschaft, die sich auf dem Vorplatz eines Restaurants am Rheinufer versammelt hatte.
Tims Mutter strahlte und schien sich sichtlich wohlzufühlen.
»Man wird ja nur einmal achtzig«, verkündete sie stolz. »Es ist so schön, dass ihr alle gekommen seid.«
Unterdessen zog eine drückende Schwüle auf und der allgemeine Aufruf, drinnen zu essen, wurde von allen dankbar angenommen.
Tim und ich setzten uns ans Tischende, während Anja, Tims zierliche, quirlige Schwester ihre Handtasche am freien Stuhl neben mir über der Lehne platzierte. Mal wieder musste ich feststellen, dass sie richtig gut aussah mit ihrem wie immer tadellosen Haarschnitt, ihrem dunkelbraunen Haar.
Zu Jo, ihrem Freund blickend, der neben Tim saß, meinte sie: »Ich glaube, ich brauche dringend was zu trinken.«
Jo, der stets gemütlich Wirkende, saß in aller Ruhe da. Er trocknete sich die Schweißtropfen von der Stirn und gönnte sich genüsslich einen Schluck Weizenbier.
Innerlich musste ich kichern und dachte bei mir: »Ja, ein richtiger Bayer trinkt Weizenbier, so muss das sein.«
»Hey, wie sieht's aus mit meiner Geburtstagfeier im Sommer?« fragte Jo.
Ich spürte, wie sich meine Stirn in Falten zog und kratzte mich am Kopf.
»Das mit deinem Termin gestaltet sich schwierig.«
In diesem Moment blieb mir nichts anderes übrig als ein vorsichtiges Schulterzucken.
Ich sah Tim an, der meinte: »Sag mal Jo, du hast doch im Juli Geburtstag, warum planst du deine Feier im August?«
»Also meinen eigentlichen Geburtstag feiern wir zwei in Irland.« Er lächelte zu Anja hinüber und fing sofort an zu schwärmen: »Es ist so wunderschön dort. Eine sagenhafte Landschaft, wunderschön grün mit herrlichen, weitläufigen Hügeln und natürlich erstklassigen Pubs

mit super Bier.«
Tim überlegte nicht lange.
»Dann kommen wir eben einfach zu euch.«
Dabei grinste er verschmitzt und blickte uns allen fragend ins Gesicht.
»Euer Wochenende im Juli liegt direkt vor den Sommerferien, da haben wir bestimmt noch Zeit. Dann kommen wir euch in Irland besuchen und feiern dort gemeinsam. Mensch Inga, lass uns gleich mal nachschauen. Hast du deinen Terminkalender dabei?«
Jo und Anja sahen uns ungläubig an und lachten schließlich los.
»Verrückte Sache«, entfuhr es Jo.
Anja nickte begeistert.
Ein einziger Gedanke schoss mir durch den Kopf.
»Oh, fliegen... mal so kurz über das Wochenende... oh nein... diese blöde Fliegerei«. Der Notfallmodus hatte sich bei mir eingeschaltet und gab unerbittlich Klopfzeichen. »Halt, erst mal zulassen, okay?«, antwortete ich ihm.
Tim blickte mir in meine fragenden Augen, die ihm sofort verrieten, was in mir vorging. Er liebte es schon immer spontan zu sein, was mir in aller Regel gefiel. Ebenso wie sein Pragmatismus. In diesem Fall musste ich allerdings erst einmal tief durchatmen.
Für mich stellte es schon immer eine große Herausforderung dar, in ein Flugzeug zu steigen. Jedes Mal, wenn ich daran dachte, zuckte ich zusammen.
»Hm, ja.«
Ich bemühte mich, souverän zu klingen.
»Hm, ja, richtig gut.«
Innerlich versetzte ich mir einen Tritt: »Mensch Inga, auf geht's, reiß dich zusammen.«
Denn eigentlich - ja eigentlich hatte ich auf eine kurzfristige Reise schon Lust. Und dann auch noch Irland...
Es konnte doch bestimmt nur gut werden.

»In Irland war ich noch nie«, bemerkte Tim, der jetzt wieder hinter dem Lenkrad saß. Wir befanden uns auf dem Heimweg und Tim fä-

delte gerade von der Autobahnauffahrt auf die rechte Fahrspur ein.
»War auch nie ein Thema für mich. Ich von mir aus wäre alleine nie auf die Idee gekommen, nach Irland zu fliegen.«
In diesem Moment war ich gedanklich ebenso mit Irland befasst wie Tim. Es war mal wieder erstaunlich, dass in mir dasselbe vorging wie in ihm.
»Ja, Irland ist für mich auch ein unbeschriebenes Blatt. Ich verbinde nichts damit. Lassen wir uns überraschen.«
Es entwickelte sich eine lebhafte Unterhaltung zwischen uns, die wieder in kunterbuntes Philosophieren überging. Wir sprangen von einem Thema zum nächsten, ohne es wirklich zu merken, und drifteten wie gewöhnlich in irgendwelche Albernheiten ab.
Der Wagen lag satt und sicher auf der Straße. Er lief ruhig, und es schien uns fast, als würden wir über die Autobahn fliegen.
In solchen Fällen pflegte ich zu Tim zu sagen: »Du bist mal wieder dabei, das Raum-Zeit-Kontinuum zu überwinden«, und jedes Mal mussten wir beide darüber lachen.
»Wir sind einfach nur im Hier und Jetzt«, war dann meistens Tims Antwort.
Wir erinnerten uns in solchen Momenten immer wieder gerne an unseren gemeinsamen Urlaub in der Toskana vor knapp vier Jahren. Die einprägsamen und unvergleichbaren Erlebnisse in diesem Urlaub würden wir wohl für immer im Gedächtnis behalten. Mit unserem Verstand waren diese nicht zu erfassen gewesen.

Nie würden wir vergessen, wie wir eine Weile auf einer Bank gesessen hatten, vor einem Haus mitten im Wald, im gefühlten Nirgendwo. Wir waren damals durch den Wald gewandert und hatten eine Pause eingelegt, um das mitgebrachte Pestobrot zu essen. Das Haus war bewohnt und wirkte auf uns, als müsste jederzeit jemand herauskommen. Alle Türen standen offen, aber alles blieb still.
Neben der Bank hatte eine angebrochene Sprudelflasche gestanden, gerade so, als hätte sie eben jemand hier abgestellt. Vor dem Haus hatte jemand bunte Wäsche zum Trocknen aufgehängt. Die Wäsche flat-

terte sanft im Wind. Wir waren von einer absoluten Stille umgeben. Das einzig für unsere Ohren Wahrnehmbare waren die zahlreichen umherfliegenden Bienen und andere Insekten. Wir beide hatten damals das Gefühl gehabt, ganz und gar mit der Umgebung zu verschmelzen.
Das Knistern der Papiertüte war uns damals in jener Stille unerträglich laut erschienen. Ganz bewusst und langsam hatten wir jeden Bissen gekaut, um diesen Moment nicht zu zerstören.
Die Zeit war damals einfach stehengeblieben.
Wir befanden uns inmitten vollkommener Zeitlosigkeit und Unendlichkeit.

Wie unterschiedlich das Zeitempfinden doch sein kann! Manchmal hat man das Gefühl, die Zeit würde gar nicht fortschreiten, und dann vergeht sie wieder viel zu schnell oder man meint, man würde sich in einem ruhigen, ewigen Zeitstillstand befinden, was zum Beispiel in der Meditation vorkommen kann. Ja, es musste tatsächlich möglich sein, mit dem Bewusstsein die gefühlte Zeit zu beeinflussen.
Genau das war auch ein Phänomen, über das Tim und ich häufig philosophierten.

Mein Blick richtete sich auf das Navi. Es war noch etwa eine halbe Stunde zu fahren, bis wir zuhause ankommen würden.
Erneut dachte ich an Irland.
»Irgendetwas völlig Unbekanntes ist dabei«, kam mir im selben Augenblick in den Sinn.
Staunend bemerkte ich die plötzliche Neugierde, die auf einmal in mir aufkam.

Montag, 29.5.17

»Also du meinst, wir sollten wirklich nach Irland fliegen?«
Tim saß mir am Tisch gegenüber, während wir auf dem Balkon zu Abend aßen. Sein prüfender Blick schien meine gesamte Gefühlswelt

wahrzunehmen und abzuscannen. Mit allem Feingespür und aller Rücksichtnahme schaffte Tim es immer direkt auf den Punkt zu kommen.
Ich zögerte, drehte auf meinem Teller die übrigen Nudeln mit der Gabel auf und schob sie in meinen Mund. Langsam kauend dachte ich nach. Viele Gedanken gingen mir durch den Kopf.
Dann nippte ich am bauchigen Rotweinglas. Tim verstand es perfekt zum Essen den passenden Wein auszusuchen.
Ich stand auf, lehnte mich an die Balkonbrüstung und sah in den abendlichen, rosa- und türkisfarbenen Sommerhimmel. Er strahlte in diesem Moment etwas Weites und Beruhigendes aus. Selbst das Thema Fliegen schien für mich auf einmal versöhnliche Züge anzunehmen.
Lediglich für ein kurzes Wochenende nach Irland zu fliegen wäre für mich bis vor kurzem niemals in Betracht gekommen. Entfernung und Dauer des Aufenthalts standen für mich in keinem Verhältnis. Die Umweltaspekte gerieten, wenn man nicht aufpasste, viel zu schnell aus dem Fokus.
Aber vielleicht war es angebracht, aus der Situation heraus seinen Standpunkt zu ändern? Weil es vielleicht der Moment verlangte?

Aus irgendeinem Grund, der für mich völlig im Dunkeln lag, wusste ich, dass ich diese Reise antreten würde. Es war eine nicht zu erklärende Gewissheit, die mein Verstand nicht greifen konnte.
In Gedanken räumte ich die Teller zusammen. Auf dem Weg in die Küche kam mir Tim entgegen. Direkt gegenüber blieben wir beide stehen und sahen uns an. Jetzt spürte ich meine Entschlossenheit.
»Ja. Ich fliege mit dir nach Irland… Komm, lass uns im Internet nach Flügen suchen.»
Ich lächelte und gab ihm einen Kuss.
»Schön. Von mir aus sofort. Du weißt, dass ich jederzeit für spontane und verrückte Dinge zu haben bin.»
Tim nahm mir die Teller ab und stellte sie auf die Spüle.
Die Recherche im Internet verlief erstaunlich glatt. Bald schon hatten

wir die richtigen Flüge gefunden und auch sofort gebucht. Ich war begeistert.
»Was für schöne grüne Flugzeuge. Schau mal, die irische Airline hat echt einen guten Geschmack.«
Tim schmunzelte.
»Auf was Frauen so alles Wert legen... Aber du hast recht, die sehen schön aus. Und mit so einem Flugzeug werden wir bestimmt gut ankommen. Das ist ganz sicher genau der richtige Flieger für uns.«
Ich bemerkte seinen leicht spöttischen Ton. Er versuchte mich mal wieder hochzunehmen. Für mich genügte schon sein Blick. Unwillkürlich zog ich eine Grimasse. Wir knufften uns in die Seite und lachten.
Dann rief er bei Anja an.
»Du glaubst es nicht, wir haben den Flug nach Dublin gebucht und dachten, wir könnten Jo vielleicht damit überraschen. Was hältst du davon? Prima. Wo geht es eigentlich genau hin? Okay. Ich kläre das gleich mit Inga ab.«
Sie wechselten noch ein paar Worte, dann legte er auf.
»Anja und Jo werden eine kleine Rundreise durch Irland machen. Dabei ist ihre letzte Station in Galway. Schon mal gehört? Jedenfalls sind sie bereits in Galway, wenn wir am Wochenende dort ankommen. Das klingt doch wunderbar, oder? Lass uns gleich mal nachschauen, wo das liegt.«
Eifrig studierten wir die irische Landkarte auf dem Laptop. Ich zog dabei mit dem Finger eine Linie von der östlich gelegenen Hauptstadt quer durch Irland bis zur Stadt Galway an der Westküste.
Tim überlegte.
»Ich schlage vor, die erste Nacht in einer Unterkunft nahe Dublin zu verbringen. Dann müssen wir am Abend der Ankunft nicht mehr so lange mit dem Auto fahren.«
»Ja, klar. Erstens könnten wir dann noch in Dublin in einen Pub... hey, das ist Pflicht. Außerdem hätten wir am nächsten Tag noch die Möglichkeit, ein wenig die Landschaft zu erkunden, bevor wir in Galway ankommen... Ja, das fühlt sich stimmig an... Aber mal ganz ehrlich. Die Idee, mal eben so zum Geburtstagfeiern nach Irland zu flie-

gen, ist schon ein bisschen verrückt.«
Tim lächelte nur und klappte den Laptop zu.

**4
Dinge zum Abschluss bringen**

Mittwoch, 31.5.17

Vor gut zwei Monaten hatte ich meine langjährige Arbeitsstelle verlassen. Noch vor wenigen Wochen war es für mich selbstverständlich, den gewohnten Achtstundentag zu bewältigen und abends mehr oder minder erschöpft nach Hause zu kommen.
Dieser Part meiner Vergangenheit war bereits in weite Ferne gerückt. Durch die jetzige Arbeit war ich in der Lage, meinen Terminplan selbst gestalten zu können. So war es ohne weiteres möglich, mir einen freien Tag einzuplanen.

Den heutigen Tag hatte ich mir bewusst freigehalten. Für mich stand heute Großes auf dem Programm. Pfeifend und gut gelaunt ging ich durch die Wohnung. Da Gewitter vorausgesagt waren, schloss ich die Fenster.
»Ist die Kaffeemaschine aus?« fragte ich mich, als ich die Wohnungstür hinter mir zugeschlossen hatte. Ich verdrehte die Augen, schloss die Tür wieder auf und eilte in die Küche. Die Kaffeemaschine war natürlich aus, was sonst? Oh Mann, Inga... Immer dasselbe...
Mal wieder kam ich mir vor wie in einem Slapstick.

»Mach du mal, ich geh schon mal langsam weiter«, hätte Tim jetzt gesagt.
Wesentlich eindrucksvoller war die Variante, wenn Tim beim Verlassen der Wohnung noch vor dem Schließen der Wohnungstür trocken bemerkte: »Du solltest noch einmal zurück und nach der Kaffee-

maschine schauen.«
In solchen Momenten war ich mir nie sicher, wie ernst er das dann wirklich meinte.

Ich drückte den Knopf der Fernbedienung. Ächzend öffnete sich das Garagentor. Dann startete ich den Motor und fuhr unter dem ruckelnden Tor auf die Straße.
Wenn alles frei blieb, würde ich gegen Mittag bei Miky eintreffen.
Bei halb geöffneter Scheibe ließ ich mir die warme Frühlingsluft um die Ohren wehen. Aus dem Radio ertönte das Lied »Happy«. Passender hätte es nicht sein können. Dieses Lied spiegelte meine Gefühlslage wieder.
Sollte das wieder eine Synchronizität sein? Dieser Gedanke beruhigte mich und bestätigte mir, dass es richtig war, heute zu Miky zu fahren.
Den Takt trommelnd drehte ich die Lautstärke hoch.
Vorgestern hatten wir die verrückte Idee mit der Irlandreise startklar gemacht. In drei Tagen würden wir zu unserem Pfingsturlaub auf die Kanaren aufbrechen.
Ich fühlte mich super.
Das Entscheidende heute für mich aber war das energetische Großreinemachen, welches heute Mittag anstand. Mit der Aufarbeitung meiner Vergangenheitsthematiken war ich schon weit gekommen. Dennoch wurde ich in größeren Abständen, jedoch beharrlich, immer wieder von unangenehmen Lichtkörpersymptomen geplagt.
Es gab da immer noch Dinge im Untergrund, die geradezu danach verlangten, aufgeräumt zu werden...
In den vergangenen Jahren hatte ich unterschiedliche energetische Methoden erlernt, mit Hilfe derer ich mich auch selbst behandeln konnte. Wenn ich mit diesen Methoden jedoch nicht mehr weiterkam, wandte ich mich an Miky. Seine kraftvollen Sitzungen hatten mir jedes Mal ein Stückchen weitergeholfen.
Mikys Arbeit bestand aus einer Art energetischer Aufstellung, die er selbst entwickelt hatte. Damit war es möglich, eine aktuell belastende Situation zu beleuchten und auf den Punkt zu bringen. Hierfür erhielt

er in den Sitzungen Informationen und Bilder aus der geistigen Welt. Die hilfesuchende Person konnte dann mit den vier Elementen Feuer, Wasser, Erde und Luft die belastende Situation in eine energetische Auflösung geben.

Mikys Art durch die Sitzungen zu führen, hatte für mich schon immer eine wunderbare Einfachheit, Sachlichkeit und Authentizität besessen.

Ich erlebte Miky von Anfang an als einen normalen, bodenständigen Menschen, mit einer sehr guten Verbindung zur geistigen Welt.

Dieser erste Eindruck hatte sich auch über die Jahre hinweg aufrechterhalten. Mit esoterischem Firlefanz hatte ich nie etwas im Sinn gehabt, dafür hatten Einfachheit und Klarheit seit jeher oberste Priorität für mich.

Das Hineinspüren in die jeweilige Situation war entscheidend. Fühlte es sich gut an? Oder stieß mich irgendetwas daran ab?

Während ich so dahinfuhr, waren meine Gedanken abgeschweift. Jetzt kamen sie wieder zurück zu meinem heutigen Termin bei Miky. In mir meldete sich nur noch ein Wunsch.

Der Wunsch auf einen freien zukünftigen Weg, den ich kraftvoll beschreiten würde.

Dieses Mal verlief die Sitzung besonders intensiv. Die Thematiken gingen sehr tief, und wiederholt tauchte das alte Thema Atlantis auf. Gerade in der heutigen Sitzung spielte es eine gravierende Rolle.

Ein jeder mag bei dem Wort Atlantis stutzen und sich wundern. Auch wenn es ungewöhnlich klingen mag, sollten wir uns mit dem Gedanken auseinandersetzen, dass es Atlantis tatsächlich gegeben hat. Trotzdem sollte jeder derart ungewohnte Sachverhalte zunächst kritisch hinterfragen.

Wenn man bei dieser Gelegenheit tiefer in die Materie einsteigt und ein wenig nachforscht, kann es mitunter passieren, dass man auf ungeahnte Übereinstimmungen stößt. Das Schöne daran ist, dass jeder, der eine gewisse Offenheit an den Tag legt, sich vom größten Zweifler

in einen überzeugten Verfechter einer Sache verwandeln kann.
Ich habe übrigens sehr lange gezweifelt.

»Ich glaube, jetzt haben wir's, Inga. Bei dir ging es maßgeblich um das untergegangene Atlantis. Wusstest du, dass der aufgestiegene Meister Saint Germain aus der geistigen Welt in dieses Thema involviert ist? Ich gehe davon aus, dass er sich demnächst mit dir in Verbindung setzen wird. Warte es ab und wundere dich nicht zu sehr. Ich habe Saint Germain auch schon seit geraumer Zeit an meiner Seite. Auf jeden Fall scheint das bei dir ein richtig großer Brocken gewesen zu sein.«
Miky packte die Zettel zusammen.
Diese sollte ich den jeweiligen Elementen übergeben.
»Du weißt, was du zu tun hast, nicht wahr? Willst du das hierlassen?«
Ich nickte.
»Die Zettel nehme ich garantiert nicht mit nach Hause, das kannst du mir glauben. Alles wird hier an Ort und Stelle dem Feuer, dem Wasser, der Erde und der Luft übergeben. Ich werde alles hier und jetzt auflösen.«
Miky zwinkerte mir zu: »Sehr gut. Und dann iss erst mal was Anständiges. Du musst dich unbedingt erden.«
Wir verabschiedeten uns.
Ich übergab die unterschiedlichen Zettel den vier Elementen.
Erleichtert darüber, so viel Ballast abgeworfen zu haben, und mit einer Fülle neuer Inputs begab ich mich auf die Rückfahrt.

Was hatte Miky ganz zum Schluss gesagt?
»Google doch mal die Arianischen Inseln.«
Ja, genau das hatte Miky gesagt.

5
Erstaunliche Entdeckung

Donnerstag, 1.6.17

Ich blätterte den Kalender um.
»Herzlich willkommen, Monat Juni«, murmelte ich vor mich hin.
Und meine Gedanken waren sofort wieder bei den Themen der gestrigen Sitzung. Ich dachte über die neuen Erkenntnisse und die offen gebliebenen Fragen nach.
Während ich mein Müsli löffelte, suchte ich nach Mikys letzten Worten. Es ging um eine Insel. Wie hieß sie noch? Ja, er hatte es mir aufgeschrieben.
Ich sprang auf und suchte in meiner Handtasche nach dem kleinen Zettel. »Mist«, dachte ich. Ein kleiner abgerissener Zettel war es, den Miky mir am Vortag in die Hand gedrückt hatte. Wie oft hatte ich mir geschworen, künftig immer alles ordentlich aufzuschreiben und aufzubewahren.
Und nun das übliche Desaster.
Ich durchforstete die Tasche und fand ein kleines rotes Gummiband, ein uraltes Hustenbonbon, das am mürbe und durchsichtig gewordenen Einwickelpapier hing, ein kleines Stückchen Kabel, einen alten Autobahntoiletten-Gutschein und war schließlich nicht minder erstaunt über einen halben Kugelschreiber mit deformierter Feder, die nach außen verbogen seltsam und bizarr abstand.
»Hey, das ist ja Real-Life-Komödienstadel«, dachte ich bei mir. Laut rief ich in die leere Wohnung: »Ist hier jemand, der das überbieten kann?«
Ich musste lachen.
Nein, es war niemand da, der klatschte.
Schließlich stellte ich die Tasche auf den Kopf und schüttete den gesamten Inhalt heraus. Ich fand alles, nur nicht den besagten Zettel.
Ich holte tief Luft und hielt dann inne.

»Wie innen, so außen. Wie außen, so innen. Wenn ich mich im Inneren nicht aufgeräumt fühle, spiegelt sich das im Außen wieder und wird auch dort sichtbar. Umgekehrt ist es genauso. Ganz einfach.«
Die Quintessenz wurde mir nochmals ganz offensichtlich klar.
»Es lohnt sich immer, sich hin und wieder zu prüfen und im Innen wie im Außen aufzuräumen. Die »Rucksäcke«, die man mit durchs Leben schleppt, werden sonst zu schwer...« Die letzten Worte murmelte ich mehr, als das ich sie dachte.
Ich zog eine kurze Bilanz.
Gestern hatte ich energetisches Großreinemachen, heute grobstoffliches Ausmisten. Genau so war es richtig.
»Hosentasche, ja klar, in der Hosentasche, da ist er bestimmt«, hörte ich mich sagen, durchsuchte dabei sämtliche Taschen meiner Hose und wurde tatsächlich fündig.
»Ah, da bist du ja, sehr gut«, murmelte ich leise.
Sorgfältig faltete ich den kleinen unscheinbaren Zettel auseinander und las: Arianische Inseln.
Amüsiert schüttelte ich den Kopf.
Mikys Schrift glich Hieroglyphen.

Ich setzte mich an meinen PC. In der Suchmaschine gab ich den Begriff »Arianische Inseln« ein. Chronologisch folgte ich den Eintragungen, die aber alle ganz andere Themen beinhalteten.
Meine Augen überflogen die Adressen und Stichworte, doch schien nichts Konkretes dabei zu sein. Ich überlegte. Konnte es vielleicht irgendeine Legende oder eine Überlieferung sein? Möglicherweise bräuchte ich ein anderes Stichwort. Ich scrollte rauf und runter. Nein, das hatte alles keine Relevanz.
»Hm.« sagte ich leise, stand auf, holte mir eine Tasse Kaffee und sah zur geöffneten Balkontür hinaus.
Von draußen kam munteres, fröhliches Vogelgezwitscher herein.
Motivierender hätte die Aufforderung nicht sein können: Such weiter!
Es war ein gefühlter Stups in die Seite.
Also, ran an den PC.

Es war ein besonderes Stichwort, das mich plötzlich aufmerksam werden ließ.
»Die blauen Steine von Atlantis».
Ob in diesem Artikel irgendwelche relevanten Informationen zu finden sein würden?
Ich klickte den Artikel an.
Unvermittelt stieß ich auf das bestimmte Wort.
Irland!
Sofort begann ich den Artikel zu überfliegen.
Dann las ich: Archäologiedozent an der National University of Ireland in Galway. Es ging um den Hill of Tara.
Mein Herz klopfte.
Konnte das möglich sein?
Tim und ich würden in wenigen Wochen nach Irland fliegen und tatsächlich die Stadt Galway besuchen.
Was sollte das?
Wie gebannt starrte ich auf den Text und las weiter.
Es war zu lesen, dass der Archäologe Conor Newman, Dozent an der National University of Ireland in Galway, mit Hilfe eines Radargeräts in Tara einen enormen unterirdischen Tempel entdeckt hatte, den er auf ca. 2500 v. Chr. datierte. Bei Ausgrabungen auf dem Hill of Tara waren außerdem viele weitere archäologische Schätze gefunden worden.
Der Verfasser des Artikels schrieb, es sei davon auszugehen, dass sich das eigentlich Wertvolle unter dem heiligen Hügel befinden müsse. Hierbei erwähnte er auch die blauen Steine (oder auch die schwarzen oder Chintamani-Steine), die eine Grundlage der irischen Mythologie bildeten und Erleuchtung bringen würden. In der irischen Mythologie sei Tara die heilige Heimat der Ari (später Arish oder Irisch) gewesen.
Ich stockte.
Stand dies möglicherweise in Zusammenhang mit den Arianischen Inseln, die Miky erwähnt hatte?
Mich beschlich ein seltsames Gefühl.

Mir fiel der Junge aus der unendlichen Geschichte ein, der beim Lesen des besagten Buches selber in die Geschichte eintauchte...
»Nein, nein, alles Fantasie«, beruhigte mich mein Verstand.
Vom Text magisch angezogen las ich weiter.
Tara wurde als der Berg Gottes betrachtet und als das Tor in die ätherische Welt. Sowohl in der irischen als auch in der irakischen Mythologie seien die blauen Steine zu finden. Irland sei auch bekannt als Atlantis oder Thule.
Für die Iren sei es selbstverständlich, dass die Mythologie der blauen Steine sowie die atlantische Mythologie in Irland entstanden seien und sich anschließend nach Sumer, Ägypten, Indien und nach Südfrankreich ausgebreitet hätten.
In Südfrankreich seien die blauen Steine benutzt worden, um Tore in andere Welten zu öffnen. Es musste demnach Jesus gewesen sein, der die Katharer die Geheimnisse der blauen Steine lehrte.
Später sei es die römische Kirche gewesen, die versucht habe, in den Besitz der blauen Steine zu kommen. Im 12. Jahrhundert habe sie begonnen, die irische Religion und die »Mutterkirche von Tara« zu zerstören. Sie habe das Land erobert, das von den Einheimischen »The Skilly«, die Gesegneten Inseln, genannt wurde, weil die dort lebenden Menschen die Katastrophe von Atlantis überlebt hätten. Tara sei von der Kirche somit ausgelöscht und seine Geschichte umgeschrieben worden. Es sei auch die Kirche gewesen, die den König von Tara durch den heiligen Patrick ersetzt habe. Unzählige Bände irischer und druidischer Schriften seien von ihr verbrannt worden.

Derart vertieft in das Thema, überhörte ich fast das Telefon, das schon eine Weile klingelte.
Ich musste mich schütteln.
Sofort erkannte ich die Nummer.
»Hallo Mama, du bist's? Hier passiert gerade etwas, das glaubt mir kein Mensch. Das gibt es gar nicht. Pass auf.«
Es sprudelte aus mir heraus. Louise hörte zu. Sie war schon immer eine gute Zuhörerin gewesen. Auch in den absurdesten Situationen

hatte sie stets ein offenes Ohr.
»Jetzt bin ich baff», mehr sagte sie nicht.
Ich lief im Wohnzimmer hin und her.
»Bist du noch da?»
»Ja, ich bin noch da», antwortete sie. »Die Geschichte ist unglaublich. Ist es gerade das, was man als Synchronizität bezeichnet? Also quasi so: Irgendeine Handlung, ein Ereignis, setzt etwas in Gang, bei euch wäre das die Entscheidung, nach Irland zu fliegen? Möglicherweise hat es einen ganz anderen Hintergrund und du bekommst vom Universum Stück für Stück Hinweise, was weiter zu tun ist. Diese Hinweise können so vielfältig sein wie das ganze Leben. Sie laufen dir sozusagen einfach über den Weg. Du triffst irgendjemand oder du liest oder hörst etwas, zum Beispiel ein Lied im Radio, und es erinnert dich an etwas und du erkennst Parallelen und Zusammenhänge. Könnte es das sein?»
Sie machte eine kurze Pause.
Dann holte sie hörbar Luft.
»Ach ja, Inga, der Grund meines Anrufs: Meinst du, du könntest mal nach meinem Handy schauen? Das spinnt seit gestern irgendwie, ich bekomme das alleine nicht hin.»
Wir verabredeten uns für morgen.

An diesem Nachmittag topfte ich meine Balkonpflanzen um.
Den Kopf voll mit den kuriosesten Informationen, verspürte ich das Bedürfnis, mit meinen Händen in der Erde zu arbeiten. Die Abwechslung und die frische Luft taten jetzt gut.
Was Tim später wohl zu dem Ganzen sagen würde?

Ich überschlug mich fast, als Tim am Abend nach Hause kam. Heute war er länger im Büro geblieben. Es war wohl eine Menge zu tun gewesen. In solchen Fällen ließ ich ihn üblicherweise erst mal zur Ruhe kommen.
Aber genau das wollte mir beim besten Willen heute Abend nicht gelingen.

»Komm mal mit, ich muss dir sofort was zeigen«.
Mit zwei Tassen Kaffee in der Hand nahm ich die Kurve aus der Küche ins Wohnzimmer, stellte die Tassen ab, schaltete den Rechner ein und rückte zwei Stühle zurecht.
»Hier, dieses Stichwort hat mich heute Morgen förmlich angesprungen.«
Tim rückte den Stuhl ein Stückchen ran.
»Die blauen Steine von Atlantis, hm... Okay, klick mal an.«
Ich sah ihm direkt in die Augen.
»Jetzt kommt's.«
Ich ließ den Mauspfeil auf die Überschrift wandern, klickte sie an und der Artikel öffnete sich.
»Lies mal und schau genau, was hier steht.«
Wir brauchten zusammen eine ganze Weile, bis wir den Text durchgelesen hatten. Er war gespickt mit völlig sonderbaren und bizarren Informationen, die uns absolut fremd waren. Vieles mussten wir wiederholt lesen.
Tim sah mich fragend an.
»Ich weiß auch nicht. Lass es mich noch einmal zusammenfassen. Durch das Zusammentreffen mit Jo und Anja entscheiden wir uns spontan, zu Jos Geburtstagsfeier nach Irland zu fliegen. Ohne weiteres wären wir mit Sicherheit dort nicht einfach so hingereist. Zwei Tage später wird dir bei Miky deine uralte energetische Verbindung zum alten Atlantis aufgezeigt. Du erhältst den Hinweis von Miky, nach den Arianischen Inseln zu googeln, weil diese möglicherweise irgendetwas mit dem alten Atlantis zu tun haben könnten. Dann suchst du im Internet danach und landest unter einem ganz anderen Stichwort ›rein zufällig‹ bei einem Artikel, der irgendwelche blauen Steine beschreibt. Bei diesem Artikel geht es um Irland, um die Stadt Galway, wohin wir fahren werden, und um einen besonderen Kraftort namens Hill of Tara.
Habe ich alles?«
»Und hier kommt noch was«, ergänzte ich und öffnete parallel ein Fenster von Google Maps.

»Unsere B&B-Unterkunft nahe Dublin liegt zirka fünfzehn Autominuten vom Hill of Tara entfernt. Ist doch verrückt, oder? Ich hätte schon mal Lust, mir diesen besonderen Ort anzuschauen. Interessant sieht er allemal aus. Und für uns läge er eigentlich ganz praktisch auf direktem Wege nach Galway.«
Mich beschlich eine seltsame Ahnung.
Sanft aber deutlich klopfte sie bei mir an.
»Tim?«
Meine Stimme war belegt und ich musste mich räuspern.
»Derartige Zufälle habe ich noch nie erlebt. Mir scheint, da wurde irgendetwas angestoßen und möglicherweise haben wir damit zu tun.«
»Vielleicht...?«
Tim sah nachdenklich aus und rieb sich die Nase.
Mein Verstand schaltete sich ein.
»Ach, die Fantasie geht gerade mit mir durch. Das alles ist nichts anderes als stinknormaler Zufall. Sonst nichts.«
Meine Ratio hatte mich wieder im Griff.
Energisch tippte ich auf »Herunterfahren«...
Es sollte erst einmal genug sein.

Tim hatte ein Leuchten in die Augen bekommen.
»Ein bisschen was von Indiana Jones hat das ja schon. Jedenfalls nehme ich die kleine Schaufel vom Balkon mit. Wer weiß, vielleicht finde ich ja blaue Steine?«
Er strahlte über beide Backen.
»Also, wenn da so viel Mystisches im Internet steht, dann will ich auch Abenteuer haben.«
Den Kopf nach oben gestreckt, hatte Tim die Hände in die Hüften gestemmt und grinste. Belustigt nahm ich Haltung an.
»Yes, Sir, die Schaufel bekommst du mit. Wir wollen doch ein bisschen Spaß haben.«
Fühlten wir uns gerade wie Entdecker oder wie Kinder, oder war es beides? Wir standen einfach nur da und lachten.

6
Großes Fragezeichen

Samstag, 3.6.17

Die Pfingstferien hatten begonnen und mein dreizehnjähriger Sohn Bastian, Tim und ich standen in den Startlöchern für unseren gemeinsamen Urlaub auf den Kanaren.
Basti wohnte seit einigen Jahren bei seinem Vater, besuchte uns aber regelmäßig an den Wochenenden und in den Ferien.
Für diese Ferien hatten wir uns bewusst das gleiche Domizil wie vor zwei Jahren herausgesucht. Es war ein Traumurlaub gewesen. Wir waren in eine andere Welt abgetaucht damals, weit abgeschieden inmitten der Natur. Wir hatten uns dermaßen wohl gefühlt und erinnerten uns oft an die wunderschöne Umgebung, die angenehme Wärme, an die allabendlichen Essen am Strand und an die offenen Menschen dort. Einzigartig war der fantastische Sternenhimmel gewesen. Die gesamte Zeit dort hatten wir drei einfach nur im allgegenwärtigen Sein gelebt und konnten uns nicht erinnern, jemals so gut erholt heimgekommen zu sein, wie aus diesem Urlaub.
Dafür würde ich den fünfstündigen Flug auf alle Fälle wieder in Kauf nehmen.

Am Abend vor dem Abflug meldete sich mein linkes Ohr. Es war eine Geschichte aus meiner Kindheit, die in den letzten Monaten wiederholt aufgeflackert war. Damals als Neugeborenes hatte ich eine riesige Ohroperation zu überstehen gehabt, was mich jedoch mein bisheriges Leben über nie beeinträchtigt hatte.
Erbarmungslos meldete sich also dieses Störfeld und das ausgerechnet jetzt.
Waren demnach doch noch energetische Reste von damals übriggeblieben, die jetzt herauskamen und sich zeigten?
Am Samstagmorgen erwachte ich mit stetig ansteigenden Ohren-

schmerzen. Nichts Gutes ahnend versuchte ich mir Mut zu machen.
»Nein, das ziehe ich durch. Ich fliege in Urlaub und werde mich dort erholen.«
Entgegen meiner Gewohnheit nahm ich vor dem Flug eine Schmerztablette und kam auf diese Weise ganz gut über die Runden.
Bereits bei der Ankunft in unserem Urlaubsdomizil nahmen wir die auffallend kühle Atmosphäre wahr. Die angenehme Vertrautheit vom letzten Mal war verschwunden. Die Menschen machten auf uns den Eindruck, als wären Tim und ich Luft für sie. Selbst Basti wirkte zu Beginn verunsichert, arrangierte sich aber trotz allem schnell mit der Situation. Wir fühlten uns unerwünscht. Statt einer sanften Brise fegten kalte, unangenehme Sturmböen über uns hinweg.
Die kommenden zwei Wochen kündigten sich düster für mich an. An diesem paradiesischen Ort spürte ich mit einem Male massivste dunkle Energien. Sie schienen mich zunehmend anzugreifen. Die Ohrenschmerzen steigerten sich zu einer Mittelohrvereiterung, ich fühlte mich geschwächt und kämpfte nachts in meinen Albträumen mit heftig empfundenen Herzattacken. Ich musste das Schlafzimmer verlassen, hielt es drinnen nicht mehr aus. Stundenlang saß ich vor dem Haus.
Ich zweifelte an mir - und an allem.
Wie konnte das sein?
Das letzte Mal war alles so schön und harmonisch gewesen.
Ich fühlte mich schrecklich.
Vor allem, weil ich spürte, dass Tim das alles auszuhalten hatte. Auch für Basti tat es mir leid. Doch zum Glück hatte er Freunde gefunden und war ständig mit ihnen auf Tour.
Ich dagegen hatte das Gefühl, erdrückt zu werden. Gegen Ende des Urlaubs war ich schon allein wegen des chronischen Schlafmangels am Ende meiner Kräfte.
Tim war genauso ratlos und unglücklich wie ich.
»Nein, mit dir gehe ich hier nie wieder hin. Nie wieder.«
Tims resignierter Blick tat mir unendlich weh.
Ich fühlte mich hilflos und wollte nur noch weg von diesem Ort.

Einige Tage vor dem Rückflug erhielt ich wegen meiner Ohrenentzündung ein Antibiotikum vom dortigen Arzt, das ich mit Widerwillen einnahm. Wie sich später herausstellte, verursachte dieses Medikament zusätzliches Herzrasen, was alles noch verschärfte!
Die Rückreise war ein einziger Albtraum.
Tim machte sich ernsthafte Sorgen um mich, denn er spürte, wie schlecht es mir ging. Die ganze Situation war für uns kaum noch auszuhalten.
Wieder daheim suchte ich das örtliche Krankenhaus auf, um mich sicherheitshalber durchchecken zu lassen, mit dem Ergebnis, dass nichts gefunden werden konnte, außer der Nebenwirkungsproblematik des Antibiotikums.

Frustriert und erschöpft von dem misslungenen Urlaub begaben wir uns wieder in unseren Alltag.
Das Gefühl des Ausgeliefertseins und der Machtlosigkeit machte mir zu schaffen. Ich ertappte mich immer wieder bei demselben Gedanken.
»Ja, wahrscheinlich ist es so. Ich muss hysterisch sein.«
Doch irgendetwas in meinem Bauch sagte mir etwas völlig anderes. Doch was?
»Inga, weißt du noch«, erinnerte sich Tim, »ich hatte letzten Dezember dreimal versucht das Geld für den Urlaub zu überweisen, und es hat nicht geklappt. Wir hatten darüber gesprochen. Damals hatte ich ernsthafte Bedenken, ob wir wirklich auf die Kanaren fliegen sollten.«
Oh ja. Nur zu gut wusste ich das noch. Ich war es gewesen, die damals alle Zweifel vom Tisch gewischt und Tim dazu bewegt hatte, es nochmal zu versuchen. Die vierte Überweisung, dieses Mal allerdings auf ein anderes Konto, hatte schließlich funktioniert.

Wenn man etwas mit aller Macht will, kann es sehr gut sein, dass man es auch bekommt, ganz egal, ob es einem gut tut oder nicht.

Wieder einmal wurde mir klar, wie wichtig es war, bei allen Entschei-

dungen sein Herz mit ins Boot zu nehmen.
Niemals hätte ich geglaubt, dass ich zwei Wochen brauchen würde, um mich von den Strapazen des Urlaubs zu erholen. Mich hatte alles unwahrscheinlich viel Kraft gekostet, wahrscheinlich mehr, als ich mir eingestehen wollte, und ich dachte oft darüber nach.
Was konnte das gewesen sein?
Mit Sicherheit keine normale Ohrenentzündung. Auch wenn es damit begonnen hatte.
Vielleicht war es ein Hinweis?
Immerhin hatte ich dort im Urlaub Dinge wahrgenommen, die für andere nicht spürbar gewesen waren.
Aber ich konnte sie nicht einordnen.
Angefühlt hatte es sich wie heftige Attacken, die manchmal so weit gingen, dass ich dachte, ich käme nicht mehr heil nachhause.
Vor langer Zeit hatte ich einmal gelesen, dass Naturvölker wie beispielsweise die Aborigines in der Lage waren, jemanden mit Gedankenkraft zu töten.
Genau das kam mir regelmäßig in den Kopf, wenn ich an den Urlaub zurückdachte. Womöglich waren es energetische Angriffe gewesen. Zumindest hatte es sich für mich so angefühlt.
Bei diesem Gedanken meldete sich immer mein Verstand und forderte eine Erklärung, bis ich mich fragte: »Leide ich unter Verfolgungswahn?«
»Nein«, sagte mein Bauchgefühl», lasse es zu und warte ab.
Warum sollte mich etwas angreifen?
Ich arbeitete seit vielen Jahren mit heilsamer Energie und wusste genau, wie sie sich anfühlte. Die reine weiße Energie wie beispielsweise Reiki entsprach dem Prinzip der Liebe und vermittelte Licht und Kraft, aber auch Ruhe, Entspannung, Leichtigkeit und Heilung.
Ich mochte es sehr, mit dieser Energie zu arbeiten und sie bei meinen Anwendungen mit einfließen zu lassen.
Genauso aber gab es die schwarze Energie, die sich gegenteilig zur weißen Energie verhielt und sich dementsprechend anfühlte.
Sicher war für mich, dass die Energie, die ich in unserem Urlaub emp-

funden hatte, erdrückend gewesen war. Sie hatte einen zusammenziehenden, einnehmenden, aggressiven und dunklen Charakter besessen. In ihr hatte etwas Zerstörerisches gelegen.
Diese Energie konnte nicht von der lichtvollen Seite kommen.
Aber warum?
Stand über allem möglicherweise doch etwas Übergeordnetes?
Mir fiel die geplante Reise nach Irland ein, die wir in vier Wochen antreten wollten.
Doch jetzt waren neue, mysteriöse Aspekte hinzugekommen.

Plötzlich war ich mir gar nicht mehr so sicher, ob ich nach Irland fliegen wollte. Konnte es womöglich sein, dass es eine Verbindung zwischen Irland und unserem letzten Urlaub gab?

7
Informationen aus der Vergangenheit

Mittwoch, 19.7.17

Ich fühlte mich besser. Die letzten Wochen waren für mich wieder normal verlaufen und ich spürte eine wachsende Kraft in mir.
Die Sommerabende mit Tim ausklingen zu lassen, war etwas, auf das ich mich immer schon am Morgen freute. Die Tage waren jetzt so herrlich lang, dass wir die geschenkten Stunden am Abend für uns nutzen konnten.
Sooft es ging unternahmen wir abendliche Fahrradtouren oder Spaziergänge, bei denen wir die Ruhe der Natur suchten und Kraft tankten. In der Dämmerung genossen wir den Blick vom Balkon, den wunderbaren Sonnenuntergang, gekrönt von einer leckeren Pasta und einem Glas Wein. Tim kochte gerne und spontan Nudelgerichte, die er, wie er sagte, auf diese Weise nie mehr nachkochen könnte. Sie seien ein Geschenk des Augenblicks.

»Ich kenne niemanden, der es schafft, derart gleichmäßig kleine Stückchen zu schneiden wie du. Wenn du dir noch ein wenig mehr Mühe gibst, passen die alle in eine Schablone.«
Ich konnte es einfach nicht lassen, ihn damit zu necken, war aber trotzdem immer wieder fasziniert von dieser Genauigkeit.
»Doch, es gibt jemanden. Meine Mutter. Gegen ihre Präzisionsarbeit ist das hier gar nichts.«
Tim grinste von einem Mundwinkel zum anderen.
Für die Salatsoßen war dagegen immer ich verantwortlich. Tim hatte das zu meinem Spezialgebiet erklärt.
Nach dem Essen redeten wir lange miteinander; dabei entstanden die interessantesten und buntesten Gespräche, bei denen wir zu philosophieren begannen, bis der Mond aufging.
Wir erinnerten uns immer wieder gegenseitig daran, bewusst im Hier und Jetzt zu sein. Wir wussten, welch wunderbares Training dies für alle Sinne war. Dieser bewusst gewählte Modus brachte einen immer wieder erneut in die klare Gegenwart, in das was IST.
»Bist du in diesem Augenblick vollkommen im Jetzt? Dann spürst du, wie intensiv alles ist. Riechst du die Abendluft?«
Tim deutete in den Himmel.
»Siehst du die vielen Sterne… und da fliegt ein Flugzeug, schau, wie es blinkt… und jetzt nähert sich ein Jumbojet.«
Aus dem Nichts war ein lautes Brummen zu vernehmen. Ein kleiner Airbus in Form einer riesigen Hornisse flog in diesem Augenblick zielgenau über unseren Tisch hinweg. Das Tier befand sich im Sinkflug in Richtung Nest.
Fasziniert folgte ich ihr mit den Augen.
Wir beleuchteten verschiedenste Situationen aus den vielfältigsten Blickwinkeln und stellten immer wieder fest, dass eigentlich alles, ganz übergeordnet und unbewertet betrachtet, seine Berechtigung haben musste.
»Ob die Menschen irgendwann in der Lage sein werden, die Komplexität des Universums voll und ganz zu erfassen?«
»Ich glaube, der Mensch ist erst dazu in der Lage, wenn er gestorben

ist. Er müsste dann, in der jenseitigen Welt angekommen, wieder mit allem Wissen direkt verbunden sein.«
Tims Gedanken waren für mich stimmig und nachvollziehbar.
Wir ließen unsere Gedanken um das Thema »freie Energie« kreisen. Wäre es wohl möglich, uneingeschränkten Zugang zur freien Energie zu bekommen und damit alle Menschen unabhängig zu machen? Wir ließen unserer Kreativität freien Lauf und spielten gedanklich die verrücktesten Konstrukte durch.

Schon die letzten Tage hatte ich bemerkt, dass sich etwas anbahnte. Ich spürte ganz deutlich, dass eine unbekannte Seele versuchte, an mich heranzukommen. Dies machte sich durch einen zunehmenden Druck im Rücken und einen starken Energieabzug bemerkbar.
Ein spontaner Rückblick brachte mich in die Zeit erster Erlebnisse dieser Art zurück. Sehr eindrücklich erinnerte ich mich daran, wie ich vor etwa eineinhalb Jahren genau diese Wahrnehmungen immer häufiger bei mir registriert hatte. Ich konnte damals überhaupt nicht annähernd verstehen, was mit mir geschah. Vor allem diese sich in Sekundenschnelle steigernde Müdigkeit und Augenschwere hatten mich damals immer wieder zum Verzweifeln gebracht. Häufig kam eine erschwerte Atmung hinzu. Während meiner Arbeit schwand meine Konzentration und ich hatte das Gefühl, vor Müdigkeit umzufallen.
Damals hatte ich diese Symptome auf das Alter oder die Umstände oder sonst irgendetwas geschoben, jedenfalls stets auf etwas, was mir dann sofort zuverlässig vom Verstand angeboten wurde. Es hatte eine ganze Weile gedauert, bis ich den Gedanken zulassen konnte, dass diese Wahrnehmungen tatsächlich von Seelen Verstorbener verursacht werden konnten.

Ich hatte damals - im Februar 2017 - dermaßen die Nase voll gehabt von allen verirrten Seelen und deren bei mir bewirkten Energieabzug,

dass ich nur noch händeringend nach einer Lösung suchte, sie loszuwerden. Es fühlte sich höchst unangenehm an, sie bei sich zu haben.
Auch mein verstorbener Großvater Carl, der Vater meiner Mutter Louise, hatte sich damals bei mir gemeldet.
Es war einer jener Momente gewesen, in denen ich mit meiner Situation haderte, als mir plötzlich das Bild meines Großvaters in den Kopf kam. Schon in jungen Jahren hatte er sich mit der Suche nach dem wahrhaftigen Sinn allen Seins auseinandergesetzt. In der Familie galt er deshalb auch als ein wenig wunderlich. Leider hatten es ihm die harten Kriegszeiten und seine Lebensumstände nicht ermöglicht, seine Sinnsuche erfüllt leben zu können.
Trotzdem hatte dieses Thema sein ganzes Leben bestimmt.
Als ich also im Frühjahr 2017 das Bild meines Großvaters vor meinem inneren Auge sah, war mir sofort klar, dass er es war, den ich in meinem Rücken spürte. Da ich zu jenem Zeitpunkt bereits mit dem Pendeln vertraut war, überprüfte ich meine Vermutung. Dabei stellte ich ausschließlich Fragen, die mit »Ja« oder »Nein« zu beantworten waren. Wenn das Pendel nach vorne ausschlug, bedeutete das »Ja«, wenn es querschlug, hieß die Antwort »Nein«.
Meine Frage, ob es sich bei der Seele um die meines Opas handelte, wurde mir vom Pendel mit einem klaren »Ja« beantwortet.
Ich konnte es nicht glauben.
War es wirklich mein Großvater, der mir im Rücken saß?
Warum tat er das?
Früher hatte er uns immer versprochen, wenn er verstorben sei, auf keinen Fall bei uns herumzuspuken und uns zu stören, da er sich dieser Thematik voll bewusst war.
In diesem Moment war das alles zu viel für mich...
»Opa, was willst du?« hatte ich ins leere Wohnzimmer gerufen.
Es war eine skurrile Situation gewesen, daran erinnerte ich mich. Mir war damals augenblicklich klar gewesen, dass ich in jenem Moment eine wichtige Entscheidung zu treffen hatte, die mich und mein Leben betraf.
Während mein Verstand noch dabei war, sich zu quälen und sich

zögerlich einen Ruck verpassen musste, hatte sich mein Bauch bereits entschieden.
»Gut. Unter fairen Bedingungen, wenn es so gewollt ist, bin ich bereit, Opa Carl. Dann können wir kommunizieren. Aber nur du und ich. Und die Spielregeln bestimme ich.«
Sofort hatte ich meinem Großvater erklärt, dass ich unter Bedingungen, die für mich Energieabzug oder eine Beeinträchtigung meines Befindens bedeuten würden, nicht mit ihm kommunizieren würde.
Ich hatte ihm mitgeteilt, dass ich hoffte, dass er eine adäquate, für mich akzeptable Vorgehensweise finden würde.
Wir hatten eine klare Kontaktaufnahme vereinbart, die übrigens bis zum heutigen Tage funktioniert. Ein plötzlicher Einfall war es gewesen, genau in jenem Moment, der dafür gesorgt hatte, dass ich meinem Großvater folgenden Vorschlag unterbreitete:
»Hey, wie wäre es mit einem vorsichtigen Jucken oder Kribbeln in einem meiner Ohren?«
Die Frage noch nicht richtig fertiggedacht, wurde mir prompt die Antwort serviert. Im selben Augenblick verspürte ich ein unaufdringliches, aber eindeutiges Kribbeln in meinem linken Ohr.
»Unglaublich. Opa Carl, bist du das?«
Das Kribbeln war kurz angeschwollen und hatte daraufhin sofort wieder abgenommen. Es fand kein Energieabzug mehr statt. Sogleich überprüfte ich meine Annahme mit dem Pendel.
Dieses schlug kraftvoll nach vorne aus, was mir ein klares »Ja« signalisierte.
Tatsächlich war es die Seele meines Großvaters gewesen.
Zweifelsfrei.
Sie hatte in meinem Ohr gekribbelt.
Ich war völlig aus dem Häuschen.
»Auf eine gute Zusammenarbeit, Opa Carl. Oh Mann. Mal sehen, was das noch alles gibt.«
Es war ein besonderer und feierlicher Moment.
Eine spontane Erinnerung an früher brachte meine Konversation auf eine andere Ebene.

»Da müssten wir glatt mit einem Himbi anstoßen, was?«
Glücklicherweise befand sich noch ein kleiner Rest Himbeergeist im Küchenschrank. »Himbi hast du zu deinen Lebzeiten immer so gerne getrunken. Den werde ich jetzt leider alleine trinken müssen, schade. Prost Opa.«

Von diesem Erlebnis war ich damals erst einmal total überwältigt gewesen. Wenn es dann auf diese bestimmte Weise in meinem linken Ohr kribbelte, wusste ich sofort Bescheid. Die Kommunikation zwischen meinem Großvater und mir praktizierte ich mittels Pendel, was sehr gut funktionierte.
In der Zwischenzeit war es für mich zur Routine geworden, alle Seelen, die bei mir landeten, ins Licht zu schicken, was hin und wieder vorkam, besonders in alten Häusern und auf alten Plätzen. Ein nicht zu unterschätzender Tummelplatz für Hilfe suchende Seelen waren natürlich auch Krankenhäuser und Friedhöfe.
Ich hatte auch zu unterscheiden gelernt. War ich mir nicht sicher, ob es mein Großvater war, der sich meldete - denn ich erlebte manchmal quasi »Störungen in der Leitung« - blieb mir nichts anderes übrig, als zu pausieren, eine mehrmalige energetische Reinigung bei mir vorzunehmen und es später noch einmal zu versuchen. Ich bat dabei grundsätzlich die geistige Welt um Unterstützung.
Mein Großvater meldete sich nur in dringenden Fällen, darum hatte ich ihn gebeten. Den ganzen Tag ein ständiges Kribbeln und Jucken im Ohr zu haben, wäre definitiv unvorstellbar und nicht auszuhalten. Außerdem hatte ich mich entschlossen, ausschließlich mit meinem Großvater zu kommunizieren und wollte daran vorerst auch gar nicht rütteln. Inzwischen war mir nur zu gut bekannt, dass sich sofort jede Menge anderer Seelen dazugesellen konnten, mit der Absicht, sich mitzuteilen. Solche Umstände würden, wenn man nicht aufpasste, sehr schnell im Energieabzugs- und Informations-Chaos enden.
Also hatten mein Großvater und ich damals im Februar beide eindeutig geklärt, dass die Kontaktaufnahme, bis auf sehr wichtige »Notfälle«, grundsätzlich von mir ausging. Er wiederum hatte mir signali-

siert, dass ich mich jederzeit bei ihm melden könne.
Auf diese Art und Weise hatte sich Opa Carl zu Beginn des Jahres 2017 bei mir gemeldet.
Er hatte die klare Absicht bekundet, mit mir zu kommunizieren.
Die Hintergründe seiner Kontaktaufnahme blieben vorerst im Dunkeln.
Noch konnte ich zu jenem Zeitpunkt nicht einmal im Geringsten erahnen, was mich vier Monate später im Sommer erwarten würde.

An diesem Julitag also spürte ich wieder diesen altbekannten Druck in meinem Rücken, genau wie damals. Und von der Seele, die nicht abzuschütteln war, ging eine frappierende Hartnäckigkeit aus. Ich brauchte zwingend die Hilfe meines Großvaters. Das eigenartige Gefühl, dass eine besondere Wichtigkeit in der Sache liegen musste, war für mich konkret wahrnehmbar. Trotzdem war ich nicht willens, mich ohne Hilfe mit der unbekannten Seele direkt in Verbindung zu setzen.
Als ich den Kontakt zu meinem Großvater hergestellt hatte, wurde ich sofort auf den klaren eindringlichen Ausschlag des Pendels aufmerksam.
Opa Carl musste mit wichtigen Informationen »online« sein.
Es war offensichtlich.
Allerdings hatte ich keine Idee und war einfach nur ratlos.
»Los, Inga, streng dich an«, versuchte ich mich anzufeuern.
Wie sollte ich beginnen?
Keine Frage stellte sich bei mir ein. Mein Pendel schlug quer, im nächsten Moment schwang es nach vorne und kreiselte schlussendlich nur noch nichtssagend vor sich hin. Vor meinem inneren Auge konnte ich fast schon das Gesicht meines Großvaters erkennen, das mich bittend, beinahe verzweifelt ansah, dann den Mund, der Worte zu formen schien...
Aber nein. Ich verstand es einfach nicht.

Resigniert brach ich das Pendeln ab.
Ich war verwirrt und wusste nicht, wo ich anfangen sollte.

Gedankenverloren stand ich auf, holte mir eine Tasse Kaffee und ging auf den Balkon.
Mehrfach reinigte ich mich energetisch.
Ich musste klar sein, wenn ich etwas herausbekommen wollte.
Anders kam ich nicht weiter.
Nachdenklich beobachtete ich die Wolkengebilde am Himmel. Das entspannte mich und brachte mich auf andere Gedanken. Wolken liebte ich schon seit meiner Kindheit. Man konnte in den unterschiedlichen Formen die interessantesten Bilder erkennen. Mich faszinierte die ewige Bewegung darin. In wenigen Minuten konnte alles völlig anders aussehen.
Die letzten weißen Wolkenformationen lösten sich auf.
Mir kam ein Gedanke: Der Irlandartikel.
Ich musste ihn unbedingt nochmal anschauen.
Jetzt.

Ich schluckte den letzten Rest Kaffee hinunter und startete den PC.
Den besagten Irlandartikel hatte ich rasch wiedergefunden.
Ich las konzentriert.
Dabei ließ ich alles ganz bewusst auf mich wirken.
Leider konnte ich nichts zu meinem Thema darin finden, keine Verbindung, die mich weitergebracht hätte. Es waren für mich keinerlei Anhaltspunkte zu dieser Seele zu finden, die beharrlich auf sich aufmerksam machte. Aber auch rein gar nichts erweckte meine Neugierde.
Alles fühlte sich neutral an.
Wahrscheinlich würde es besser sein den PC wieder auszuschalten.
Absichtslos öffnete ich dennoch andere, themenverwandte Artikel.
Überflog spielerisch die Zeilen. Warum ich das tat, wusste ich in diesem Moment nicht. Ich sprang von Artikel zu Artikel und stoppte plötzlich.
»Vril-Frauen«, las ich.

Sofort war der Impuls da, die Seite anzuklicken.
Die Seite öffnete sich.
Ich fing an, sie zu überfliegen und scrollte dabei nach unten.
Im Text waren verschiedene Abbildungen und Fotos eingefügt.
Verwirrt versuchte ich die Informationen, die ich beim Überfliegen des Textes wahrnahm, zu ordnen. Es waren für mich neue, bisher unbekannte und dabei völlig bizarre Inhalte.
Ein Wort sprang mir ins Gesicht: Thule.
Das kam mir bekannt vor. Irgendwo hatte ich es schon einmal gelesen, da war ich mir hundertprozentig sicher. Ich hielt inne und dachte nach. War das nicht im Zusammenhang mit dem Irlandartikel vor vier Wochen gewesen?
Thule. Thule...
Ich überlegte.
War Thule nicht ein anderes Wort für Atlantis?
Mein Gehirn ratterte. Ich wollte verstehen, was dort stand, versuchte aber weiterhin, zunächst den Text als Ganzes zu erfassen. Mit dem Finger auf dem Rädchen der Maus, durchforstete ich den Artikel von oben nach unten und wieder zurück, bis ich irgendwo in der Mitte des Textes stehenblieb.
Unvermittelt stoppte ich.
Ein Bild stach hervor.
Ich blickte auf das Foto.
Es war ein weibliches Gesicht.
Die beiden Augen dieses Gesichtes schienen mich anzustarren.
Der Druck in meinem Rücken nahm schlagartig zu.
Und nicht nur das.
Im selben Moment spürte ich das Kribbeln in meinem linken Ohr.
Das Kribbeln war Opa Carl.
Daran bestand kein Zweifel.
Der Druck im Rücken aber konnte unmöglich von ihm kommen. Er hatte bei seinem ersten Kontakt versprochen, mir nie wieder unangenehm zu erscheinen und ich wusste, ich konnte mich auf ihn verlassen.

Aber was war es dann?
Das Foto auf dem Bildschirm hatte mich förmlich angesprungen.
Ich starrte auf das Gesicht einer jungen, blonden und langhaarigen Frau.
Unter der Abbildung stand: Maria Orsic.
»Halt!« durchfuhr es mich.
Sofort holte ich mein Pendel aus der Hosentasche und kontaktierte meinen Großvater. Das Pendel bewegte sich mit einem sehr klaren und kräftigen Ausschlag.
Die Leitung war frei.
Wie gebannt verfolgte ich, was sich vor meinen Augen abspielte.
Mein Opa bestätigte mir meine Vermutung und unterstrich, dass es sich tatsächlich um die Seele von Maria Orsic handelte, die unbedingt mit mir in Kontakt treten wolle.
Ich war fassungslos.
Das Pendel fiel mir vom intensiven Schwingen fast aus der Hand.
Wie betäubt starrte ich auf den Bildschirm.
»Hilfe, was passiert hier? Das kann ja jetzt wohl alles nicht wahr sein?«
Ich schnaufte tief durch.
Was wollte Maria Orsic von mir?
Welche genaue Rolle spielte ich in diesem Gefüge?
Warum passierten so viele seltsame Dinge?
Was war das plötzlich für ein Selbstläufer, der dabei war, sich heiß zu laufen?
Der Druck in meinem Rücken hatte nachgelassen.
Dennoch spürte ich die ständige Anwesenheit dieser Seele, was unerträglich an meinen Nerven zerrte.
Ich fühlte mich überfordert.
»Geh weg, ich will das nicht«, forderte ich die Seele auf.
»Opa, bitte hilf mir. Mir ist das zu viel. Schick sie weg. Bitte. Jetzt!«
In diesem Moment passierte etwas völlig Unerwartetes.
Das Kribbeln im Ohr ließ nach und ein sanftes warmes Prickeln strich über meine linke Kopfseite.
Mein Opa blieb also da.

Dies beruhigte mich ein wenig.
Die Seele, die sich Maria Orsic nannte, war weiterhin anwesend, allerdings hatte sich der anfänglich starke Druck im Rücken auf ein Minimum reduziert.
Welche Hartnäckigkeit und Impertinenz diese Seele doch mitbrachte. Ich war verärgert über ihre schamlose Aufdringlichkeit, mit der sie mich belästigte. Zu ihren Lebzeiten musste diese Seele eine ungeheure Vehemenz besessen haben.
Wiederum blickte ich auf den Bildschirm.
»Ich muss den Text lesen, ich muss das alles lesen, und vor allem verstehen will ich es«, war der einzige Gedanke, der mir in diesem Moment durch den Kopf ging.
Sogleich begann ich mit dem ersten Absatz.
Schon die Informationen zu Beginn des Artikels machten auf mich einen schrägen und völlig kuriosen Eindruck. Es handelte von einem geheimen Raumfahrtprogramm im Dritten Reich. Es ging um Botschaften von Außerirdischen, die damals von den sogenannten Vril-Frauen gechannelt wurden. Sie sollen damals mit ihnen telepathisch in Kontakt gestanden haben.
Was ich dort zu lesen bekam, entstammte womöglich der Feder eines abgedrehten Science-Fiction-Schreibers? So sehr mein Verstand zunächst rebellierte, so sehr forderte mein Bauchgefühl mich auf weiterzulesen. Ich suchte im Internet nach anderen Artikeln und verglich die Informationen, las weiter und machte mir Notizen, bis ich zum Schluss nur noch kopfschüttelnd dasaß.
Dies alles nahm immer groteskere Züge an.
Wenig später griff ich zum Telefon und rief meine Mutter an.
»Ja, hallo Mama, ich bin's, Inga, ist alles okay bei dir? Das freut mich. Sag mal, hast du ein paar Minuten?«
»Du hast Glück, vor fünf Minuten bin ich zur Tür reingekommen. Ich war eben noch einkaufen. Habe ein paar Schälchen mit wunderschönsten Himbeeren gekauft. Sehr lecker. Wenn du welche abhaben magst, solltest du dich beeilen«, lachte sie. »Sonst sind sie weg.«
»Gerne. Am besten komme ich gleich bei dir vorbei und wir reden

dann, okay? Bin gleich da.«
Ich nahm meinen Rucksack, packte mein Notizbuch hinein, schwang mich aufs Rad und machte mich auf den Weg.

Wir setzten uns an den Küchentisch. Meine Mutter hatte Tee gekocht. Hübsch hatte sie die dicken, leuchtend rosaroten Himbeeren in einer kleinen Schüssel angerichtet. Sie schob mir die Schale hin.
»Greif zu.«
Ich steckte mir direkt ein paar Himbeeren in den Mund.
»Es ist irre. Unsere verrückte Geschichte scheint ihren Lauf zu nehmen. In zwei Tagen geht unsere Reise nach Irland los, und seit Anfang der Woche klammert eine Seele an mir. Sie lässt sich nicht abwimmeln. Ich wusste mir nicht mehr zu helfen und schaltete Opa Carl mit ein.«
Ich erzählte ihr von Maria Orsics Foto, das sich als »Zufallstreffer« herausgestellt hatte und von Opa Carl, der mir die Identität der Seele und die Übereinstimmung mit dem Foto bestätigte.
»Und da bist du dir sicher? Und was hat das Foto dieser Maria, wie hieß die noch, ach ja, Orsic, damit zu tun?«
Ich zückte meinen Notizblock.
»Das ist dermaßen fantastisch, was ich da im Internet gefunden habe! Also: Maria Orsic war Mitglied der 1918 gegründeten Thule-Gesellschaft. Die Thule-Gesellschaft musste eine anfänglich positiv spirituelle Gruppe gewesen sein, die das heilige Symbol der Swastika verwendetet hat.«
»Ist mit Swastika das Hakenkreuz gemeint?« wollte Louise wissen.
»Swastika heißt wohl so viel wie Heil oder Glück. Das Symbol wurde von den Nazis in ihr Wappen übernommen und verändert. Es wurde verdreht. Aber dazu komme ich gleich«, ergänzte ich. »Schon alte Kulturen wie die tibetanische, die keltische, die uramerikanische Kultur und andere haben dieses Symbol verwendet. Es waren die Nazis, die dieses Symbol für sich benutzt und für ihre Zwecke missbraucht haben. Innerhalb der Thule- Gesellschaft sind auch Mitglieder der 1921 gegründeten Vril-Gesellschaft aktiv gewesen.

Maria Orsic zählte sich ebenfalls zu den Vril-Frauen. Und sie hatte dort eine besondere Stellung inne. Sie soll ein Medium gewesen sein und schon als Kind die Gabe besessen haben, in die Zukunft zu schauen. Später dann musste sie wohl Botschaften der Plejadier vom Planetensystem Aldebaran gechannelt haben.«
»Wie? Die Maria Orsic hat quasi mit Außerirdischen gesprochen?« Louise war irritiert. »Also so was soll's auch geben? Wird ja immer verrückter.«
Sie schüttelte den Kopf. »Aber erzähl weiter.«
»Maria Orsic hat darin Botschaften vermittelt bekommen, mit Instruktionen zum Bau von Antigravitationsmaschinen, zum Bau von Raumschiffen. Mit der Weitergabe dieser Informationen erhofften sich die Plejadier, dass die Menschen die Kriege auf dem Planeten Erde endgültig beenden würden.
Während sich die Thule-Gesellschaft immer mehr mit Macht und Politik befasste, war die Vril-Gesellschaft bemüht, ihre spirituellen Ziele und Bestrebungen beizubehalten.
Doch die Nazis hatten die Thule-Gesellschaft ebenso wie die Vril-Gesellschaft infiltriert und deren Technologie zur Entwicklung eines Raumfahrtprogramms missbraucht. Die gesamte Führungsspitze der NSDAP, angefangen bei Adolf Hitler, waren Mitglieder beider Gesellschaften. So musste wohl damals das geheime Nazi-Raumfahrtprogramm entstanden sein. Bei diesen Informationen geht es außerdem - laut den Artikeln, die ich gelesen habe - um ein Stück unterdrückter Geschichte. Also um Geheimgesellschaften, die Geheimprogramme und andere Informationen unter Verschluss halten. Dies dürfte den wenigsten bekannt sein. Zu dem Ganzen findest du die unterschiedlichsten Artikel und Meinungen im Internet.
Jetzt bist du baff, was?«
Louise holte tief Luft.
»Das ist ja scharfer Tobak, aber langsam wundere ich mich über gar nichts mehr.«
Jetzt lachte sie herzhaft.
»Klingt schon irgendwie spannend. Da werde ich mich internettech-

nisch auch mal dran machen. Mal sehen, was da sonst noch kommt.«
Meine Gedanken waren ein einziges Fragezeichen.
»O Mann, was soll ich bloß Tim erzählen? Ich stehe vor einem riesigen Berg voller unerklärbarer Dinge, lese bizarre Geschichten und habe keinen Plan was das soll. Armer Tim. Er muss mich langsam für verrückt halten.«

Ich befand mich wieder auf dem Nachhauseweg. Louise hatte mir noch eine Dose mit Himbeeren für Tim eingepackt. Da würde er sich bestimmt drüber freuen. Schwungvoll ließ ich mich den kleinen Berg bis zum Haus hinunterrollen.
Dabei schwirrten unaufhörlich Fragen durch meinen Kopf.
Warum tat ich das alles?
Wohin führte das?
Weshalb machte ich derart verrückte Dinge, die kein Mensch verstand, nicht mal ich selber?

Zum Abendessen saßen Tim und ich auf dem Balkon. Es dauerte eine Weile, bis ich ihm von allen Details meiner neuesten Recherche berichtet hatte. Ich erzählte ihm jede Einzelheit und gab besonders acht, keine der merkwürdigen Informationen auszulassen. Es war so viel Kurioses und Unbekanntes dabei, und während ich erzählte, wusste ich nicht mehr, wie ich mich gerade wirklich fühlte. Würde jetzt alles komplett auf den Kopf gestellt?
Tim wurde sehr ruhig und nachdenklich.
»Ganz ehrlich, für mich ist das alles gerade etwas viel. Ich habe das Gefühl, ich kann von alledem gar nichts einschätzen. Ich hoffe, du verrennst dich da nicht in irgendetwas total Verrücktes. Wirklich, das Ganze scheint schon recht abgedreht.«
Unsicherheit und Beklommenheit kamen in mir hoch.
»Ich gebe dir vollkommen recht. Du kannst gar nichts anderes denken, mir geht es ja genauso. Trotzdem hat sich, wenn ich zurückblicke, eines aus dem anderen ergeben. Verstehst du? Eine Art Kausalkette... Aber eines weiß ich sicher. Etwas Derartiges habe ich noch nie erlebt.«

Tim nahm meine Hand und küsste mich.
»Ich möchte einfach einen ganz normalen Kurzurlaub in Irland machen, und ich freue mich riesig darauf. Lass uns nach Irland fliegen und Jos Geburtstag feiern. Wer weiß schon, was sich am Rande alles ergibt...«

8
Datenabgleich

Donnerstag, 20.7.17

Ich hatte Glück.
Beim dritten Klingeln nahm Miky ab.
»Hi Miky, super, dass ich dich erreiche.«
»Hi Inga. Na, wie geht's? Lange nichts gehört.«
»Seit meiner Sitzung bei dir Ende Mai ist unglaublich viel passiert. Alles, was ich erlebt habe, scheint irgendwie mit unserer geplanten Reise nach Irland zu tun zu haben. Morgen schon starten wir. Ich glaube, ich könnte deine Hilfe gebrauchen.«
»Na, dann schieß mal los, bin gespannt.«
Aufmerksam hörte Miky zu, während ich versuchte, die ganze Geschichte zusammenzufassen.
Ich begann mit dem Stichwort »Arianische Inseln«, schlug den Bogen zu der geplanten Irlandreise von Tim und mir und dem morgigen Flug dorthin, fuhr fort mit dem Artikel über die blauen Steine von Atlantis, den ich »rein zufällig« im Internet gefunden hatte, und berichtete ihm über den Inhalt des Artikels, in dem es um Irland, Galway und den Hill of Tara ging. Ich erzählte Miky von der irischen Mythologie, in der Irland als gesegnete Inseln bezeichnet wurde, aber auch unter der Bezeichnung Thule oder Atlantis bekannt gewesen sein musste. Ich erwähnte die möglichen Verbindungen nach Sumer, Ägypten, Indien und Südfrankreich und die Aneignung heiliger Stät-

ten durch die römische Kirche und die Auslöschung des irischen Glaubens durch die Kirche.
Auch die negativen Erlebnisse während unseres Pfingsturlaubs auf den Kanaren ließ ich mit einfließen.
Letztendlich war ich bei der unbekannten Seele angelangt, die seit Tagen in meinem Rücken saß. Ich erzählte von meinem »Zufall«, im Internet auf einer Seite gelandet zu sein, bei der es um die deutsche Vergangenheit ging, um ein geheimes Raumfahrtprogramm der Nazis, um die damalige Thule-Gesellschaft, um Außerirdische und um eine gewisse Vril-Frau.
Miky unterbrach mich.
»Moment, was sagtest du? Maria Orsic? Ja, die hat es tatsächlich gegeben, und das, was du gelesen hast, ist ein Stück Geschichte, das bewusst unterdrückt wurde und deshalb so gut wie nicht bekannt ist. Die ganze Geschichte mit der Thule- und der Vril-Gesellschaft hat in den zwanziger Jahren des letzten Jahrhunderts Gestalt angenommen und verlief über die dreißiger Jahre bis hin zum Kriegsende.
Aber ich kann dich verstehen. Beim erstmaligen Lesen ist das alles kaum zu begreifen. Ja, der erste Eindruck, den man bekommt, ist: das ist völlig abgedreht. Im Internet findet man hier und dort etwas. Ja, man wird fündig. Trotzdem sollte man auf keinen Fall alle Informationen, die man liest unreflektiert schlucken, denn auch hier gibt es recht extreme Sichtweisen. Entscheidend sind die Quelle und der Verfasser der jeweiligen Information. Dabei steht jeder selbst in seiner Verantwortung. Meine Erfahrung ist die, dass über die herkömmlichen Informationsquellen wie Wikipedia nichts wirklich Verwertbares zu finden ist. Möglicherweise findet man hier Teilwahrheiten, die aber bewusst abgeändert wurden, um entscheidende Fakten zu verschleiern.«
Ich war beeindruckt.
»Hey. Du bist ja voll in dem ganzen Wissen drin. Verrückt.«
»Ja, ich habe mich sehr lange und ausführlich damit beschäftigt.«
Miky räusperte sich.
»Jetzt aber nochmal zu Maria Orsic oder sagen wir mal zu ihrer See-

le. Na ja, sie als ehemalige Vril-Frau mit dem Rest der Truppe wird schon wissen, dass sie ihr Projekt mit den Aldebaranern damals komplett an die Wand gefahren hat.
Sie dürfte sich ihrer Verantwortung darin bewusst sein, denn sie hatte zu jener Zeit keine Möglichkeit mehr gehabt, das auszubügeln. Ich will damit sagen, dass die Nazis durch Maria Orsic, die als Channel-Medium fungierte, Zugang zu dem wertvollen Wissen erhalten hatten, und deshalb genau das Gegenteil passiert ist von dem, was eigentlich von den Aldebaranern beabsichtigt gewesen war. Nämlich die komplett friedliche Nutzung ihrer Technik im Sinne aller Menschen. Es kam letztendlich zu dem bekannten menschenverachtenden Krieg für alle.«
»Also ehrlich, Miky, du sprichst über die ganze Sache, als wäre es die größte Selbstverständlichkeit. Kannst du verstehen, dass ich das erst mal alles irgendwie kapieren muss? Hörst du, wie es bei mir rattert?«
Nervös kratzte ich mich am Kopf.
»Mach dir keine Sorgen, mir ging das am Anfang genauso. Das geht jedem so, und das ist gut. Denn so zeigt sich immer wieder eine gesunde Skepsis, die man beibehalten sollte.« Miky versuchte, mich zu beruhigen.
»Aber das ist echt der Hammer mit der Seele von Maria Orsic. Dass die sich ausgerechnet an dich wendet. Wahnsinn... Hmm... Das ist in der Tat sehr spannend. Aber ich bekomme im Augenblick keine Informationen rein.
Ich glaube, du wirst dich in Irland Schritt für Schritt heranführen lassen müssen. Warte ab, was passiert. Du wirst dazu rechtzeitig Wegweiser aus der geistigen Welt bekommen. Entscheidend ist, dass du hundertprozentig vertraust.
Wenn du nichts dagegen hast, würde ich mich freuen, wenn du mich auf dem Laufenden halten könntest, sobald ihr wieder in Deutschland seid.
Es fühlt sich für mich an, als ob es noch richtig interessant werden könnte...«

Lange noch hallte Mikys letzter Satz in meinen Ohren nach.
Einige Minuten saß ich einfach nur da und grübelte.
Ein Unbehagen hatte mich erfasst.
Oh ja, natürlich würde ich Miky auf dem Laufenden halten, denn wenn nicht er, wer dann könnte mir bei diesen vollkommen abgefahrenen Sachverhalten und Zusammenhängen helfen? Dieser Gedanke beruhigte mich zumindest ein kleines bisschen.
Miky war nicht einmal überrascht gewesen über die völlig abstrusen Informationen und hatte mir bestätigt, dass die Beiträge aus dem Internet gar nicht so abwegig, sehr wahrscheinlich sogar richtig waren.
Tja, und ich sollte morgen nach Irland fliegen und mit irgendwelchen Wegweisern aus der geistigen Welt irgendetwas machen, wovon ich nicht die geringste Ahnung hatte, um was es eigentlich ging.
Und jetzt?
Die Erinnerung an den letzten fürchterlichen Urlaub kam in mir hoch, doch ich schob sie zur Seite. Es waren nicht viele, aber klare Zeichen gewesen, die Tim und mich eindeutig vor der Reise auf die Kanaren gewarnt hatten. Dieses Mal aber war es vollkommen anders. Alles hatte sich in eine bestimmte Richtung entwickelt, ich wurde geradezu dorthin geführt. Langsam entspannte ich mich. Die Tatsache, dass ich zusammen mit Tim diese Reise antreten würde, stimmte mich zuversichtlich. Ja, wenn ich darüber nachdachte, freute ich mich sogar darauf. Just fiel mir Tims kindliche Begeisterung wieder ein. Er wollte in Irland unbedingt nach blauen Steinen graben. Unwillkürlich musste ich lächeln, als ich daran dachte.
Ich stand auf, schnippte mit den Fingern und ging pfeifend in den Keller, um meine Reisetasche hochzuholen.
Was auch immer die geistige Welt mit mir vorhaben mochte, ich würde es auf mich zukommen lassen.
Tim und ich würden wegen Jos Geburtstag nach Irland fliegen.

9
Auf nach Irland

Freitag, 21.7.17

»Sag mal, die Schaufel haben wir daheim liegen lassen, stimmt's?«
Tim grinste mich an. »Na, dann wird es eben auch so gehen müssen.« Er warf einen Blick auf die Uhr am Ende des Gangs der großen Halle.
»Ich denke, das Boarding geht gleich los.«
Tim sah zu mir hinüber. Er registrierte die Nervosität in meinem Gesicht. Ihm entging einfach nichts. Ich nickte. Dummerweise hatte ich heute Morgen auch nicht mehr an die Schaufel gedacht. Wir standen in der Abflughalle am Schalter der irischen Airline. Er war noch leer. Etwas abseits hatte sich bereits eine Menge anderer Reisender versammelt. Ein paar von ihnen unterhielten sich, andere wiederum schauten Löcher in die Luft. Ein Grüppchen Rucksacktouristen studierte einen Irland-Reiseführer. Die meisten anderen waren mit ihren Smartphones beschäftigt. Sie tippten und wischten, was das Zeug hielt.
Mit Erstaunen spürte ich, dass sich seltsamerweise meine ausgeprägte Nervosität vor Flügen in Grenzen hielt. Somit war ich gut in der Lage, mein Umfeld mit all meinen Sinnen zu erfassen.
»Schau mal«, ich stupste Tim, »wie viele rotblonde Menschen hier am Schalter stehen. Das müssen alles Iren sein, die nach Hause fliegen wollen. Hast du den riesigen Mann dort drüben gesehen? Er sieht aus, als wäre er ›Star Wars‹ entsprungen. Wie kann man derart außerirdisch aussehen?«
»Und siehst du die Frau neben ihm? Sie scheint genauso groß zu sein und passt vom Äußeren total zu ihm mit ihren schräg stehenden Augen. Die beiden sehen wirklich interessant aus.«
Mal wieder hatte Tim wie selbstverständlich das ergänzt, was mir in diesem Moment durch den Kopf gegangen war. Wir schauten uns an

und mussten kichern. Seit wir uns kannten, landeten wir immer wieder diese Volltreffer, es gehörte für uns sozusagen schon zum guten Ton.

Das Boarding hatte begonnen und das außerirdisch wirkende Paar schraubte sich aus seiner Wartebank. In ihrer vollen Größe wirkten sie noch ungewöhnlicher.

Tim und ich hatten auf unseren Sitzen in der Mitte des Flugzeugs Platz genommen und konnten beobachten, wie sich die beiden großen Gestalten ein paar Reihen vor uns in die Sitze zwängen mussten. Während Tim ruhig in der Dreierreihe in seinem Mittelplatz auf den Start wartete, tippte ich nervös mit meinen Fingern auf der Lehne herum. Ich war froh um den Gangplatz, den ich hatte. Tim nahm grundsätzlich den Fensterplatz, um mir den Flug so leicht wie möglich zu machen. Er tat ohnehin immer alles, damit es mir gut ging. Gerade in diesem Moment war ich wieder einmal unendlich dankbar dafür. Wir beide sahen uns lange an. Tim spürte sofort, wie unsicher ich mich an der Lehne festhielt und legte beruhigend seine warme Hand auf meine. Wie gut das tat. Ich versuchte, mich abzulenken.

»Wie war das? Anja und Jo sind vorgestern nach Irland geflogen?«

»Genau, die zwei bereisen noch ein wenig die Insel, und morgen Abend werden wir uns mit ihnen in Galway treffen. Ich habe heute Morgen noch mit Anja telefoniert. Die beiden genießen ihren Urlaub bereits in vollen Zügen. Sie müssten noch im Norden der Insel unterwegs sein. Wie Anja meinte, wollten sie langsam an der Küste entlang in Richtung Süden weiterfahren.«

Tim schloss den Gurt und sah in Richtung Stewart, der gerade dabei war, seinen Sicherheits-Check zu beenden. Das Flugzeug hatte sich in Bewegung gesetzt und rollte in Richtung Startbahn.

Nach dem Start griff ich sofort nach meinem Handy, das ich vorbildlich in den Flugmodus geschaltet hatte. Wohl wissend, hier etwas komplett Konträres zu meinen üblichen Gewohnheiten zu tun, verkündete ich selbstironisch: »Achtung, jetzt kannst du mal die Mutti mit dem Handy spielen sehen.«

Tim lachte.

»Du und zocken, das glaubt dir sowieso niemand!«
Womit er absolut recht hatte! Dennoch war das Handyspielen für mich eine gute Ablenkung während des Flugs. Es nahm mir ein wenig den Stress.
Neben mir auf der anderen Gangseite saß ein älterer Mann, der unaufhörlich Chips futterte und dabei ständig mit der Tüte knisterte. Seine weibliche Begleitung saß am Fensterplatz und schaute hinaus. Ich konnte beobachten, wie er in regelmäßigen Abständen aufstand, um sich die Krümel von der Kleidung zu klopfen. Mir kam ein spontaner Gedanke. Vielleicht war der Mann ja auch ein wenig nervös? Vielleicht hatte er kein Handy wie ich, sondern nur Chips? Wer konnte das schon wissen?
Das Aroma von frittierten Kartoffeln und Paprika erfüllte das ganze Flugzeug.

Es wurde ein ruhiger Flug und nach zwei Stunden in der Luft setzte der Flieger problemlos auf der Rollbahn des Dubliner Flughafens auf. Beim Hinausschauen durch die großen Glasscheiben in der Ankunftshalle konnten wir noch einige grüne Flugzeuge erkennen. Drinnen in der Halle hingen großformatige, mit Naturmotiven versehene Plakate, die die ankommenden Reisenden schon auf das frische Grün der Insel einstimmten.
Willkommen in Irland.
»Alle Schilder sind in Englisch und in Gälisch beschriftet. Was für eine irre Sprache.«
Tim lachte laut los.
»Das kann ja kein Mensch aussprechen.«
Er hatte das Schild direkt vor uns ins Visier genommen und begann laut zu lesen. Dabei gestikulierte er wild mit seinen Armen und fabrizierte ein herrliches absonderlich klingendes Kauderwelsch, über das ich mich köstlich amüsierte.
»Ob man das wohl so ausspricht, wie man es schreibt?«
Belustigt blickte ich zu Tim hinüber.
Wir verließen die Flughafenhalle und machten uns auf den Weg zu

unserem Mietauto. Ein kühler Wind, der um die Gebäude strich, ließ uns beide frösteln. Ein Blick in den bewegten, wolkenreichen Himmel genügte, um zu wissen, dass wir in Irland waren. Unweigerlich musste ich an die sommerlichen Temperaturen von heute Morgen denken. Umso dankbarer waren wir, als endlich der Bus um die Ecke gefahren kam, der uns zum Parkplatz unseres Mietautos bringen sollte.
»Ab sofort wird's spannend. Linksverkehr. Jetzt muss ich mit der linken Hand schalten...«
Tim hatte es sich hinter dem Lenkrad auf der rechten Seite bequem gemacht und sah ein wenig suchend umher.
»Mann oh Mann, wann bin ich das letzte Mal falsch herum in einen Kreisverkehr hineingefahren? Huh. Krasses Feeling.«
»Bin ich froh, dass du fährst. Da hätte ich jetzt keine Nerven dafür.«
Ich fühlte mich selbst auf dem Beifahrersitz ein wenig unwohl. Dennoch war ich erleichtert, weil ich wusste, dass Tim immer schon ein guter und sicherer Autofahrer war, und mal wieder konnte ich staunen, mit welcher Begeisterung er sich dieser neuen Herausforderung stellte.
Wenn ich ihn dann lobte, sagte er stets: »Ich bin nur der Fahrer! Du musst ganz andere Sachen machen.« Was so aber überhaupt nicht stimmte! Tim war definitiv mehr, als nur der Fahrer, er hatte noch wesentlich weitreichendere Aufgaben, als ihm tatsächlich lieb war. Mir war das bewusst, aber Tim wollte davon rein gar nichts wissen.
»Ich würde gerne erst mal direkt in die Stadtmitte hineinfahren. Wir wollten doch noch in einen Pub.« Tim war bereits auf die Straße abgebogen, die ins Innere der Hauptstadt führte.
»Auf jeden Fall! Ich bin dabei!« Nebenbei hielt ich Ausschau nach den richtigen Hinweisschildern, die uns ins Zentrum leiten würden.
Die Sonne stand schon tief, als wir durch Dublins Straßen fuhren. Typisch irische Häuser zogen an uns vorbei. Das sommerliche Abendlicht gab den Straßenzügen ein besonders hübsches Flair. Tim steuerte den Wagen entlang einer Brücke, die über den Fluss Liffey mitten in die Stadt führte. Er machte einen kleinen Schlenker und brachte das Auto in einer Parklücke gleich in der Nebenstraße eines Pubs zum Stehen.

Es waren nur wenige Schritte bis zur Eingangstür und beim Betreten schlug uns ein ungeheurer Lärmpegel entgegen. Unvermittelt blieben wir stehen. Da war ein Stimmengewirr, das nur von fröhlichen, sich angeregt unterhaltenden Menschen verursacht werden konnte.
»Na, wollen wir?«
Tim sah mich aufmunternd an und zeigte in Richtung eines freien Tisches.
»Da drüben ist noch etwas frei.«
Ich nickte zustimmend und folgte ihm durch die Tischreihen.
»Ah... Guiness und Fish & Chips. Wer sagt's denn? Dann mal Prost. Und willkommen in Irland«, lachte Tim mich an.
Jetzt waren wir definitiv in Irland angekommen.
Was uns diese Zeit wohl bringen würde?
Jedenfalls war dies schon mal ein schöner Anfang.
Ein typisch irischer Beginn in einem Pub in Dublin!
Kurz darauf gesellten sich zwei Männer an unseren Tisch, die sich als Tschechen outeten und »frauenfrei« ein richtiges Männerwochenende in Irland genießen wollten. Es entwickelte sich eine fröhliche Unterhaltung. Die beiden Tschechen empfahlen Tim und mir, vor der Weiterfahrt unbedingt bei der ältesten Kneipe Irlands »The Brazen Head« vorbeizuschauen. Sie lag nur ein paar Straßen weiter. Um an diesem Abend rechtzeitig in unsere Unterkunft zu gelangen, beließen wir es bei einem Kurzbesuch in Irlands historisch bedeutsamster Bierkneipe.

Der Himmel über Dublin hatte sich rot verfärbt, als Tim den Wagen aus der Stadt Dublin nordwärts in die Dämmerung steuerte. In unseren Ohren klang noch der Lärm der Kneipen nach. Der plötzliche Kontrast fiel uns beiden auf. Wir fuhren im Abendrot in Richtung unserer Unterkunft und genossen die angenehme Stille um uns herum. Die Landschaft verschwamm immer mehr in der sich ausbreitenden Dunkelheit, und die vorbeiziehenden Bäume und Wäldchen waren nur noch schemenhaft erkennbar.
»Hier müsste es in etwa sein.«

Ich sah auf das Navi im Auto.
»Ist es möglich, dass wir gerade eine Straße nach rechts verfehlt haben? Hier ist es stockdunkel, kannst du etwas erkennen?«
Tim wendete das Auto.
»Lass noch mal schauen. Ja. Stimmt. Dort vorne ist die Einfahrt. Liegt ganz schön versteckt, was?«
Die Straße bog rechts ab in einen Feldweg. Während wir sehr langsam, hin und her schaukelnd über einige Schlaglöcher fuhren, spritzte links und rechts Schotter unter den Reifen weg.
»Jetzt müsste bloß noch irgendwo ein Haus zu sehen sein«, bemerkte Tim und sah mich fragend an. Nach etwa 150 Metern tauchte ein hell erleuchtetes Haus aus der Dunkelheit auf. Mit einem eleganten Schlenker fuhr Tim auf den Parkplatz.
»Oh. Es ist schon nach zehn. Gott sei Dank brennt noch Licht. Ich klingle gleich mal.« Tim sprang aus dem Auto, ich hinterher.
Es dauerte ein wenig, bis die Tür aufging. Eine alte Dame in gebeugter Körperhaltung lachte uns an und begrüßte uns in einem eigentümlichen Dialekt, der für uns schwer zu verstehen war. Sie grinste verschmitzt und gab Tim und mir mit einer Handbewegung zu verstehen, herein zu kommen.
Kurz darauf befanden wir uns in einem Raum, der einem Wohnzimmer glich und mit dunklen, schweren Möbeln eingerichtet war. Auf einer Anrichte standen Porzellanfiguren, eine Vase mit rosa Kunstblumen zierte den Tisch. Um die Fenster waren dicke, voluminöse Vorhänge drapiert, die mit ihrem großen Blumenmuster den gesamten Raum dominierten.
Die alte Dame war in einem der Nebenräume verschwunden und kam mit einem Schlüssel zurück. Sie deutete Tim an, ihr zu folgen.
Mit Tim und mir im Schlepptau marschierte die alte Dame energisch über den Hof. Schelmisch vor sich hin kichernd redete sie dabei unaufhörlich auf uns ein. Ihr schien es zu gefallen, um diese Uhrzeit noch ein wenig Abwechslung zu bekommen.
»Die Oma ist echt der Hammer«, ich stupste Tim in die Seite, »die hat einen Blick und einen Humor, das ist unglaublich. Und sie hat eine

frappierende Ähnlichkeit mit meinem verstorbenen Opa Carl. Sie könnte wirklich eine Schwester von ihm sein.«

Und bei mir dachte ich: »Hey, Opa, die kennst du bestimmt, was?«

Wir waren an einem Nebengebäude angelangt, in dem sich offensichtlich zwei Zimmer befanden. Die alte Dame öffnete die Außentür mit ihrem Schlüssel und gab anschließend mit einer rasanten Geschwindigkeit einen Zahlencode in eine Tastatur neben der rechten Innentür ein.

»Stop. Please stop, slow down", lachte Tim.

»What numbers did you punch in? I couldn't follow.«

Die Augen der alten Dame funkelten.

»Is there something wrong with your brain, young man? How old do you think I am? Have a guess.«

Sie strahlte und genoss es in vollen Zügen, uns ihr Alter raten zu lassen. Amüsiert ließen wir uns auf das Spielchen ein. Selbstverständlich schätzten wir die alte Dame immer viel zu jung. Ihr tatsächliches Alter von einundneunzig Jahren überraschte uns dann aber doch.

»You're too kind.«

Lachend schaute sie uns beide mit ihren wachen Augen an und deutete auf die zwei riesigen Betten im Raum.

»You can take this bed or the other bed, or you can take them both, I'll leave it up to you, young man.« Dabei blickte sie schelmisch in Tims Richtung und trippelte von einem Fuß auf den anderen.

»Do as you please. I will leave now and won't bother you any further. Good night.«

Sie winkte lächelnd und verließ den Raum.

Auch unser Zimmer war mit dunklen, schweren Möbeln bestückt. Der Teppich vor dem Bett bestand aus dickem Plüsch, die Tagesdecken waren mit Kordeln und die Laken mit Spitzenborten verziert. Auf einmal überkam Tim und mich eine derart große Müdigkeit, dass wir uns in das erstbeste große Bett fallen ließen.

»Ich glaube, diese Bettdecke stellt den absoluten Rekord auf, was das erlaubte Maximalgewicht angeht. Solche Decken wie diese hier sind normalerweise bestimmt verboten.«

Tim versuchte, es sich bequem zu machen.
»Atmen geht gerade noch«, brachte ich unter der Decke hervor.

Es wurde eine sehr unruhige Nacht. Selbst Tim, der eigentlich immer gut schlief, nahm irgendetwas nicht Greifbares wahr, was ihn ständig aufweckte und nicht mehr einschlafen ließ. Für mich war die ganze Nacht mit einem ständigen Druck auf dem Brustkorb und Herzklopfen noch intensiver.
»Schwer zu sagen, ob die hier einen Poltergeist haben oder nicht. Meine energetische Raumreinigung scheint nicht richtig zu greifen. Ich vermute, dass es die Maria Orsic ist, die hier herumgeistert, weil sie einfach dranbleiben will.« Genervt blickte ich nach oben.
»Wie auch immer, das ist nicht gut...
Wir könnten ein bisschen Unterstützung gebrauchen.
Saint Germain und Co., schaut mal bitte, dass das aufhört.«

10
The Hill of Tara

Samstag, 22.7.17

Nach dem Rest unruhigen Schlafs fühlten wir uns beide ziemlich gerädert. Wir freuten uns auf ein Frühstück mit einer ordentlichen Tasse Kaffee.
Auch der Frühstücksraum verbreitete mit seinem plüschigen Ambiente eine zwar etwas kitschig-altertümliche aber trotzdem warme Atmosphäre. Tim und ich nahmen auf großen ausladenden, dick gepolsterten Wohnzimmerstühlen Platz und bestaunten die ordentlich aufgereihten Püppchen und Porzellanfiguren auf dem Büfett. Wie viele Spitzendeckchen mochten hier wohl verteilt sein? Als kleiner Farbtupfer standen auf einigen Deckchen kleine Vasen mit rot- und pinkfarbenen Plastikblümchen.

Ein Blick aus dem Fenster bot uns ein Bild von herrlich grünen, frischen Wiesen und einem blauen, leicht bewölkten Himmel. Die Sonne zauberte durch die Schatten der Wolken ein schönes verspieltes Muster in die Landschaft. Durch die Laubbäume strich sanft der Wind.
Wir freuten uns auf den Tag.
Die Zeichen standen gut.
»Good morning.»
Die freundliche Stimme einer jungen Frau holte uns beide von unserem Sinnieren in die Gegenwart zurück. Ihr Dialekt war nicht so stark ausgeprägt wie der Akzent der alten Dame gestern Abend. Doch auch sie sprach mit einer besonderen Satzmelodie.
»Would you like some coffee? Bacon and eggs?»
»Good morning. Yes, please.»
Tim nickte und sah meinen unentschlossenen Blick.
»Yes, I take the same.»
Als die Frau den Raum verließ, zuckte ich mit den Schultern.
»Wenn in Irland, dann richtig. Dann gilt das auch fürs Frühstück.»
Die nette Frau brachte uns freudestrahlend die gefüllten Frühstücksteller und wünschte uns beiden mit ihrem netten Singsang in der Stimme einen guten Appetit.
Als ich sah, was dort vor mir stand, atmete ich tief durch und fixierte das Spiegelei, den Speck und ganz besonders die zwei kleinen vor Fett triefenden Würstchen. Hunger hatte ich ja schon und war froh über das Brot, das vor uns im Brotkorb lag. Aber eine Schüssel Müsli und ein wenig Obst wären mir jetzt lieber gewesen. Mit leicht verzogenem Mund sah ich Tim an, der wohl das Gleiche dachte.
»Na, schauen wir mal, wie weit wir kommen», meinte er.
Ein wenig unentschlossen säbelte er an einem seiner fettigen Würstchen herum, die auf dem Teller hin und her glitschten.
»Hey, wir sind in Irland, du sagtest es bereits, und jetzt geben wir uns mal ein bisschen Mühe, okay?»
Tim sah mich über seinen Brillenrand schielend mit übertrieben ernster Miene an und unterstrich seine Worte mit einer ausladenden

Handbewegung.
Ich grinste.
»Sollen wir dabeibleiben und nachher gleich in Richtung Hill of Tara aufbrechen?«
Er nickte.
»Auf jeden Fall. Ich muss noch eine Speicherkarte für meine Kamera kaufen. Die andere steckt daheim im Laptop.«
Tim legte das Besteck zusammen.
»Ich frag mal nach, ob es hier in der Nähe einen Supermarkt oder einen Elektroladen gibt.«
Unsere Gastgeberin räumte den Tisch ab, und ihre Augen begannen zu leuchten, als wir den Hill of Tara erwähnten.
»What a magnificent place.«
Sie erklärte Tim und mir, dass dieser Ort sehr besonders sei. Sie liebe es, auf diesem sanften Hügel spazieren zu gehen und erzählte uns, dass sie sich jedes Mal, wenn sie dort spazieren gehe, unwahrscheinlich gut fühle.
»It's a very special place, it has a very special energy, really«, sagte sie.
Ein Supermarkt sei auch auf der Strecke, gar nicht weit vom Gästehaus entfernt.

Tim lenkte den Wagen von der Hofeinfahrt hinunter zur Straße.
Der Linksverkehr fühlte sich einfach seitenverkehrt an, was uns beide kurz irritierte und von Tim volle Konzentration verlangte.
»Ich biege jetzt einfach links ab und folge der Spur, ohne die Seite zu wechseln, stimmt das so?«
Er lachte ein wenig verlegen.
»Sorry, ich muss mich erst kurz wieder warmfahren. Warte, das haben wir gleich.«
Dann drehte er solange am Radioknopf herum, bis er einen guten Musiksender gefunden hatte.
Plötzlich spürte ich, wie der Druck in meinem Rücken erneut zunahm. Die Seele von Maria Orsic meldete sich offensichtlich wieder.
»Ja, ja«, dachte ich, »mach mal halblang. Wir fahren gerade zum Hill

of Tara, und ich habe Urlaub. Also lass mich in Ruhe und gehe vor allem sofort aus meinem Rücken. Opa, bitte sorge dafür, dass die aus meinem Rücken verschwindet. Das ist so nervig», bat ich.
Und tatsächlich.
Der Druck ließ nach, verschwand aber nicht vollständig.
In einer knappen viertel Stunde hatten wir mit dem Auto den Supermarkt erreicht und Tim wurde, was eine passende Speicherkarte anging, sehr schnell fündig.
Bis zum Hill of Tara waren es von hier aus noch etwa fünfzehn Autominuten. Als wir auf die Autobahn auffuhren sah ich mir noch einmal die Karte auf meinem Handy an.
»Von hier aus müsste es die dritte Ausfahrt sein.»
Schon nach etwa fünf Minuten Fahrt stand der Ort angeschrieben und wir konnten die Autobahn wieder verlassen.

Leicht bergauf und kurvig ging es durch eine hügelige Landschaft. Wir erreichten eine Anhöhe, von der aus man eine Kirche und zwei weitere kleine Gebäude sehen konnte. Tim parkte das Auto direkt am Straßenrand neben einer Hecke. Der kleine Parkplatz war bereits voll. Trotzdem waren nur wenig Menschen zu sehen. Wir waren zunächst sehr erstaunt, denn aufgrund der Schilderungen unserer Gastgeberin hatten wir mit Trubel, Bussen und vielen Touristen gerechnet.
Eine unglaubliche Ruhe lag über dem ganzen Hügel.
Hier waren wir richtig.
Am Eingang standen Informationstafeln. Eine der Tafeln zeigte eine imposante Luftaufnahme des ganzen Areals mit seinen kreisförmigen Erdwällen, die in eigenartigen Formationen angeordnet waren.
Beim Betrachten des Bildes kam mir ein Gedanke.
»Wenn das eine Zeichnung wäre, könnte man meinen, es handle sich um einfache, banale Kreise, die von Kinderhand angefertigt wurden. Aber gerade diese Einfachheit macht es so geheimnisvoll und faszinierend. In Irland muss es eine ganze Menge solch mystischer Orte geben.»

Tim zeigte mit dem Finger auf das große Plateau der Anhöhe.
»Komm, lass uns mal dahin gehen.»
Wir blieben zunächst auf dem schmalen Hauptweg, der rechts vorbei an der Kirche ins offene Grün führte. Dann verließen wir den Pfad und liefen quer Feld ein über saftiges Gras. Schweigend gingen wir vor uns hin und spürten, wie der Moment immer greifbarer wurde. Um uns herum existierte nur die Stille, und der blaue Himmel mit seinen vielen kleinen weißen Wölkchen nahm eine unwahrscheinliche Weite ein.
»Hier. Genau hier ist bereits ein eindeutiges Kraftfeld spürbar.»
Tim war stehen geblieben.
»Spürst du das Kribbeln in den Händen?»
Er hatte seine Handflächen geöffnet und hielt sie nach oben.
Ich befand mich nur wenige Schritte von ihm entfernt, konnte an meinem Standort aber nichts energetisch Bedeutsames feststellen. Langsam und vorsichtig näherte ich mich Tims Position.
»Stimmt. Genau. Hier fängt es an. Das ist ganz deutlich zu spüren. Da drüben, wo ich eben gestanden hatte, war überhaupt nichts.»
Wir grasten bewusst Meter für Meter ab und erkundeten auf diese Weise die Differenz zwischen den Kraftfeldern in unserem unmittelbaren Umfeld.
Eines wurde mir sofort klar. Dieser Ort musste sehr hochschwingend sein, denn die Deutlichkeit, mit der sich uns die Energieunterschiede präsentierten, war immens.
Wir entschieden uns, zunächst in die Richtung der kuppelförmigen Erhebung weiterzugehen, wo sich beim Näherkommen ein Trampelpfad abzeichnete. Ich war stehen geblieben, hielt meine Nase in die herrlich frische irische Luft und sog sie tief in mich ein. Wie sie mich erfrischte und belebte...
Ich streckte meine Arme nach oben und hatte das Gefühl, mit dem ganzen Ort, dem Grün der Wiesen und dem Himmelblau zu verfließen. Es war die unendlich gefühlte Weite, die dieses Fleckchen Erde ausmachte.
»Ich hab da was.»

Tim, der einige Meter von mir im Gras gesessen hatte, war aufgestanden und hielt irgendetwas in seiner Hand.
»Das ist so stark, dass tut schon fast weh!«
Ungläubig starrte ich in seine geöffnete Hand, in der ein dreckiger schwarzer Stein lag.
»Ich muss den gleich fallen lassen, du glaubst nicht, wie das Ding stromt. Ist echt irre. Hier nimm mal«, japste Tim und streckte mir seinen Arm entgegen. Von meiner Energiearbeit einiges gewohnt, nahm ich den dunklen erdigen Klumpen einfach in die Hand, ohne etwas Großartiges zu erwarten.
Doch sofort spürte ich ein intensives Prickeln, das direkt in meine Handfläche überging.
Dieser Stein besaß eine außergewöhnlich starke Energie!
»Und rein zufällig ist der auch noch schwarz. Jetzt hast du's. Blaue Steine, schwarze Steine...«
Kaum hatte ich den Satz zu Ende gesprochen, nahm der Druck in meinem Rücken schlagartig zu.
»Jetzt will Maria Orsic auch noch was«, presste ich hervor. »Hier Tim, nimm du mal den Stein. Ich setze mich mit meinem Pendel dort drüben zwischen die Erdwälle. Es scheint irgendetwas Wichtiges zu geben.«
Auf dem Weg dorthin beschäftigte mich nur ein Gedanke. Wie sollte ich anfangen zu fragen? Dass dieser Stein schwarz war, konnte doch nur Zufall sein. Ich ermahnte mich, Ruhe zu bewahren.
Ein paar Schritte noch. Dann fand ich den richtigen Platz. Hier hatte ich einen guten Blick über das ganze Plateau und zu meinen Füßen lag ein großer, runder Graben. Das Pendel in der Hand, setzte ich mich ins Gras und holte tief Luft.
Es war definitiv etwas komplett anderes im Gange, als ich bisher kannte. Dieser kraftvolle Ort ließ das Pendel wesentlich intensiver ausschlagen als sonst. Mein Opa war sofort »online«, und bevor ich im Geist die richtige Frage gefunden hatte, kam prompt die Antwort: Ja, wir waren hundert Prozent richtig hier.
Nein, wir hatten nichts übersehen.

Ja, wir sollten unbedingt noch dableiben.
Ja, wir sollten hier etwas Bestimmtes tun.
»Puh.« Ich bekam starkes Herzklopfen, nahm das Pendel herunter.
»Maria Orsic, geh aus meinem Rücken! Der Druck ist gleich nicht mehr auszuhalten. Bitte Opa, hilf mir. Ich komme so nicht weiter.«
Der Druck im Rücken verringerte sich ein wenig. Ich legte das Pendel ins Gras und versuchte nachzudenken.
Ich sah mich um.
Wo war eigentlich Tim?
In etwa hundert Metern Entfernung sah ich ihn breitbeinig auf einer Graskuppel sitzen, über die wir beide eben noch gelaufen waren. Ich schüttelte wieder den Kopf.
Was machte er da?
Beim Näherkommen bot sich mir ein Bild, über das ich herzlich lachen musste. Tim war eifrig dabei, irgendetwas aus dem Boden zu graben und wirkte ganz und gar darin vertieft. Als ich lachend vor ihm stand, hob er seinen geröteten Kopf.
»So ein Schlüssel vom Mietwagen ist gar nicht so schlecht, wenn man die Schaufel vergessen hat. Gleich hab ich's.«
Er ruckelte an dem Gegenstand ein paar Mal kräftig hin und her und musste mit den Händen noch einmal nachgreifen. Die Erde brach links und rechts auf und gab einen etwa faustgroßen schwarzen Stein frei.
Tim grinste über beide Backen.
»Ich fasse es nicht, was machst du da? Der Stein ist ja genauso schwarz wie der andere. Und so stark energetisch, wie sich der kleine schwarze Stein anfühlt, muss es sich bei diesem Brocken um ein wahres Kraftwerk handeln. Ich weiß nicht, ob es gut ist, irgendetwas von hier mitzunehmen.«
Konsterniert blickte ich ihm ins Gesicht.
Er hielt mir den Stein mit der einen Hand unter die Nase und bröckelte mit der anderen noch weitere Erdreste ab.
»Fast wäre ich daran vorbeigelaufen. Ich habe nur eine Minispitze aus der Erde herausschauen sehen und dachte, da grab ich mal. Sag ich

doch, wir sind nicht umsonst hier.«
Tim blickte mich vielsagend an und drückte mir den Stein in die Hand. Sofort spürte ich seine starke Kraft. Ich ließ ihn in meine Tasche gleiten, die daraufhin gefühlt zentnerschwer auf meine Schulter drückte. Mit Bedacht säuberte Tim den Autoschlüssel und klopfte sich die Hände ab.
»Gerne würde ich mir mal dieses mystische Exemplar dort drüben anschauen.«
Ich deutete Richtung Horizont, wo ein größerer länglicher Stein in den Himmel ragte. Dieser war an einer äußerst exponierten Stelle platziert. Doch stellten wir fest, dass dort keine auffallend höhere Energie vorhanden war, als anderswo auf dem Gelände.
Die Aussicht von hier aus war jedenfalls fantastisch.
»Wenn man genau an dieser Stelle steht, hat man das Gefühl, ganz Irland überblicken zu können. Unwahrscheinlich, diese Weite, diese Frische, dieser Himmel!«
Ich war überwältigt.
»Ich bin gleich wieder da, gehe nur ein kleines Stückchen alleine los«, entschied sich Tim und marschierte über das riesige grüne Feld.
Ich bemerkte, wie sich der Druck in meinem Rücken erneut verstärkte. Jetzt schwante mir etwas! Ob sich meine Vermutung bestätigen würde? Sofort ging ich auf meinen Pendel-Platz von eben zurück. Die dortige Energie vereinfachte das Pendeln und die Kontaktaufnahme zur geistigen Welt um ein Vielfaches.
Ich lief jetzt schneller und mein Puls beschleunigte sich, als ich das Pendel aus meiner Hosentasche angelte. Noch bevor ich im Gras saß, um mit dem Pendeln zu beginnen, spürte ich das eindringliche Kribbeln in meinem Ohr.
»Opa, wenn du jetzt da bist, spreche ich mit dir. Maria Orsic soll weg. Sie drückt mir die Luft ab...«
Und wieder spürte ich es ganz genau.
Der Druck in meinem Rücken ließ nach und reduzierte sich auf ein Minimum.
»Opa, redet ihr beiden miteinander, du und Maria Orsic?«

Das Pendel sprang mir fast aus der Hand: »JA!«
»Dann sag ihr, sie soll mich in Ruhe lassen.«
Es kam eine eindeutige Zusage von Opa Carl.
»Ist es wichtig, dass wir den Stein mitnehmen?«
Das Pendel überschlug sich: »JA!«
»Brauchen wir den Stein für irgendetwas Bestimmtes?«
»JA!«
»Ich habe ihn. Okay. Gibt es noch was Wichtiges?«
Der Druck in meinem Rücken nahm wieder zu.
Ich erhielt ein deutliches »JA!«.
Schlagartig war mir alles klar.
»Sollen wir noch mehr Steine suchen und mitnehmen?«
»JA!«
Die Antwort kam wie ein Schlussakkord.
Der Druck im Rücken verschwand.
War einfach weg.
Konnte das wahr sein?
Maria Orsic war plötzlich weg.
Doch ebenso schien mein Großvater die Konversation ganz plötzlich beendet zu haben, denn das Kribbeln im Ohr hatte aufgehört. Vorsichtshalber fragte ich nochmal das Pendel ab.
»NEIN!«, gab es mir zu verstehen.
Im Moment gab es für mich nichts weiteres zu tun.

Erschöpft ließ ich mich nach hinten ins Gras fallen. Der hellblaue Himmel mit den weißen Wölkchen sah so friedlich und harmlos aus und das Gras um mich herum war angenehm weich. Beides täuschte darüber hinweg, was sich gerade bei mir abspielte.
Was war das alles?
Warum passierte mir das?
Was tat ich hier überhaupt?
Meine Gedanken spielten Karussell. Ich fühlte mich wie in einem Strudel, war aber trotz der Erschöpfung total aufgedreht, was wohl auf den hohen Energielevel dieses speziellen Ortes zurückzuführen war.

Ich setzte mich auf.
Im Augenwinkel erkannte ich Tim.
»Das ist wirklich interessant, auf dem gesamten Areal ist die Energie markant unterschiedlich.«
Er hatte seinen Spaziergang beendet und sich neben mich gesetzt. Wir saßen nebeneinander im Gras und waren im vollkommenen Moment des ewigen Augenblicks versunken. Es lag eine zauberhafte Stille über dem Ort.
»Inga, das alles hier ähnelt sehr unserem Erlebnis in der Toskana, weißt du noch, als die Zeit stillstand...«
Beide hätten wir nicht mehr sagen können, wie lange wir dort saßen. Doch plötzlich hörten wir, wie sich von rechts her Stimmen näherten. Ein älteres Ehepaar kam in unsere Richtung und lief in wenigen Metern Entfernung an uns vorbei. Erst jetzt registrierte ich, dass hier auch noch andere Menschen waren.
Tim lief den Erdwall hinunter und kam direkt unterhalb von mir am tiefsten Punkt des Grabens zum Stehen.
»Hier ist die Energie wieder richtig intensiv.«
Ich berappelte mich, stand auf und folgte ihm in den Graben hinunter.
»Stimmt, eigenartig. Wäre jetzt spannend zu wissen, was sich darunter befindet... Du, pass mal auf. Ich habe eben die Information erhalten, dass wir unbedingt noch weitere Steine mitnehmen müssen. Es fühlte sich dringlich an. Lass uns doch noch ein Stück über das Gelände laufen.«
Wir stiegen aus dem Graben heraus und standen zunächst unschlüssig nebeneinander. Dann sahen wir uns wortlos an. In welche Richtung sollten wir nun weitergehen? Tim machte eine leichte Kopfbewegung, die mir zu verstehen gab: Komm, wir gehen einfach los.
Wir setzten unsere Schritte sehr bewusst und mit Bedacht, als wir schweigend nebeneinander hergingen. Um uns war ein einziges Himmelblau und Grasgrün, und wir hatten einen sagenhaften Blick in die weite Landschaft und auf den Horizont.
Mit einem Mal bemerkte ich einen Schatten in meinem rechten Au-

genwinkel.
Er bewegte sich.
Ein großer schwarzer Vogel stolzierte fast beiläufig aber kontinuierlich neben uns her. Er war nur wenige Meter von uns entfernt.
Wie lange er wohl schon neben uns herlief?
Er schien uns zu beobachten.
Das Tier musterte Tim und mich sehr genau, schien aber kein bisschen von unserer Anwesenheit irritiert zu sein.
»Dieser Vogel erinnert mich an meine Reise zum Macchu Picchu vor gut fünf Jahren. Dort oben auf dem Berg lief nämlich ein ganz ähnlicher Vogel auf einer Mauer hinter uns her. Das muss eine Krähenart gewesen sein. Interessant, diese Krähe hier hält sich auch die ganze Zeit in unserer Nähe auf. Das habe ich seit Südamerika nicht mehr erlebt.«
Jetzt waren wir stehen geblieben, um das Tier näher zu betrachten.
»Wer beobachtet hier wen?«
Tim sah der Krähe belustigt in die Augen. Der Vogel wandte sich ab und stolzierte gelangweilt, aber hoch erhobenen Hauptes in eine andere Richtung weiter.
»Ich wusste gar nicht, dass es arrogante Vögel gibt. So was!«
Wir beide lachten.
Wir überquerten das Plateau bis an den Rand. Von hier aus senkte sich das Gelände ab, was aber nicht sofort erkennbar war. Büsche verbargen den Blick nach unten.
Tim und ich stiegen die Böschung hinab. Es sah so aus, als ob hier einmal eine Mauer gestanden hatte. Tim sah sich alles genau an.
»Lass mal deine Fantasie spielen, Inga. Hier könnte doch ein Eingang gewesen sein, oder nicht?«
Gespannt sah ich zu Tim hinüber.
»Und Steine gibt's hier auch. Sie scheinen zum Teil aufgeschichtet zu sein.«
Tim hielt ein paar Steine in der Hand, von denen kleine Erdklumpen herunterfielen.
Prüfend ließ ich meinen Blick darüber schweifen.

»Einige sind schwarz und andere scheinen eher gräulich. Interessanterweise ist der Energielevel hier ziemlich hoch, spürst du das?«

Die meisten Steine dort waren zu groß und zu schwer, um sie in die Tasche zu packen. Trotzdem fanden wir genügend kleine Steine, die wir mitnehmen konnten.

Von diesem Ort inspiriert, nahm ich Kontakt zu meinem Großvater auf. Das Pendel schlug klar und kraftvoll aus.

»NEIN!«

Es gab nun nichts Konkretes mehr für uns zu tun.

Wir entschieden, den Rückweg über den Fußpfad am äußeren Rand des Plateaus zu nehmen und schlenderten langsam in Richtung Parkplatz.

»Hier, sieh mal, ist das nicht eine kleine Mulde mit richtig vielen schwarzen Steinen drin?« Tim hatte sich bereits gebückt.

In diesem Moment vernahm ich das bekannte Kribbeln im Ohr und griff sofort zum Pendel in meiner Hosentasche.

»Opa, bist du es wieder? Okay, meine Tasche reißt bestimmt gleich durch. Diese Steine sollen wir liegen lassen, stimmt's?«

Das Pendel schlug kräftig aus.

»NEIN!«

»Wie, nein? Diese Steine sollen wir auch mitnehmen?«

Ungläubig schüttelte ich den Kopf.

»JA!«

Eindeutiger konnte die Antwort des Pendels nicht sein.

»Na, siehst du, die müssen auch noch mit. Da sind nämlich richtig interessante schwarze Exemplare dabei.«

Tim hatte bereits beide Hände voll und präsentierte mir die neuesten Errungenschaften. Wir sammelten die griffbereiten Steine ein und verpackten sie sicher in der Tasche.

»Die Tasche ist voll. Mehr geht nicht. Die platzt sonst!«

Aufmerksam hörte ich nochmal in mich hinein. Doch es kam keine Antwort.

Wir näherten uns der Kirche am Eingang des Areals und passierten nochmals die Graskuppel auf der Tim vorhin den großen Stein ge-

funden hatte. Von hier aus konnten wir einen Eingang erkennen. Man konnte sehen, dass ein mächtiges Metallgitter den Zutritt in die Kuppel verwehrte. Wir standen jetzt direkt davor und konnten einen kleinen Raum ausmachen, in dem links ein riesiger mystischer Stein lehnte, auf dem die genaue Skizze der Erdwälle von Tara eingearbeitet war. Wie alt mochte dieser Stein sein?
Der kleine Raum endete abrupt nach höchstens drei Metern durch eine bewachsene Steinwand, von der auf den ersten Blick Efeu herunterzuhängen schien. Licht kam so gut wie keines durch. Tim machte mit seiner Kamera ein paar Aufnahmen.
Eine große Menschentraube hatte das Areal betreten und näherte sich der Kuppel. Es mussten mehrere Touristenbusse eingetroffen sein, denn es war plötzlich ein deutlich anschwellendes Stimmengewirr zu vernehmen.
Das war für uns das klare Signal zum Aufbruch.

»Hier müssen wir links abbiegen.«
Mit prüfendem Blick sah ich auf das Navi, das gerade die eingegebene Strecke nach Galway neu berechnet hatte. Tim ließ den Wagen den Hügel hinunterrollen und ermahnte sich.
»Immer dran denken, Tim, links bleiben.«
Ich blickte aus dem Fenster in die sanfte irische Landschaft.
»Glücklicherweise haben wir noch eine unbenutzte Plastiktüte hinten im Auto, in die wir die Steine umpacken können. Meine Handtasche muss innen dermaßen dreckig sein. Kannst du mir sagen, was das für eine Aktion gewesen ist, die wir da eben durchgezogen haben? Das ist doch einfach abgedreht. Die müssen uns doch alle für verrückt halten. Jedenfalls habe ich eben noch fleißig Bilder mit dem Handy gemacht und sie meiner Mutter geschickt.«
Tim schraubte seine Rückenlehne ein Stück nach hinten und korrigierte die Position der Rückspiegel.
»Stimmt, Louise weiß Bescheid über diese merkwürdige Geschichte. Da kann ich mir vorstellen, dass sie darauf brennt, aktuelle Infos von dir zu bekommen.«

Ich nickte.

»Sie und Charlotte waren eben quasi live dabei. Ich finde es schön, dass sich die beiden über solche Dinge derart gut austauschen und ergänzen können. Du weißt ja, meine Mutter und sie sind inzwischen seit vielen Jahren eng befreundet. Und Louise kennst du ja. Sie ist unkompliziert und echt gut drauf für ihr Alter. Ganz ehrlich, die Charlotte ist für ihr Alter auch noch megafit. Sie ist, ich würde mal sagen, schon jahrzehntelang spirituell unterwegs und ein Phänomen. Sie besitzt einen unglaublichen Fundus an spirituellem Informationsmaterial, das eine ganze Bibliothek füllen könnte. Die zwei sind ein eingeschworenes und absolut verlässliches Team, das dir in allen Lebenslagen jederzeit zur Seite steht. Im Moment sitzen sie in Deutschland daheim beim Chinesen am Mittagstisch und philosophieren garantiert um die Wette.

Aber sonst kann man das alles eigentlich niemandem erzählen. Es ist unglaublich.«

Bei dem Gedanken musste ich loslachen und schüttelte den Kopf.

»Aber was hatten wir für ein Glück, dass wir dort die ganze Zeit alleine waren. Man könnte meinen, die da oben hätten das so eingefädelt.«

Wir hatten an einer Kreuzung angehalten und bogen jetzt links in eine etwas schmalere Straße ab, die teilweise von dichten Bäumen umsäumt, durch die Landschaft führte.

Tim meinte nachdenklich: »Du hast recht. Stimmt. Mit den lärmenden Touristen hätte das garantiert nicht so geklappt. Vor allem wäre der Ort ein anderer gewesen. Wie lange haben wir uns dort aufgehalten? Gefühlt eine Unendlichkeit. Oder besser gesagt, ein unendliches Jetzt. Eine so angenehme, herrliche Ruhe war das.«

Seine Stimme hatte einen fast feierlichen Ton angenommen. Ich spürte, er musste von dem, was er eben erlebt hatte, noch kolossal berührt und nicht minder beeindruckt sein als ich.

»Wie kann es sein«, fragte er, »dass ein Stein einem derart in der Hand kribbelt? Das habe ich so noch nie erlebt. Ein wirklich besonderer Ort ist das. Und an diesen Kraftort wurde irgendwann mal eine

Kirche gebaut. Das ist bemerkenswert. Denk doch mal an den Irlandartikel im Internet, den du vor fast zwei Monaten gelesen hast, erinnerst du dich? Demnach hatte ja die römische Kirche ganz bewusst die irische Mythologie zerstört. Und ein Gefühl lässt mich auch nicht los: Das, was die Allgemeinheit dort zu sehen bekommt, ist nur Oberfläche. Das eigentlich Wichtige ist bestimmt unterirdisch und dieses Wahnsinns-Absperrgitter vor der Kuppel eine Farce. Oder nur ein Witz?«
Ich dachte nach.
»Ja, es sieht möglicherweise spektakulär aus. Der Stein mit der Gravur mag alt sein und wirkt mystisch, ist aber bestimmt nicht wirklich wichtig. Wenn es eine Botschaft gäbe, wäre sie für die meisten Menschen sowieso nicht zu verstehen. Dafür bräuchten wir Wissen, das wir bisher nicht haben. Der kleine Raum ist möglicherweise noch größer, und es wäre dann lediglich der kleine Vorraum, den man zu sehen bekommt.«
Ich hielt inne.
»Über eines bin ich aber froh. Dass wir diese Energie gespürt haben. Die Energie kann von niemandem versteckt werden.«
Unterwegs beschlossen wir anzuhalten, um die Steine in die Plastiktüte umzupacken. Ich wollte endlich wieder meine Handtasche und deren Inhalt auf Vordermann bringen. Wir fanden einen Parkplatz, der zu einem schon von weitem sichtbaren imposanten, aber auch morbiden Castle gehörte. Dem alten Bau könnten wir doch einen kleinen Besuch abzustatten, zumal er über den Fußweg schnell erreichbar war...
Kaum hatten wir das Burgtor durchschritten, schlug uns eine derart eisige Kälte entgegen, dass wir sofort kehrtmachten.
»Gegensätzlicher als die Energie des heiligen Hügels eben kann es gar nicht sein. Es fühlt sich richtig unheilvoll an, was da energetisch aus dem Castle herauskommt.«
Tim fasste meine Hand und wir verließen eilig das Gelände.
Nur weg von hier.
Ich war drauf und dran in den Trabmodus zu verfallen.

»Lass uns schnell von hier verschwinden, das ist kein guter Ort. Wir haben so viel Gutes auf dem Hill of Tara getankt. Das müssen wir uns nicht gleich wieder abzapfen lassen.«
Wir hatten uns nur angesehen, um sofort zu wissen, was los war.

11
Galway

Samstag, 22.7.17

»Na, hast du Lust?«
Tim überreichte mir den Autoschlüssel.
»Eine kleine Fahrt im Linksverkehr? Ist ja noch ein ganzes Stück bis Galway.«
»Wenn nicht jetzt, wann dann?«
Lachend nahm ich den Schlüssel und setzte mich hinter das Lenkrad. Die seitenverkehrte Sitzposition in dem irischen Wagen war für mich zugegebenermaßen sehr gewöhnungsbedürftig.
Ich schluckte.
»Du musst jetzt tapfer sein, lieber Tim. Du musst es jetzt als Beifahrer neben mir aushalten. Es ist schon richtig, dass in diesem Auto alles anders herum ist? Da habe ich mich nicht geirrt?«
Lachend startete ich den Motor und sah zu Tim hinüber. Vielsagend zog ich die Augenbrauen hoch und trat auf das Gaspedal. Ich fuhr mit dem Wagen vom Parkplatz herunter auf die Straße bis zur nächsten Kreuzung. Galway stand jetzt angeschrieben.

Ein Verkaufsstand direkt an der Straße veranlasste uns schon kurz darauf zu einem weiteren kleinen Zwischenstopp. Ich fuhr den Wagen auf die gegenüberliegende Parkbucht.
»Nicht zu glauben, die haben hier in Irland Ende Juli Erdbeersaison.«
Tim war begeistert.

»Die müssen wir unbedingt probieren. Echte irische Erdbeeren.»
Das junge Mädchen am Stand strahlte uns beide mit roten Backen an. Ich kaufte ein Glas mit selbstgemachter Rhabarber-Ingwer-Marmelade für meine Mutter.

Am späten Nachmittag erreichten wir Galway. Die Schilder leiteten uns durch die Stadtmitte, bis vor uns das Meer auftauchte. Entlang der Strandpromenade waren noch etwa anderthalb Kilometer zu fahren. Wir bogen rechts auf den Parkplatz eines schmucken Hotels ab. Schon die Fassade des hübschen Gebäudes wirkte freundlich und einladend.
An der Rezeption wurde uns ein Zimmer im ersten Stockwerk zugewiesen. Beim Verlassen der Aufzugskabine war das Scharren der Aufzugstür das einzige Geräusch, das zu hören war. Wir betraten den weichen, schallschluckenden Teppich des langen Gangs. Man hatte das Gefühl, in dieser gedämpften Atmosphäre, bis zur Zimmertür zu schweben. Tim öffnete die Tür mit der Hotelkarte und wir betraten den Raum.
Zu allererst öffneten wir die Fenster.
»Hier muss Luft rein... Wirklich schön das Zimmer.»
Ich zog mich mit der Tüte Steine ins Badezimmer zurück und ließ Wasser ins Waschbecken.
»Die Steine müssen erst mal gesäubert werden. Da hängt überall viel Dreck dran. Und überall die weißen Handtücher hier. Da muss ich aufpassen.»
»Und, hast du schon einen Goldklumpen gefunden?»
Tim schmunzelte, als er das Badezimmer betrat und sah, wie ich in brauner Waschbeckenbrühe Steine wusch.
»Direkt vor unserem Fenster ist eine Kirmes, das könnte laut werden heute Nacht. Eigentlich hatte ich ein ruhiges Zimmer bestellt.»
Tim blickte ein wenig skeptisch drein.
Vorsichtig ließ ich die Hände abtropfen, wusch sie mit Seife gründlich ab und folgte ihm zum Fenster.
»Du hast recht, das könnte laut werden.»

»Ich gehe runter und kläre das.«
Nach ein paar Minuten stürmte er wieder ins Zimmer und blickte ins Bad.
»In zwei Minuten kommt einer und gibt uns ein anderes Zimmer. Schnell. Pack die Steine ein.«
So schnell wir konnten, packten wir die nassen, triefenden, immer noch dreckigen Steine in die Plastiktüte und versuchten noch die dunklen Wasserflecken mit Klopapier zu beseitigen. In aller Hektik griffen wir zu einem weißen Handtuch und wischten in Sekundenschnelle das Bad blitzeblank.
Es klopfte an der Tür.
»Da ist er schon. Ein Handtuch hat dran glauben müssen. Aber Hauptsache, es ist alles sauber. Jetzt aber raus hier.«
Tim hatte das benutzte Handtuch kleingefaltet und ordentlich in die Ecke gelegt.
»Warte. Das ganze erdige Klopapier muss noch weg.«
In Windeseile drückte ich die Klospülung und Tim verstaute die Tüte mit den Steinen in der Reisetasche. Nur nichts anmerken lassen, dachte ich.
In der Zimmertür wartete der Hotelangestellte. Das neue Zimmer war in der Tat ruhig und ging zum Hof.
»Jetzt wollen wir uns das Ganze noch mal in Ruhe anschauen.«
Ich hatte erneut alle Steine ins Waschbecken verfrachtet und ließ Wasser ein.
Tim lachte.
»Immerhin ist das Wasser nicht mehr so dreckig.«
Wir betrachteten den großen schwarzen Klumpen genauer. Ich bewegte den Stein zwischen meinen Händen hin und her.
»Der hat ein stattliches Gewicht. Schau mal, die meisten anderen Steine sind auch von dunkelgrauer oder schwarzer Farbe. Nur ein paar sind hellgrau. Ich glaube, die sortiere ich aus, dann können wir die gleich entsorgen.«
Noch während ich sprach, vernahm ich das anschwellende Kribbeln im Ohr.

»Oh, es gibt Neuigkeiten. Ich schaue gleich mal nach.«
Ich hatte bereits das Pendel in der Hand und sprach den ersten Gedanken aus, der mir kam: »Hallo Opa, bist du es?«
Das Pendel antwortete mit einem kräftigen, ruhigen »JA!«
»Geht es um die Steine?«
»JA!«
»Ah, wir sollen alle Steine mitnehmen, also nichts wegwerfen, stimmt's?«
Ein deutlicheres »JA!« hätte ich nicht bekommen können.
Mein Großvater hatte sofort reagiert und sich gemeldet. Wie logisch und eindeutig mir das alles in diesem Moment erschien und wie fantastisch das war.
Ich war begeistert.
»Irgendwie habe ich gleich gewusst, was er wollte. Na, dann wissen wir ja jetzt Bescheid. Also Opa, du bist wirklich zur Stelle wenn's wichtig wird...«
Ich klatschte in die Hände.
»Die da oben einschließlich deines Großvaters wollen also, dass wir Steine mit nach Hause nehmen. Für was wir die wohl brauchen? Fakt ist aber, dass wir sie erst mal alle mitnehmen müssen.« Tim kratzte sich am Kopf.
»Wollen wir hoffen, dass wir mit dem Gepäck nicht das Maximalgewicht überschreiten.«
Vorsichtig blickte ich Tim von der Seite an.
»Ist es möglich, dass es aus irgendwelchen anderen Gründen Probleme geben könnte? Es ist doch nicht verboten, gewöhnliche Steine aus Irland auszuführen, oder hast du schon mal davon gehört?«
»Aus Griechenland und der Türkei darf man keine Steine ausführen, das ist bekannt, aber hier von Irland aus, glaube ich das nicht.«
Tim dachte nach.
»Na ja, schauen wir mal, wird schon gut gehen. Wir verteilen die Steine einfach auf alle Taschen, so ist die Wahrscheinlichkeit am Größten, dass wir welche mit nach Hause bekommen. Ganz egal, was passiert.«

Mich beschlich ein seltsames Gefühl. Der Tonfall, mit dem Tim sagte, es würde schon gut gehen, gefiel mir ganz und gar nicht. Es fühlte sich plötzlich an, als läge etwas nicht greifbares Verbotenes über dem Ganzen. Doch paradoxerweise war damit eines klar: Die Steine mussten nach Deutschland.
So wie es gerade aussah, waren Tim und ich diejenigen, die diese Aufgabe zu erledigen hatten.
Vorsichtshalber packten wir die feuchten Steine wieder in die Tasche zurück. Wenn wir nachher zurückkommen würden, könnten wir sie noch einmal zum vollständigen Trocknen ausbreiten.
Eine geballte Ladung Energie lag da vor uns auf dem Sessel, unsichtbar verpackt in einer unauffälligen Reisetasche.
»Ich glaube, wir haben uns jetzt eine Dusche verdient. Wir sollten außerdem langsam schauen, dass wir in die Gänge kommen. Es wäre schade, wenn Jo und Anja lange auf uns warten müssten.«
Tim sprang als Erster unter die Dusche.
Nach unseren heutigen fast ausschließlich hochschwingenden Erlebnissen freuten wir uns beide auf einen normalen weltlichen und lustigen Abend mit Jo und Anja. Bei leckerem Essen und irischem Bier.
»Wir sind knapp dran. Vielleicht sollten wir doch besser mit dem Auto fahren. Allerdings nicht unbedingt in die Stadtmitte. Wir schauen einfach, ob sich der Wagen irgendwo am Straßenrand parken lässt.« Tim sah auf die Uhr, als wir das Zimmer verließen. Die belebende Dusche hatte uns gutgetan, und frisch gestylt machten wir auf den Weg.
Den ganzen Tag über war es bewölkt gewesen, doch im Laufe des späten Nachmittags hatte sich der Wind gelegt, und ein wunderschöner blauer Himmel und angenehme Temperaturen verhießen uns einen schönen, lauen Abend.
Je weiter wir uns dem Zentrum näherten, umso voller wurden die Straßen. Dennoch hatten wir Glück. Ein kurzes Stück vor einer Brücke, die direkt ins Zentrum führte, konnten wir das Auto abstellen. Das letzte Stückchen Fußmarsch bis zum vereinbarten Treffpunkt mit Jo und Anja zog sich letztendlich mehr in die Länge, als wir vermutet hatten. Außerdem wurde es auf den Straßen zunehmend voller.

»Jetzt ist doch noch Jogging angesagt.«
Tim und ich mussten uns beeilen. Wir nahmen uns an der Hand und rannten im Slalom durch die Menschenmassen, bis unser Treffpunkt in Sichtweite kam.
Am »Eyre Square« hatten sich Menschentrauben versammelt und ganz Galway schien an diesem Samstagabend das ruhige Sommerwetter ausgiebig genießen zu wollen.
Anja winkte uns beiden zu. Sie stand ein Stückchen oberhalb auf der Treppe des Platzes, und Jo tauchte hinter ihr auf.
»Wow, du siehst ja aus, wie ein waschechter Ire. Coole Mütze, die du da aufhast.«
 Tim klopfte Jo herzlich auf die Schulter, und freudig begrüßten wir uns alle.
»Großartiges Wetter habt ihr mitgebracht. Habt ihr Lust durch die Gassen zu schlendern? Wie wär's mit einem Begrüßungstrunk?«
Anja strahlte.
Sie und Jo hatten in den letzten beiden Tagen schon große Strecken mit dem Auto zurückgelegt und dabei doch den einen oder anderen Regenguss abbekommen. Jo kannte sich in Irland sehr gut aus, da er vor vielen Jahren einige Zeit dort gearbeitet hatte. Praktischerweise durfte er jetzt für unser kleines Grüppchen die Rolle des Guides übernehmen.
Die Fußgängerzone war geprägt von hübschen, farbigen, irischen Häusern und eine bunte Menschenmenge tummelte sich in den Straßen. Mir fiel die große Anzahl junger Leute auf. Einige verkauften an kleinen Ständen verschiedenen Krimskrams, andere spielten sichtlich begeistert irische Tanzmusik auf altertümlich wirkenden Musikinstrumenten. Man konnte gar nicht anders, als mit den Füßen zu wippen. Alle Pubs und Restaurants waren übervoll und es wimmelte nur so von Menschen.
Wir hatten Glück und fanden noch einen Tisch in einer Vinothek.
Jo lachte auf.
»Das ist jetzt zwar nicht typisch irisch hier, aber wir haben einen Sitzplatz.«

Tim traute seinen Augen nicht.
»Inga, schau mal, dort im Regal. Erkennst du die Flasche mit dem roten Etikett? Das ist doch genau der gleiche Wein, den wir an Ostern in Bardolino gekauft haben. Und dafür fliegen wir nach Irland!«
Wir alle lachten.
»Na, dann wissen wir ja, dass wir gleich mit einem richtig guten Tröpfchen anstoßen werden«, rief Jo freudig.
»Lieber Jo«, hob Tim das Glas, »alles Gute zu deinem Geburtstag. Es ist so schön und auch ein bisschen verrückt, dass wir heute mit euch feiern können. Wir freuen uns. Dieses Irland scheint schon etwas sehr Besonderes zu sein.«
Er zwinkerte mir zu und während sich alle zuprosteten, lächelten wir beide still in uns hinein.
Jo führte anschließend unser Grüppchen hinaus aus der Fußgängerzone in Richtung Hafen. An die Kaimauer schlossen sich unmittelbar kleine Rasenflächen an, auf denen unzählige Menschen saßen. Viele saßen direkt am Wasser, ließen ihre Beine baumeln, unterhielten sich fröhlich und tranken Bier.
»Ein derart besonderes Abendlicht kann es nur im Norden geben«, dachte ich bei mir, als wir die Uferpromenade The Long Walk entlangspazierten. Der Blick auf die andere Seite, den Claddagh Quay, war bezaubernd.
Alle Farben schienen zu leuchten.
Wie intensiv Farben sein konnten...
Auch Tim war zutiefst beeindruckt von dieser wunderschönen Abendstimmung. Das Licht hatte etwas Mystisches. Er schoss ein paar Bilder mit seiner Kamera. Wir gingen immer weiter, entlang des Wassers, bis wir uns dem Hafen näherten.
»Habt ihr auch Hunger? Das Restaurant hier sieht doch nett und richtig irisch aus.« Tim hatte bereits einen kurzen Blick auf die Speisekarte geworfen.
Das Restaurant sollte sich als echter Glücksgriff erweisen. Wir fühlten uns wohl in dem maritimen Ambiente des oberen Stockwerks mit dem Ausblick auf den Hafen. Die Speisekarte ließ keine Wünsche offen,

und das Essen entpuppte sich als fantastisches Schlemmermahl.
Wir brachen ziemlich spät auf.
In der Fußgängerzone wurden wir auf eine große Menschenmenge aufmerksam, die johlend und klatschend im Kreis stand und irgendetwas leidenschaftlich anfeuerte.
Beim Näherkommen konnte man eine Reckstange erkennen, die mitten in der Fußgängerzone aufgebaut worden war. Mutige Probanden testeten an der Stange hängend ihre Muskelkraft. Ein paar brachten es sogar fertig, das Publikum mit einigen Klimmzügen zu begeistern.
Ein Mann in Schlips und Kragen trotzte seiner Kleidung und lief zu Hochtouren auf. Seine Anzughose war bei der Aktion nach oben gerutscht und gab den Blick auf seine beige gemusterten Socken frei. Er schaffte beinahe eine ganze Minute, bis sich die Finger vom Reck lösten und er das kurze Stück nach unten plumpste.
Das Publikum klatschte und feierte ihn.
Eine junge Frau im Minirock und Stöckelschuhen hatte sich daraufhin mutig unter die Reckstange gestellt und wurde mit Hilfe anderer an das Sportgerät gehievt. Ihr winkten 100 Euro, sofern sie es schaffen würde, die Zweiminutenmarke zu knacken.
Die Menschenmenge zählte laut mit: »One, two, three ... oh!«
Es waren keine drei Sekunden vergangen, als die junge Frau abspringen musste. Alles johlte und applaudierte.
Es war ein unglaublicher Spaß.
Wir schlossen schon Wetten ab.
Ein gut trainierter, stämmiger Sportler trat aus der Menge hervor. Ein Raunen ging wie eine Welle durch die Menge. Er könnte es schaffen...
»Sixty-three, sixty-four... no!«
Dann fiel auch er vom Reck.
Den absoluten Rekord stellte ein unauffällig und dürr aussehender Mann eher nebenbei auf. Er punktete dabei mir einer Körperhaltung, die an Eddie the Eagle erinnerte.
»Ninety-seven, ninety-eight ... oh!«

Die Menschen tobten und applaudierten, was das Zeug hielt.
Lachend schüttelte Anja den Kopf und stupste ihren Bruder Tim an.
»Wie hat der das geschafft? Der hatte nicht mal annähernd so viele Muskeln wie der Fitnesstyp von eben. Wahnsinn.«
Wir klatschten und feierten alle begeistert mit.
Es herrschte eine fantastische Stimmung, die wir selten so erlebt hatten. Die fröhliche Art der Iren, diese Lebenslust zu feiern, schien unerschöpflich zu sein. Und jeder mutige Teilnehmer durfte sich über einen begeisterten und großzügigen Applaus freuen.
Die Zweiminutenmarke wurde an diesem Abend jedoch von niemandem geknackt.
Wir schlenderten noch weiter durch die Innenstadt und landeten zufällig in einem irischen Pub, in dem noch Livemusik gespielt wurde.
Ein Höhepunkt wechselte an diesem Tag den nächsten ab.
Wie viel Fülle an einem einzigen Abend!
Es war einfach fantastisch!
Glücklich und begeistert nahm Jo Anja in den Arm.
»Es ist ein so großartiger Geburtstag für mich, ein so schöner Abend.«
Er strahlte in die Runde.
»Mehr an Glück kann man eigentlich gar nicht erleben.«
Tim lächelte.
Ich nahm seine Hand und zog ihn auf die kleine Tanzfläche. Anja und Jo kamen dazu, auch viele andere standen plötzlich auf. Selbst die Mitglieder der Band schienen jetzt kurz vor Schließung der Kneipe noch einmal Feuer gefangen zu haben.
Sie legten sich nochmal mächtig ins Zeug.
Der Funke sprang über.
Der ganze Pub pulsierte vor Freude und Energie…

12
Schönheit der Landschaft

Sonntag, 23.7.17

Ausgeschlafen und ausgesprochen gut erholt wachten Tim und ich am nächsten Morgen auf. Genüsslich räkelten wir uns in unserem riesigen Bett und hatten keine Eile. Bis Jo und Anja kommen würden, hatten wir noch Zeit. Wir konnten einfach liegen bleiben und zusammengekuschelt den Morgen genießen.
Tim küsste mich auf die Stirn.
»Sag mal, täusche ich mich oder könnte es sein, dass die Steine dort in der Tasche irgendwie eine besondere Wirkung haben? Wie war das mit der geballten Ladung Energie? Fühlt sich gar nicht so schlecht an...«

Jo hatte für den heutigen Tag eine Route gewählt, die uns zu den »Cliffs of Moher« führen würde. Die Fahrt durch die Landschaft sollte ein weiterer Höhepunkt werden.
Es war zwar nicht so sonnig wie gestern Abend, der Himmel war grau, aber es regnete nicht. Wir fuhren eine Weile, bis sich die flache Küstenlandschaft veränderte und allmählich von sanften Hügeln abgelöst wurde. In einem ständigen Auf und Ab wurden die Straßen immer kurviger und enger. Es ging vorbei an Wiesen, auf denen Schafe oder Kühe weideten und hier und da säumten kleine Wäldchen oder hochgewachsene Hecken die Straße.
Ich hatte alle Mühe mich darauf zu konzentrieren, von hinten auf die Fahrbahn zu schauen, um meine aufkommende Übelkeit in den Griff zu bekommen. Autofahrten auf derartig kurvigen Straßen hatte ich schon seit meiner Kindheit nur mit Spucktüte überstehen können. An diesem Umstand hatte sich bisher nichts geändert.
Die Straßen waren zum Teil sehr schmal geworden. Tim hielt mehrfach die Luft an, weil er fürchtete, Jo könnte jeden Augenblick das

nächste entgegenkommende Fahrzeug streifen. Seine Sorge erwies sich als vollkommen unbegründet, denn Jo manövrierte den Wagen routiniert über den Asphalt.

Wir passierten kleine Ortschaften und das stetige Grün wich dem schroffen Grau der Felsen. Wir fuhren bergauf und irgendwann bemerkten wir, wie hoch wir schon waren. Das Meeresniveau lag weit unter uns. Von hier oben hatten wir einen fantastischen Blick und konnten in der Ferne Inseln erkennen.

»Hier steht es: Aran Islands.«

Ich hatte mein Handy genommen und suchte auf Google Maps nach der richtigen Position.

»Könnten das vielleicht Überbleibsel der Arianischen Inseln sein, von denen Miky gesprochen hat? Oder war Irland einfach ein kleiner Bestandteil, der zu den Arianischen Inseln gehörte. Dann wären die vorgelagerten Aran-Inseln lediglich ein kleiner Ausläufer davon. Folgerichtig müssten das dann Überreste von Atlantis sein.«

Tim rieb sich die Nase und dachte nach.

»Tja, warum nicht? Möglicherweise ist das hier ein Überbleibsel von Atlantis. Wer weiß schon, was hier unter Umständen auf dem Meeresboden zu finden ist.«

»Wir sind gleich da.«

Jo wies mit der Hand nach vorne.

Uns bot sich ein bizarrer Anblick.

Die grünen, weiten Wiesen wichen einem großen, aber engen und überfüllten Parkplatz.

»Ihr wundert euch wahrscheinlich, wo die Klippen sind? Wir nähern uns von oben und haben gleich die Möglichkeit, von den Klippen hinunter auf das Meer zu blicken. An der höchsten Stelle sind die Felsen über zweihundert Meter hoch. Das ist gigantisch und wunderschön. Wenn man ein Stückchen weitergeht, verläuft oben an den Klippen ein Wanderweg.«

Es waren sehr viele Touristen unterwegs und alles strömte in Richtung der riesigen Felsen. Wie eine Ameisenstraße schlängelten sich

die Menschen am Rande der Klippen entlang.
Wir bogen zunächst nach rechts ab, und der Weg verlief, von einer Mauer gesäumt, immer weiter bis zu einem Turm. Von dort aus ergab sich ein sagenhafter Blick über das Meer, bis in die Weite des Horizonts.
Ab hier schlugen wir unseren geplanten Wanderweg in die entgegengesetzte Richtung ein. Der Weg wurde schmaler und näherte sich langsam aber stetig dem Abgrund. Wegen der großen Menschenmassen steckten wir teilweise fest.
Zunehmend spürte ich die Höhenangst.
Ich musste hier weg.
Es ging nicht mehr.
Plötzlich registrierte ich überall die schwarzen Vögel, die sich hier aufhielten. Waren dies die gleichen Vögel wie auf dem Machu Picchu vor sechs Jahren?
Oder wie gestern am Hill of Tara?
Auf jeden Fall waren sie ebenfalls hier an den Klippen.
»Tim, ich kann nicht mehr weitergehen. Die Enge hier. Die Leute sind so unvorsichtig und gehen bis vorne an den Klippenrand. Bitte, komm, lass uns gehen.»
Tim hatte meine Hand gefasst und ich verspürte nur noch einen Impuls.
So schnell wie möglich musste ich hier weg.
Über jeden Meter dankbar, mit dem ich mich vom Abgrund der Klippen entfernen konnte, lief ich mit Tim in Richtung der Weideflächen.
Gott sei Dank… Tim war bei mir.
Jo und Anja setzten ihre Wanderung fort.
Tim und ich liefen über die Feldwege zwischen den Wiesen und beobachteten, wie sich der Himmel veränderte und die Klippen in einen gespenstischen Nebel gehüllt wurden.
»Dieser Ort ist sehr speziell und auch kraftvoll, aber er steckt auch voller Schrecken und Angst, das spüre ich. Wie viele Seelen hier schon freiwillig und unfreiwillig von den Klippen gestürzt sind? Hast du die vielen schwarzen Krähenvögel dort gesehen?»

Ich musste mich schütteln.
Nach knapp einer Stunde trafen wir die beiden wieder am Ausgangspunkt. Als Rückweg wollte Jo die Küstenstraße nehmen. Der Himmel lockerte sich langsam auf und vereinzelt wurden blaue Wolkenlücken sichtbar, die nach und nach größer wurden.
Die Sonne kam zum Vorschein.
Die Rückfahrt nach Galway war landschaftlich eindrücklich und wunderschön. Aber auch ganz anders als alles, was wir zuvor gesehen hatten. Es wurde wieder flacher aber die Felsen am Meer wirkten weiterhin schroff. Doch alles erschien unglaublich sanft, und die Sonne brachte die grünen, zum Teil moosigen Wiesen zum Leuchten. Je mehr sich der Tag dem Ende neigte, umso farbiger wurde alles um uns herum. Selbst die Schafe wirkten noch weicher und fast plüschig, wie in einem Bilderbuch.
Diese intensiven Eindrücke von Stimmungen und Farben waren ein wunderschönes Naturschauspiel, das ich in meinem Kopf und meinem Herzen behalten wollte. Ich würde sie als Erinnerung aus Irland für mich mit nach Hause nehmen.

Am Abend gab es eine Tanzveranstaltung im Hotel. Tim und ich freuten uns über die spontane Gelegenheit, am letzten Abend unseres Irlandbesuchs tanzen gehen zu können. Als wir den Saal betraten, stellten wir fest, dass es eine Veranstaltung mit in erster Linie älteren Einheimischen aus der Umgebung sein musste.
Es war nett, den nicht mehr ganz jungen, aber fröhlichen Tanzpaaren zuzuschauen.
Wir reihten uns zwischen den Tänzern ein.
Es machte uns einen unwahrscheinlichen Spaß.
Es wurde ein langsamer Walzer gespielt, den wir beide so sehr liebten. Tim, den ich von Anfang an als souveränen Tänzer kennengelernt hatte, vermied starre Schrittfolgen so gut es ihm möglich war. Er hatte schon immer das Improvisieren einzelner Schrittkombinationen bevorzugt. Dazu gehörte eine sehr gute Führung und klare Haltung, die Tim zweifelsohne besaß!

Auf der Parkettfläche war ein wenig Platz entstanden, was wir sofort begeistert ausnutzten. Nach Lust und Laune tanzten wir ausgedehnte, lang gezogene Schrittfolgen, verschmolzen mit dem Takt.

Ein anderes Paar hatte sich neben uns eingereiht, und reaktionsschnell stoppte Tim mit einer Kreiseldrehung, um eine Kollision zu vermeiden.

»Das Paar neben uns hat mich die ganze Zeit eben beim Tanzen angestarrt, vor allem sie. Sag mal, woher kennen wir die?«

Tim sah mich fragend an, als ich einen Impidus tanzend direkt neben ihm anhielt.

»Stimmt. Die habe ich auch schon mal gesehen. War das gestern im Pub?«

Tim öffnete die Tanzhaltung, während ich überlegte.

»Oder war's beim Essen? Nein. Keine Ahnung...«

Er holte zu großen, lang gezogenen Schritten aus.

»Wo haben wir die zwei nur schon einmal gesehen?«

Tim dachte nach und während wir unsere letzten Walzerrunden durch den Saal drehten, kaute er nachdenklich auf seiner Unterlippe.

13
Rückflug

Montag, 24.7.17

»Wir sind einigermaßen gut in der Zeit. Unser Flieger geht ja schon am Mittag und durch die Stunde Zeitverschiebung sind wir auch nicht so spät daheim.«

Tim hatte die letzte Tasche verstaut, und schwungvoll fiel die Klappe des Kofferraums ins Schloss. Er startete den Motor, tippte die Flughafenadresse in das Navi und gab Gas. Wir verließen den Hotelparkplatz und fuhren in den frischen, leicht bewölkten Morgen. Bald schon erreichten wir die Autobahn in Richtung Dublin.

Heute Morgen vor dem Frühstück noch hatten wir über die Steine nachgedacht und waren zu dem Entschluss gekommen, den großen Stein in Tims Tasche und die kleinen Steine in meinem Handgepäck zu verstauen.
Bei dem Gedanken daran überkam mich ein flaues Gefühl.
Ich wusste, ich war verantwortlich für diese Steine.
Aber was war es genau, das in mir dieses Gefühl von großer Verantwortung für ein paar Steine hervorrief?
Warum verspürte ich diese Dringlichkeit?
Es war ein Rätsel.
Trotzdem wünschte ich mir in diesem Augenblick nichts weiter, als dass die Gepäckkontrolle schon vorüber wäre.
Würde am Flughafen alles reibungslos verlaufen?
Wer könnte sich für die Steine interessieren?
Ich schob die unangenehmen Gedanken beiseite.
Es wäre jetzt jedenfalls alles andere als gut, mit Tim darüber zu sprechen.
Dem Thema Angst Aufmerksamkeit zu schenken und ihm damit Energie zu geben, könnte die Situation nur noch verschlimmern.
Das, was man am meisten fürchtet, zieht man an, sobald man die Energie dahin lenkt. Ich wusste um dieses Phänomen oder auch einfach um das Gesetz der Anziehung.
Ich war mir der Herausforderung bewusst.
Dummerweise spürte ich, dass Tim sich ebenso Gedanken machte. Ich versuchte, meine zweifelnden Gedanken zu zerstreuen und bat die geistige Welt um Unterstützung.
Diese Situation erforderte es, ins absolute Vertrauen zu gehen.

Wir waren knapp eine halbe Stunde unterwegs, als der Verkehr plötzlich zu stocken anfing. Irgendwo musste ein Unfall oder eine Baustelle sein. Eine Umleitung war eingerichtet worden, die den Verkehr von der Autobahn ableitete. Die Weiterfahrt war nur noch auf einer Nebenstrecke möglich. Es ging durch Ortschaften mit vielen roten Ampeln und der Verkehr kam beinahe zum Stillstand.

»Es wäre gut, wenn wir die Möglichkeit hätten, bald wieder auf die Autobahn zu kommen, denn viel Zeitpuffer haben wir jetzt nicht mehr.»
Bei Tim begann sich eine gewisse Nervosität bemerkbar zu machen.
Ich rutschte auf meinem Sitz hin und her, als könnte ich damit den Verkehrsfluss beschleunigen.
Wir saßen schweigend im Auto.
Es fing an quälend zu werden, denn die Uhrzeit schritt erbarmungslos voran. Es sah lange nicht danach aus, als würde sich die Situation entschärfen.
Tim holte Luft.
»Na, endlich.»
An der nächsten Kreuzung wurden wir wieder auf die Autobahn geleitet.
Jetzt gab er Gas.
»Wir werden jetzt unter sämtlichen Geschwindigkeitskontrollen unten durchfahren müssen.»
Sein Blick verriet mir seine Entschlossenheit.
»Es wird knapp, aber wir könnten es schaffen, denn wir haben nur Handgepäck dabei.»
Tim war auf das Flughafengelände gefahren, und ich lotste ihn zum Parkplatz für die Mietautoübergabe. Ruckzuck übergaben wir den Wagen, mussten dann aber bis zur Abfahrt des Busses noch auf andere Personen warten.
»Immer schön ruhig bleiben, alles ist richtig, und wenn wir das Flugzeug bekommen sollen, wird es auch klappen», murmelte ich vor mich hin und versuchte, mich zu beruhigen.
Nach einer gefühlten Ewigkeit traf ein kleines Grüppchen ein, das sich zu uns in den Kleinbus zwängte. Es waren nur wenige Kilometer und damit nur einige Minuten Busfahrt bis zur Abflughalle.
Tim sah aus dem Fenster die lange Straße entlang.
»Zu Fuß hätten wir das nie geschafft.»
In Windeseile hatten wir das Gepäck unter dem Arm und stürmten in die Schalterhalle. In aller Schnelle versuchten wir, die Hinweisschil-

der zu erfassen.

»Da lang.«

Tim deutete mit dem Arm nach rechts, und wir beeilten uns, die Sicherheitskontrolle zu erreichen, an der zum Glück nicht viele Menschen standen.

»Immer dieses dumme Kurvenlaufen«, dachte ich, als wir uns endlos durch die Absperrbänder schlängelten.

Aufkommende Gedanken an die Steine schob ich weg.

Tim hatte zwei Wannen bereitgestellt, in die wir unser Handgepäck legten.

Ich passierte die Sicherheitskontrolle.

Erleichtert über die einfache und schnelle Abfertigung griff ich nach meiner Tasche, die mir auf dem Laufband entgegenkam.

Ich hatte die kleinen Steine durch.

Mein Herz klopfte schneller...

Ich sah Tim aus dem Augenwinkel, der mir direkt folgte.

Gleich würde er bei mir sein.

Ich warf einen Blick auf mein Handy.

Die Zeit müsste reichen.

Ich drehte mich um.

Warum war Tim stehen geblieben?

Eine Mitarbeiterin der Sicherheitskontrolle zeigte auf Tims Tasche, die sich auf dem Fließband im Durchleuchtungsapparat befand.

Ich biss mir auf die Lippen.

»Warum jetzt? Warum ausgerechnet jetzt?«

Ich atmete tief durch.

»Hallo, ihr da oben, Opa Carl, bitte sofort mithelfen, keine Ahnung, was da vorne los ist.«

»Der große Stein«, schoss es mir durch den Kopf.

Er befand sich zwischen Tims Kleidung irgendwo mittendrin in seiner Tasche.

Tims Tasche wurde von der am Bildschirm sitzenden Sicherheitsmitarbeiterin herausgezogen. Ihre Kollegen kamen hinzu und standen mit gesenkten Köpfen um die geöffnete schwarze, ausgebeulte

Tasche herum.
Ich konnte sehen, wie sie miteinander sprachen und Tim dabei gestikulierte.
»Opa Carl, wenn wir die Steine mitnehmen sollen, seid ihr da oben gefragt. Bitte unternehmt was.«
Mein Puls beschleunigte sich.
Ich trippelte nervös von einem Fuß auf den anderen.
Eine Sicherheitsmitarbeiterin griff in die Tasche und zog einen Gegenstand heraus.
»Der Stein!«
Ich suchte Blickkontakt zu Tim, der besorgt zu mir hinübersah und eine Grimasse zog.
Die Frau hatte den großen schwarzen Stein in der Hand.
Sie drehte und wendete ihn. Ihre Kollegen starrten auf das unförmige seltsame Ding und sahen sich an. Schließlich zuckten sie alle ratlos mit den Schultern. Die Mitarbeiterin der Sicherheitskontrolle, die den Stein in der Hand hielt, lachte ein wenig hilflos, schüttelte den Kopf und legte ihn auf die Seite.
Sofort hatte ich den Stein ins Visier genommen.
Meine Augen sprangen hin und her.
Ich beobachtete gleichzeitig die Mitarbeiterin, die Tim anwies, die Tasche erneut auf das Fließband zu legen, und den abgelegten Stein.
Ein zweites Mal kam die Tasche aus dem Durchleuchtungsapparat.
Ich sah, wie Tim das Glas mit der Rhabarber-Ingwer-Marmelade für Louise in der Hand hielt, während die Sicherheitsmitarbeiterin, die eben noch den Stein in ihrer Hand gehalten hatte, klar gestikulierend verneinte.
Es ging also nur um die Marmelade!
Tim legte den großen schwarzen Stein zurück in die Tasche.
»Oh, wie dumm, daran haben wir kein bisschen gedacht. Flüssigkeiten, logisch. Die dürfen nicht ins Handgepäck. Ich dachte schon, die wollen den Stein einkassieren.«
Er nahm meine Hand und wir stürmten aus der Sicherheitskontrolle in Richtung Abflughalle. Das Boarding hatte bereits begonnen. Doch

mindestens die Hälfte der Passagiere stand noch am Schalter.
»Sag ich doch, wir haben noch ewig Zeit und hätten uns gar nicht so beeilen müssen«, scherzte Tim augenzwinkernd.
Ich konnte nicht fassen, was ich in diesem Moment sah.
»Das mit den Steinen haben wir durch, aber sieh mal an, wer da vorne gleich durchs Drehkreuz geht.«
Ich deutete auf den Mann, der ein paar Meter vor uns stand.
»Der Außerirdische vom Hinflug«, entfuhr es Tim, »und seine große Partnerin ist nicht dabei?«
Er hielt inne und musste plötzlich grinsen.
»Wahrscheinlich hat er sie hier in Irland mit dem UFO in den Orbit geschickt.« Bei dieser Vorstellung kicherten wir beide los.
»Na, wer weiß? Vielleicht begleitet er uns, damit wir den Stein gut nach Hause bringen?«
Ich grübelte.
Tim schnippte mit den Fingern.
»Jop. Und ich weiß jetzt, wer das Tanzpaar im Hotel in Galway war.«
Ungläubig sah ich Tim in die Augen.
»Das ist mir gerade eingefallen, Inga. Hier, wo wir in der Schlange stehen. Das waren die beiden auf dem Hinflug neben dir, die mit der Chipstüte, erinnerst du dich?«
Nun war ich sprachlos.
Wie viele unglaubliche Begebenheiten kamen hier auf einen Schlag zusammen.
Sie schienen alle miteinander zusammenzuhängen.
War das wieder eine Synchronizität, die sich hier abspielte?
Ich erinnerte mich an den Beginn der Irlandgeschichte.
Schritt für Schritt war ich an die Informationen herangekommen.
Stück für Stück hatten sich durch Gespräche mit der geistigen Welt und mit Hilfe des Internets alle Teile wie ein Puzzle zusammengefügt.
Konnte es wirklich sein, dass sich ein Ereignis aus dem anderen ergab?
Brauchte man dafür nur genügend Achtsamkeit im Hier und Jetzt, um das zu erkennen?

Nicht ahnend, wo die Geschichte hinführen sollte, hatte ich Punkt für Punkt weiterverfolgt, um jetzt da zu sein wo ich gerade stand.
Die Stimme einer jungen Frau riss mich aus meinen Gedanken.
»Passport, please.«

Das Flugzeug hob ab.
Tim stupste mich vorsichtig in die Seite.
»Inga, bis hierher sind wir gekommen. Wir bekommen die Steine gut nach Hause. Da bin ich mir sicher.«

14
Wieder daheim

Dienstag, 25.7.17

Zurück daheim hatten wir nach dem Ausräumen der Taschen alle Steine in einen Karton verfrachtet. Dort würden sie erst einmal liegen bleiben, bis uns hoffentlich klar würde, wozu wir sie mitgebracht hatten.
Immer wieder ertappte ich mich dabei, wie ich um den Karton herumtigerte, ihn aufklappte und einen Blick hineinwarf.
Der Inhalt schien nur darauf zu warten in Kürze wieder ausgeräumt zu werden.
Ich war weiterhin irritiert über das, was ich mit Tim in Irland erlebt hatte. Sämtliche Bilder des Irlandaufenthalts zogen permanent vor meinem inneren Auge vorbei.
War das alles ein zu viel an Fantasie?
Diese Vorstellung verursachte in mir ein Unwohlsein.
Aber ich suchte auch nach dem Sinn und spürte mal wieder, wie ich mit meinen Zweifeln zu kämpfen hatte.
Miky.
Ja, ich musste unbedingt Miky anrufen.

Sicher hatte er noch eine Idee, die mir weiterhelfen könnte.
Ich griff zum Telefon.
»Hi Miky, schön, dass du gleich dran bist, das klappt ja heute wie geschmiert.«
Miky lachte.
»Ja, dann wird es wohl wichtig sein. Erzähl von eurem Irlandaufenthalt, ich bin gespannt.«
In kurzen Worten schilderte ich ihm unsere Erlebnisse. Ich achtete darauf, keine Details auszulassen, die mir wichtig erschienen.
»Wow. Da habt ihr aber was hinter euch gebracht.«
Miky war voll bei der Sache.
»Dein Empfinden der alten lustigen Frau gegenüber, die dich an deinen Opa erinnert hat, finde ich sehr aufschlussreich. Merkst du was? Dein Opa war bei dir und zwar die ganze Zeit. Ich kann dir nur bestätigen, dass es mir bei vergleichbaren Reisen immer ähnlich ergangen ist. Es waren immer Reisen gewesen, bei denen ich auch ›etwas zu erledigen‹ hatte. Du verstehst, was ich meine? Ich kenne das Phänomen, dass beim Hinflug wie auch beim Rückflug dieselben Menschen dabei waren, egal wie viel Tage Aufenthalt ich bei der jeweiligen Reise gehabt hatte.
Und der Hill of Tara.
Du hast es geschafft, dich von der geistigen Welt über das Gelände führen zu lassen. Das finde ich richtig cool. Es ist schön, dass du mit deinem Großvater jemanden gefunden hast, der dich in solchen Sachen leitet.
Die Vehemenz, mit der du mir die Aktivität von Maria Orsic geschildert hast, sagt mir, dass die ganze Aktion bedeutungsvoll sein muss.
Und ich denke, ihr habt richtig beobachtet. Alle Kirchen wurden stets auf irgendwelchen Kraftplätzen erbaut, um die dortige Energie für sich selber zu nutzen. Mit den Menschen wurde damals über viele Jahrhunderte hinweg das Geschäft mit der Angst gemacht. Sie mussten sich bei der Kirche freikaufen und verloren immer mehr die Anbindung zu sich selbst und zur eigenen Schöpferkraft. Auf diese Weise konnte die Kirche die Menschen gefügig machen.«

Gespannt hatte ich Miky zugehört.
»Interessant. Die Energie auf dem Hill of Tara war für Tim und mich trotzdem unglaublich stark zu spüren. Und wenn man bedenkt, dass sich dort uralte unterirdische Tempelanlagen befinden sollen… Wer hat dort wann und vor allem was gebaut, beziehungsweise diese Energie verankert? Was wirklich Eindeutiges findest du darüber nirgends.«
Ich hielt den großen schwarzen Stein in meiner Hand und ließ ihn auf und ab wippen.
Miky dachte noch einmal nach.
»Ich glaube, es wird dir erst mal nichts anderes übrigbleiben, als abzuwarten, was mit den Steinen zu tun ist. Habe Vertrauen. Du wirst den nächsten Hinweis bekommen, da bin ich mir absolut sicher. Wenn du dir im Unklaren über etwas bist, kannst du dich jederzeit wieder bei mir melden. Okay?«
»Ja, okay. Danke.«
Das Gespräch mit Miky hatte mir gutgetan. Er half mir dabei, mich an die neuen Gegebenheiten heranzutasten. Er machte mir Mut, an der Sache dranzubleiben, so absurd auch alles erscheinen mochte.
Jetzt musste ich mich beeilen.
Die Arbeit wartete.
Ich griff meinen Rucksack und verließ die Wohnung.

Am späten Nachmittag kam ich nach Hause.
Dort angekommen setzte ich mir einen Kaffee auf und schnappte mir den Telefonhörer von der Station.
Ich wählte die Nummer meiner Mutter.
Nach zwei Freizeichen nahm sie ab.
»Willkommen zurück daheim«, rief Louise durch die Leitung.
»Typisch Mama«, dachte ich bei mir und lächelte.
Ihr ansteckendes Temperament erstaunte mich immer wieder.
»Du und Charlotte - direkt auf dem Livestream vom Hill of Tara aus zugeschaltet.«
Lachend wechselte ich den Hörer in die andere Hand und angelte mir einen Kaffeebecher aus dem Schrank.

Ich schenkte mir eine Tasse ein.

»Hätte nur noch die Großleinwand beim Essen im Chinarestaurant gefehlt... Mensch, da habt ihr aber was erlebt. Habt ihr am Flughafen wegen der Steine Probleme gehabt?«

Ich schilderte ihr die Erlebnisse unserer Irlandreise in allen Einzelheiten und berichtete ihr von meinem Gespräch mit Miky heute Morgen.

Louise war überwältigt.

»Donnerwetter. Am Flughafen muss das ja schweißtreibend für euch gewesen sein. Hauptsache, es hat alles geklappt und ihr konntet vor allem die Steine mitnehmen. Ja, ich glaube, Miky hat recht, du musst wohl wegen der Steine auf neue Informationen warten.«

An diesem Abend saß ich alleine auf meinem Balkon. Tim und ich hatten beschlossen, einen ruhigen Abend zum Abschalten jeder für sich daheim zu verbringen. Nach dem zurückliegenden intensiven Wochenende tat das Alleinsein gut.

Ich blickte über den Wald in die herrliche Abendsonne hinein und dachte noch einmal über die Steine nach. Ja, ich würde wohl einfach warten und darauf hoffen, dass sich mir ein Hinweis zeigen würde, was mit den Steinen weiter zu tun sei. Außerdem würde es bestimmt gut sein, zunächst einmal Abstand zu dem Thema zu bekommen.

Diesen Gedanken noch nicht zu Ende gedacht, schwoll urplötzlich der Druck in meinem Rücken an.

»Stopp«, sagte ich laut und energisch.

»Es reicht, Maria Orsic. Sprich mit meinem Großvater und verschwinde aus meinem Rücken.«

Ging das ganze Spektakel schon wieder los?

Verärgert kontaktierte ich Opa Carl und beauftragte ihn, sich mit Maria Orsic kurzzuschließen.

»Ich bin total erschöpft und müde heute Abend. Bitte lasst mich in Ruhe. Ihr alle. Heute werde ich nichts mehr unternehmen. Egal was ihr macht.«

Der Druck ließ augenblicklich nach.

Aber ein Rest blieb.
Er blieb einfach.
Es war zum Davonlaufen!

Bei weit geöffneter Balkontür lag ich in meinem Bett und betrachtete den rötlichen Abendhimmel. Selbst die herrlich frische Sommerluft, die durch mein Schlafzimmer strich, konnte ich kein bisschen genießen....
Ich versuchte, zur Ruhe zu kommen.
Die Anwesenheit der Seele von Maria Orsic, die ich weiterhin durch einen leichten, aber stetigen Druck in meinem Rücken wahrnehmen konnte, machte mich nervös.
Selbst mein Opa brachte es nicht fertig, sie wegzuschicken.
Warum konnte er nicht besser durchgreifen und mir helfen?
Ich verstand das alles nicht!
Eigentlich wusste ich gerade nur eins:
Die Seele von Maria Orsic schwebte im Raum und mit ihr eine Vielzahl von Fragezeichen.
Fragen, auf die ich Antworten suchte.

15
Die Herren vom schwarzen Stein

Mittwoch, 26.7.17

Die ganze Nacht über hatte ich mich hin- und hergewälzt. Erst in den Morgenstunden fiel ich in einen unruhigen Schlaf. Ich hatte gespürt, dass ich nicht alleine gewesen war. Der Druck im Rücken hatte mich die ganze Zeit verfolgt. Vollkommen zerschlagen wachte ich am nächsten Morgen auf.
Missmutig quälte ich mich aus dem Bett. Eine Tasse Kaffee musste her. Alleine der Gedanke daran munterte mich auf. Ich lief in die

Küche, bereitete mein Frühstück vor und ging unter die Dusche. Der kräftig prasselnde Wasserstrahl der Brause weckte meine Lebensgeister.
Jetzt fühlte ich mich schon besser.

Nachdenklich kauend spülte ich die letzten Bissen Müsli mit dem verbliebenen Kaffee hinunter. Mir fiel eigentlich gar nichts mehr zu dem ganzen Thema ein. Also blieb mir nur Miky.
Er hatte mir angeboten, dass ich mich jederzeit bei ihm melden könne.
Aber genau das wollte ich nach Möglichkeit vermeiden.
Sein Angebot wollte ich nicht überstrapazieren.
Was konnte ich aber sonst tun?
Ich hatte keine Idee.
So durfte es auf keinen Fall weitergehen.
Kurzerhand entschied ich mich doch für einem Anruf bei ihm, konnte ihn aber nicht erreichen.
Mir kamen erhebliche Zweifel.
Was blieb mir anderes übrig, als mein Pendel?
»Opa Carl, ist es notwendig, Miky anzurufen?
»JA!«
Umgehend solle ich mit ihm sprechen.
Ich spürte die Wichtigkeit.
Der latente Druck im Rücken war weiterhin vorhanden und ich hoffte inständig auf Mikys Rückruf.

Eine halbe Stunde später endlich, klingelte mein Handy.
Gott sei Dank!
»Hey, Miky, sorry, ich bin's schon wieder, Inga. Ich weiß mir einfach keinen Rat mehr. Seit gestern Abend sitzt mir die Seele von Maria Orsic wieder im Nacken. Sie scheint irgendwas Wichtiges zu wollen. Wie soll ich das aber verstehen? Ich bräuchte einen Dolmetscher.«
Miky räusperte sich und dachte nach.
»Ja, das ist nicht ganz einfach... Jedenfalls ist sie ja wohl ganz schön

hartnäckig. Für mich steckt da eine große Dringlichkeit dahinter. Das, was ich im Moment an Informationen reinbekomme, ist, dass sie weiß, dass sie über dich etwas Wichtiges in Gang setzen kann. Hmm... Lass mich mal nachdenken: Maria Orsic, Vril-Frauen, Thule-Gesellschaft, das, was damals passiert war, nämlich die Unterwanderung dieser Gesellschaften durch die Nazis... Das ist uns bekannt... Aber konkret fällt mir da im Moment erst mal gar nichts ein. Höchstens... sagt dir das Thema ›die Herren vom schwarzen Stein‹ etwas?«
»Noch nie gehört.«
»Möglicherweise könnte das etwas für dich sein. Google dich am besten mal durch das Thema durch. Vielleicht findest du Informationen, mit denen du etwas anfangen kannst. Für dich ist das alles recht unbefriedigend, ich kann dich sehr gut verstehen. Du stocherst im Dunkeln und weißt nicht, wo du weitermachen sollst. Also wenn mir noch was einfallen sollte, melde ich mich bei dir, ja? Und bitte halte mich auf dem Laufenden. Es ist tatsächlich sehr nebulös. Und noch was: Halte dich immer an deinen Großvater, der kann dir weiterhelfen.«
»Okay Miky. Danke. Ich werde es versuchen.«
Frustriert legte ich auf.

Ich machte mir keine große Hoffnung in meiner Situation mit irgendwelchen Artikeln über »die Herren vom schwarzen Stein« weiterzukommen. Andererseits wusste ich, dass Miky sich immer ernsthaft Gedanken um die Situation machte. Auf keinen Fall würde er mich mit Verlegenheitslösungen abspeisen.
Aber es war das erste Mal, dass nicht einmal er eine zündende Idee zu haben schien.
Ich fühlte mich plötzlich alleine.
Was war das alles bloß, was hier passierte?
Unschlüssig über das, was ich tun sollte, ging ich ins Badezimmer, öffnete die Waschmaschine und holte die fertige Wäsche heraus. Gedankenverloren nahm ich die feuchten Kleidungsstücke aus der Trommel und drehte sie noch einmal kräftig. Eine grüne Socke kam zum Vorschein. Ich trug den vollen Kleiderständer auf den Balkon.

Da war es wieder!
Das markante Kribbeln in meinem Ohr.
Sollte das mein Großvater sein?
Würde er mir helfen?
Augenblicklich griff ich nach meinem Pendel und setzte mich auf einen Balkonstuhl.
»Opa Carl? Bist du das?«
»JA!«
»Okay. Meldest du dich wegen Mikys Vorschlag gerade eben?«
»JA!«
Das Pendel zog einen großen Kreis rechts herum.
Sofort war mir klar, was ich zu fragen hatte, spürte aber dennoch eine große Skepsis in mir.
»Ist es wichtig für mich, nach Informationen über ›die Herren vom schwarzen Stein‹ zu suchen?«
Ich konnte es kaum glauben.
Es zeigte mir ein klares »JA!«
Sollten mich ausgerechnet »die Herren vom schwarzen Stein« auf die richtige Spur führen?
Ein Hoffnungsschimmer keimte in mir auf.
»Also gut Inga, ran an die Arbeit. Mal schauen, was es zu finden gibt«, munterte ich mich auf und fuhr den PC hoch.
Unter dem Stichwort »die Herren vom schwarzen Stein« gab es mehrere Seiten, die vom Inhalt fast identisch waren und sich schlussendlich ergänzten.
Die Informationen, die ich dort bekam, waren sehr umfangreich:

Um das Jahr 1230 hatte sich innerhalb des Templerordens die Gemeinschaft der »Herren vom schwarzen Stein« zusammengeschlossen. Ausschlaggebend hierfür war der Tempelritter Hubertus Koch gewesen, der eine Schar von Tempelrittern in seiner Gefolgschaft hatte. Die Gemeinschaft soll über den deutsch-österreichischen Raum hinaus in viele Länder Europas, wie Frankreich, England, Irland sogar bis in den Orient gezogen sein.

Hubertus Koch war als Tempelritter und Templerkomtur während der Kreuzzüge im Morgenland unterwegs. Er sei davon ausgegangen, dass das wahre Christentum möglicherweise einen anderen Ursprung gehabt haben könnte, als bisher angenommen. Es müsste eine Verbindung zu den Göttern und den Lehren der Assyrer gegeben haben, anstatt zu den Lehren des El Schaddai-Jahwe, welche im Alten Testament beschrieben sind. El Schaddai-Jahwe sei der Gegenpart des Guten, verkörpere das Böse und erhebe sich selbst zum einzig richtigen Gott.

Hierfür wollte Hubertus auf dem Rückweg eines Kreuzzugs, Spuren der Kutäer in Mesopotamien erforschen.

Dort war ihm in einem Übernachtungslager die Wesenheit Isais erschienen, die ihm in einer Vision den Weg zu einem fernen Berg im Abendland beschrieb. Sie beauftragte Hubertus, mit seinen Getreuen dort ein Haus zu bauen und an diesem Ort auf sie zu warten. Sie werde zu gegebener Zeit dort erscheinen und ihm wichtige Anweisungen hinsichtlich eines goldenen Zeitalters geben. Es würde die Aufgabe von Hubertus und seinen Getreuen sein, für die Welt den Weg in das goldene Zeitalter vorzubereiten. Sie werde in fünf Jahren zu jenem Berg der alten Götter kommen. Bis dahin hätten Hubertus Koch und seine Gefährten Zeit, sich auf dieses Ereignis vorzubereiten.

Hubertus Koch musste sofort gewusst haben, dass es sich hier um den Untersberg, dem Aufenthaltsort der alten germanischen Götter, handeln musste. 1221 erreichte die Gruppe der Templer den Fuß des Untersbergs und baute nahe Marktschellenberg die erste Komturei.

Bis zum heutigen Tag seien dort Reste der Grundmauern vorhanden. Ein weiteres Haus direkt oben am Berg gilt heute als nicht mehr auffindbar, soll aber einen unterirdischen Gang ins Berginnere zum Isais-Tempel besessen haben.

Hubertus Koch und seine Ritter hatten den Zugang wohl selbst verschlossen und unkenntlich gemacht.

In den Jahren 1226–1238 war Isais Hubertus Koch und seiner Gefolgschaft in regelmäßigen Abständen immer an derselben Stelle, dem Isais-Weiher, erschienen und hatte beim letzten Erscheinen im Jahre

1238 eine mystische Botschaft in Form eines Textes hinterlassen. Bei dieser Botschaft handelte es sich um die sogenannte Isais-Offenbarung. Zudem übergab sie ihnen einen magischen schwarzen Stein, den sie, als Knabe verkleidet, den Teufeln des El Schaddai-Jahwe entwendet hatte. El Schaddai-Jahwe musste sich vor sehr langer Zeit dieses Steins bemächtigt haben.

Hubertus und seine Getreuen erhielten von der Wesenheit Isais den Auftrag, diesen schwarzen Stein im Untersberg zu verstecken. Von dort aus sollte dieser Stein den Lichtstrahl des neuen goldenen Weltzeitalters anziehen und bewirken, dass von diesem Punkt aus das neue lichte tausendjährige Reich des Friedens aufgehe.

Einige Jahre nach der Übergabe des Steins wurde dann die Gemeinschaft der »Herren vom schwarzen Stein« gegründet.

Interessant an den Aussagen der Texte im Internet war außerdem, dass eine erhebliche Zahl an Unterlagen zu dem Thema, die in den zwanziger und dreißiger Jahren des letzten Jahrhunderts noch zur Verfügung standen, im Laufe der NS-Zeit auf unerklärliche Weise verschwunden sein sollen.

Ich fühlte mich wie in einem Sog.

Fragen über Fragen schossen mir durch den Kopf.

Tim und ich waren gerade mit schwarzen Steinen im Gepäck von Irland zurückgekommen, da wir den Auftrag erhalten hatten, sie mitzunehmen.

Weshalb hatten die schwarzen Steine überhaupt nach Deutschland gebracht werden müssen?

Warum hatten ausgerechnet wir diese Aufgabe übertragen bekommen?

Auch die Göttin Isais hatte dem Ritter Hubertus einen schwarzen Stein übergeben.

War das einfach Zufall?

Was war das überhaupt für eine Geschichte?

War es eine Sage, ein Mythos?

Ritter Hubertus musste es tatsächlich gegeben haben. Aber die Ge-

schichte mit dem Stein konnte möglicherweise erfunden sein.
Warum waren ausgerechnet im dritten Reich Unterlagen über die Abhandlung verloren gegangen?
Ein Blick auf die Uhr rüttelte mich auf.
Ich musste los.
Mein erster Kunde würde bald kommen.
Der Zeiger schien sich im Zeitraffer bewegt zu haben.
Eigentlich wollte ich mir noch das Thema über den Untersberg angeschaut haben. Aber das musste warten.

Erst am späten Nachmittag war ich wieder zuhause.
Sogleich fuhr ich den PC hoch und suchte erneut die Internetartikel von heute Morgen heraus. Da ich den roten Faden behalten wollte, knüpfte ich direkt am Thema »die Herren vom Schwarzen Stein« an. Auf Anhieb stieß ich auf unterschiedlichste Beiträge, die auch den Untersberg betrafen.
Doch bevor ich mich in spezielle Inhalte vertiefen wollte, suchte ich den beschriebenen Berg in Google Maps. Ich mochte Landkarten, denn durch sie bekam ich ein Gefühl für die jeweilige Örtlichkeit. Außerdem war für den ersten Überblick eine Kartenansicht in jedem Falle nützlich.
Mein Ohr kribbelte.
Wie immer kam es ganz plötzlich.
Ich hatte noch nicht mal mit Lesen angefangen.
Da schien es etwas Wichtiges zu geben.
In aller Schnelle hatte ich mein Pendel zur Hand!
»Opa, bist du es? Das scheint ja megawichtig zu sein.«
Aus dem Nichts war einfach der Gedanke da.
Ja, ich wusste es einfach!
»Opa Carl, müssen Tim und ich zum Untersberg?«
»JA!«
Es war eindeutig.
»Müssen wir den großen schwarzen Stein dorthin bringen?«
»JA!«

Hätte das Pendel Beifall klatschen können, hätte es das an dieser Stelle getan.
»Hey, Opa, du siehst mich fassungslos. Was haben Tim und ich mit dieser alten Geschichte des Ritters Hubertus und den Templern zu tun? Es gibt frappierende Parallelen, die nicht zu übersehen sind...
Kannst du mir außerdem sagen, wie ich das alles Tim beibringen soll?«

An diesem Abend war ich froh, als Tim anrief und vorschlug, bei ihm zu essen. Was er wohl zu meinen neuesten Erkenntnissen sagen würde? Ich musste es abwarten. Ein Tapetenwechsel würde mir jetzt auf alle Fälle gut tun.
Wir beließen es bei einem einfachen Vesper. Tim hatte frisches, knackiges Brot gekauft. Mit Butter, Salz und Schnittlauch schmeckte es einfach herrlich.
Während wir aßen, berichtete ich Tim von meinen mal wieder außergewöhnlichen Recherchen.
»Das frische Brot war schon mal ein richtig guter Anfang für eine Erdung. Aber ich glaube, ein Glas Wein täte mir heute Abend auch gut. Na, was denkst du über meine neuesten Nachforschungen? Ist alles schon ein bisschen irre...was?«
Ich angelte mir die vorletzte Scheibe Brot.
»Hier, die ist für dich.«
Aufmunternd hielt ich Tim den Brotkorb hin.
Er lächelte belustigt, nahm sich die letzte Brotscheibe und bröselte Schnittlauchröllchen darauf.
»Da hast du ja mal wieder eine ganze Menge in Erfahrung bringen können. Und das alles an einem einzigen Tag. Was machst du eigentlich für Sachen? Da kommt ja bald kein Mensch mehr mit...«
Er schüttelte den Kopf und sah mich vielsagend an.
»Aber das mit dem Untersberg klingt wirklich spannend. Das interessiert mich.«
Erleichtert über Tims Reaktion lächelte ich.

Zusammen mit dem Rest des Geschirrs stapelte ich die leeren Abendbrotteller und balancierte die Türmchen zur Spüle hinüber. Nachdenklich begann Tim den Geschirrspüler einzuräumen. Er versuchte seine Gedanken zu ordnen und unterbrach dabei immer wieder seine Arbeit an der Spülmaschine.

»Lass uns das nochmal von Anfang an betrachten:
Es beginnt Ende Mai damit, dass wir ›spontan und zufällig‹ beschließen nach Irland zu fliegen, um dort mit Jo und Anja Geburtstag zu feiern.
Ein paar Tage später erhältst du von Miky das Stichwort ›Arianische Inseln‹, die wohl zu Atlantis gehört haben mussten. Er hat dir ans Herz gelegt, nach diesen Inseln zu googeln.
Bei deiner Recherche im Internet findest du einen Artikel über irgendwelche blauen oder schwarzen Steine. Dann wirst du aufmerksam auf einen Bericht über den Hill of Tara, wo unterirdische Tempel zu finden seien. Du findest Hinweise zur irischen Mythologie und darüber, dass Irland auch als Thule oder Atlantis bezeichnet wird.
Du findest Stichworte über die These der Auslöschung der irischen Mythologie durch die römische Kirche.
Dann stößt du im Internet auf einen Artikel, der über die Thule-Gesellschaft und über das geheime Raumfahrtprogramm der Nazis und die Vril-Frauen berichtet. Hier wird eine gewisse Vril-Frau erwähnt, die in den zwanziger und dreißiger Jahren Botschaften von Außerirdischen durchgegeben oder, wie sagt man, gechannelt habe, stimmt's?«
Ich nickte und fügte hinzu: »Genau, diese Vril-Frau hieß Maria Orsic. Es war genau die, beziehungsweise ihre Seele, die mir vor unserer Irlandreise und auch gestern Nacht heftigst im Rücken gesessen hat.«
Tim fuhr fort: »Auf unserer Irlandreise besuchen wir den Hill of Tara, finden dort schwarze Steine, und du bekommst im Gespräch mit deinem Opa über das Pendel heraus, dass wir Steine mit nach Deutschland mitnehmen sollen, wobei wir keine Ahnung über den Verwendungszweck der Steine haben.
Dann hängt sich gestern wieder diese Vril-Frau an dich ran, und du

rufst heute in deiner Verzweiflung Miky an, der dir rät, nach Informationen über ›die Herren vom schwarzen Stein‹ Ausschau zu halten. Schließlich landest du heute bei deiner Recherche bei einem Ritter Hubertus, der irgendwann um 1220 von der Göttin Isais einen schwarzen Stein und eine Prophezeiung überreicht bekam. Der Auftrag lautete, den Stein in den Untersberg zu bringen, um damit den Weg für das Licht und den Frieden in der Welt zu bereiten oder, wie es heißt, das goldene Zeitalter in die Wege zu leiten.
Interessanterweise machte sich der gute Hubertus damals schon Gedanken um die Kirche und zweifelte den Hintergrund des Ganzen an. Er war auf der Suche nach dem wahrhaftigen Glauben unterwegs.
Auf jeden Fall sollen wir zum Untersberg und unseren großen schwarzen Stein dorthin bringen. Und da stehen wir jetzt.«
Tim gab der Spülmaschinentür einen Schubs.

Wir setzten uns an den Tisch, und Tim holte seinen Laptop heraus.
»Es gibt eine große Auswahl an Seiten, die sich mit dem Untersberg beschäftigen. Wir könnten ja ganz weltlich mit dem Wanderführer beginnen«, schlug er vor und grinste.
Sogleich klickte er die Seite an.
Auf dem Bildschirm öffnete sich eine Landkarte, neben der allerlei Text stand.
»Wie hier zu lesen ist, gibt es verschiedene Höhleneingänge am Untersberg.« Ich deutete auf die Markierungen der Landkarte.
»Wie die Höhlen alle heißen! Goldloch, Nixloch, steinerner Kaser, Drachenloch, Illuminatenhöhle - das ist ja eine ganze Menge.«
Rundum konzentriert saßen wir beide vor dem Bildschirm und studierten Karten, Wandervorschläge, Berichte über die Gegend sowie das Berchtesgadener Land. Schließlich fanden wir Internetseiten, auf denen Artikel über Sagen und Mythen rund um den Untersberg zu finden waren.
Ich war aufgestanden und streckte mich.
»Der Dalai Lama hat vor fünfundzwanzig Jahren der Stadt Salzburg einen Besuch abgestattet und dabei den Untersberg als das Herzcha-

kra Europas bezeichnet. Ich finde das bemerkenswert. Hier geht es doch tatsächlich um Energie.
Interessant ist auch das Zeitphänomen, das es dort geben soll. Menschen, die sich beispielsweise zehn Minuten im Berg aufhalten und herauskommen, stellen fest, dass außerhalb des Berges inzwischen drei Wochen vergangen sind und sie von ihrer Familie gesucht werden.«
Dieser Gedanke ließ mich erschauern.
Und dort sollten wir tatsächlich hin?
Ich schüttelte mich.
»Und siehst du, schon wieder eine Sage. Laut diesem Mythos soll Kaiser Karl der Große im Untersberg schlafen und auf seine Auferstehung warten. Alle hundert Jahre würde er aufwachen, und sobald er sehen würde, dass weiterhin Raben um den Berg fliegen, für ein weiteres Jahrhundert wieder einschlafen. Eine weitere Variante besagt, dass, sollte der Kaiser erwachen und den Berg verlassen, die letzte große Schlacht der Menschheit auf dem Walserfeld stattfinden würde.«
Tim klickte nochmals die Seite mit den Höhlen an.
»Hier ist ein interessanter Vermerk zum Thema ›die Höhle Steinerner Kaser‹. Am 21. Juni und am 15. August, Mariä Himmelfahrt, ist dort ein besonderes Phänomen zu beobachten. Hier steht: Die Grenze zwischen Bayern und Österreich verläuft genau über der Mittagsscharte, einer Einkerbung mitten auf dem Untersberg. Dort befindet sich die Höhle Steinerner Kaser, in der genau am 21.6. und am 15.8. jeweils um vierzehn Uhr ein besonderes Lichtphänomen stattfindet. Dieses wird durch die Sonne verursacht, die genau um diese Uhrzeit durch eine Felsspalte in die Höhle hineinscheint.«
»Gesetzt den Fall, dass der Himmel wolkenlos ist«, fügte ich hinzu.
»Das klingt in der Tat sehr spannend. Worauf das alles wohl hinauslaufen wird? Mir wird ganz schummrig, wenn ich an das Zeitphänomen am Untersberg denke. Ob wir dort in eine Höhle hineingehen müssen?«

Erst jetzt bemerkten wir, wie spät es geworden war. Unsere Augen brannten und wir waren müde.
Trotz allem konnten weder Tim noch ich sofort einschlafen.
Unsere Gedanken wanderten hin und her.
Zu viele unbekannte und aufregende Aspekte standen plötzlich im Raum.
Würden wir irgendwann in der Lage sein deren Bedeutung zu verstehen?
Erst dann könnte sich ein Sinn daraus ergeben.

16
Der Entschluss

Donnerstag, 27.7.17

Den Vormittag verbrachte ich damit, meine Wohnung aufzuräumen. Eingekauft hatte ich gestern, das müsste hoffentlich für ein paar Tage reichen. Darüber hinaus verschaffte ich mir einen Überblick über alles, was die nächsten Tage anstehen sollte. Denn bei allem, was gerade geschah, war jetzt weltliches und rationales Denken gefragt. Ganz bewusst musste ich mich immer wieder darauf besinnen.
Die Tätigkeit in meiner Praxis bestand größtenteils aus Energiearbeit. Jetzt kam hinzu, dass ich auf kuriose Weise in dieses verrückte Steinprojekt aus der geistigen Welt hineingeraten war. Es nahm unwahrscheinlich viel Zeit und Kraft in Anspruch. Tagein, tagaus war ich gerade nur noch energetisch unterwegs, was von mir viel Disziplin und Selbstreflektion erforderte.
Beim Arbeiten auf diesen unterschiedlichsten Ebenen, diesem Hin und Her, machte sich eine gewisse Zerstreutheit bei mir bemerkbar.
Bei derart zahlreichen verrückten und unbekannten Inputs konnte es schnell passieren, dass der Wäschekübel überquoll, die letzte Unterhose bereits gestern aus dem Kleiderschrank geholt wurde und beim

Öffnen der Kühlschranktür sich einem nichts weiter als eine gähnende Leere bot.
Ich kannte mich inzwischen ziemlich genau. Ertappte ich mich bei meiner Zerstreutheit, konnte ich es mir immer nur schwer verzeihen. Wie oft war ich froh darüber, dass Tim daran gedacht hatte, noch etwas einzukaufen...

Gerade war ich äußerst zufrieden mit mir.
Ich hatte den Vormittag genutzt, um meine Wohnung auf Vordermann zu bringen und verschiedene andere Dinge zu ordnen.
Ich brannte darauf, Miky meine Neuigkeiten zu erzählen. Mittlerweile waren unwahrscheinlich viele Informationen zusammengekommen, und ich hatte das Gefühl, dass die ganze Geschichte wieder an Fahrt aufnahm.
»Hi Miky, bitte wundere dich nicht. Ich schon wieder. Es gibt Neuigkeiten, und zwar jede Menge.«
Mir fiel es schwer meine Aufregung beim Sprechen zu verbergen.
»Das ging aber schnell. Was hast du herausgefunden?«
Miky lauschte gespannt und konnte kaum fassen, was er von mir zu hören bekam.
»Untersberg sagst du? An dem Thema bin ich schon eine ganze Weile dran. Dieser Berg ist unwahrscheinlich spannend mit seinen Mythen und Sagen. In einer heißt es, dass Karl der Große im Berginneren des Untersbergs schlafen soll... und er den Berg verlassen wird, wenn es zum letzten Gefecht der Menschheit kommt.
Weißt du auch, dass Hitler sich sein Privathaus direkt gegenüber auf dem Obersalzberg gebaut hat, um den Untersberg im Auge zu behalten? Er muss von diesem Berg fasziniert gewesen sein und wollte ihn aus irgendeinem Grund ständig beobachten. Wir müssen davon ausgehen, dass er die Mysterien dieses Berges kannte.
Auf jeden Fall soll euer großer schwarzer Stein dorthin. Das ist wirklich ein Ding. Ich glaube, ich sollte mitkommen. Ja, unbedingt, wir sollten das zusammen machen... und mir fällt da spontan der 15.8. ein, Mariä Himmelfahrt.«

Aufmerksam hatte ich zugehört.

»Das mit Mariä Himmelfahrt habe ich dir noch gar nicht erzählt. Es gibt eine Höhle namens Steinerner Kaser direkt in der Mittagsscharte des Untersbergs, in die jedes Jahr am 21.6. sowie am 15.8. exakt um vierzehn Uhr ein Sonnenstrahl in die Höhle fällt. Das wird in den Artikeln im Internet als mystisches Ereignis beschrieben und dürfte einen besonderen Moment darstellen.«

Miky ergänzte: »Dieses Datum ist wichtig, es beinhaltet eine besondere Energie. Wir sollten unbedingt schauen, am 15.8. dort zu sein. Hast du die Möglichkeit, dir frei zu nehmen? Ich schlage vor, wir beide schauen bis dahin, was noch an Infos reinkommt und tragen am Schluss alles zusammen. Sollte in der Zwischenzeit etwas außergewöhnlich Wichtiges passieren, wäre es gut, wenn wir uns kurzschließen. Ja, da entwickelt sich etwas, und genau das könnte wirklich von Bedeutung sein. Es ist gut, dass du dich gemeldet hast! Also, behalten wir den 15.8. im Auge! Passt das für dich?«

»In Ordnung. Abgemacht.«

»Wow«, dachte ich, als ich aufgelegt hatte.

In Gedanken versunken ging ich durch die Wohnung.

Wann und wo sollten wir am 15.8. sein?

Was sollten wir dort genau tun?

Wer sollte eigentlich alles mit dabei sein?

Ich zog mein Pendel aus der Hosentasche, nahm es in die Hand und versuchte Kontakt zu meinem Großvater herzustellen.

Die Leitung war frei, das Pendel schwang ungehindert und klar.

»Opa Carl, ich muss dir jetzt einige Fragen stellen, bitte lass mich einfach loslegen... Ist es in Ordnung, wenn Tim und ich für unsere geplante Steinaktion zum Untersberg fahren?«

»JA!«

»Sollen wir für die Aktion am Untersberg zu zweit sein?«

»NEIN!«

»Soll Miky mitkommen?«

»JA!«

»Sollen noch weitere Personen dabei sein?«

»NEIN!«
»Ist der 15.8., Mariä Himmelfahrt, hierfür der richtige Zeitpunkt?«
»JA!«
»Soll die Aktion exakt um vierzehn Uhr stattfinden?«
»NEIN!«
Ich unterbrach das Pendeln und dachte nach.
Wenn vierzehn Uhr nicht die richtige Zeit wäre, würde das bedeuten, dass die besondere Begebenheit mit dem Sonnenstrahl in der Höhle Steinerner Kaser irrelevant sein musste.
Müssten wir uns dann überhaupt in irgendeine Höhle begeben?
Auf diese Frage bekam ich keine eindeutige Antwort.
»Gibt es einen Zeitkorridor für unsere Aktion?«
»JA!«
Es brauchte eine Weile, bis ich die Uhrzeiten ausgependelt hatte.
Ich erhielt die komplette Information.
Der Zeitkorridor betrug exakt drei Stunden, zwischen neun Uhr und zwölf Uhr.
Hiermit hatte ich drei Eckdaten herausgefunden.
Erstens sollte die Aktion am 15.8. am Untersberg durchgeführt werden. Zweitens sollten wir zu dritt sein, nämlich Tim, Miky und ich. Drittens gab es einen Zeitkorridor zwischen neun Uhr und zwölf Uhr.
Das sollte erst einmal genug sein.
Ich musste unbedingt Louise auf dem Laufenden halten.
Louise war in dieser Angelegenheit besonders in den letzten Wochen eine riesig große Hilfe für mich gewesen. Gespannt verfolgte sie den weiteren Verlauf der Geschichte. Ich hatte das Glück, mit ihr als Mutter und Freundin diese höchst sensible Thematik teilen und besprechen zu können. Sie vermittelte mir ein großes Stück Normalität, was ich momentan mehr als gebrauchen konnte. Ihr pragmatischer Verstand, der geradezu phänomenal war, löste so manche abstruse Situation und setzte bisweilen noch eine Pointe oben drauf.
Es waren mittlerweile so viele Informationen zusammengekommen, dass wir uns fast täglich austauschten und darüber sprachen. Bei allem hoffte ich immer, nichts dabei zu vergessen. Von den Neuigkeiten

über den Ritter Hubertus und den Untersberg wusste sie bisher noch nichts.

Langsam dämmerte mir, dass die Geschichte begann, Dimensionen anzunehmen, die dabei waren, ins Unvorstellbare abzudriften.

17
Saint Germain

Freitag, 28.7.17

Vor geraumer Zeit hatte Louises Freundin Charlotte mir ein Buch von Saint Germain zum Thema Atlantis ausgeliehen. Es war einige Wochen herumgelegen, bis ich es ungelesen einfach ins Regal geräumt hatte. Seit einigen Tagen schon wurde meine Aufmerksamkeit aus unerklärlichem Grund immer wieder ins Wohnzimmerregal gelenkt, wo mein Blick stets an dem blauen Buchrücken hängenblieb.
Jetzt stand ich erneut davor, zog das Buch aber dieses Mal heraus. Ganz bewusst hielt ich es in meinen Händen. Der Buchrücken war, wie ich fand, sehr schön gestaltet und fühlte sich angenehm an. Während ich blätterte, stellte ich fest, dass der Text gestalterisch übersichtlich und in einer gut leserlichen Schriftgröße gesetzt war. Das Buch in der einen, die Kaffeetasse in der anderen Hand verließ ich das Wohnzimmer und machte es mir auf dem Balkon bequem.
Das Buch hatte eine Frau geschrieben, die den Text von Saint Germain aus der geistigen Welt durchgegeben bekommen hatte. Sie war ein Channelmedium und damit in der Lage, Botschaften aus der geistigen Welt zu empfangen und weiterzugeben.
Unvermittelt machte ich einen gedanklichen Schlenker zu Maria Orsic, die vor knapp hundert Jahren das Gleiche praktiziert hatte. Bei ihr aber waren es Botschaften von Außerirdischen gewesen. Hier dagegen ging es um die Ursachen und Hintergründe des Untergangs von

Atlantis.
Ich hielt inne.
Saint Germain - wer war das eigentlich genau?
Was wusste ich über ihn?
Ich erinnerte mich, schon einiges über ihn gelesen und gehört zu haben.
Zu meinem Erstaunen fiel mir ohne groß darüber nachdenken zu müssen noch einiges ein.

Saint Germain hatte als aufgestiegener Meister die Apokalypse von Atlantis überlebt und inkarnierte anschließend als Mensch an unterschiedlichen Orten, zu unterschiedlichen Zeiten. Außer ihm gab es noch eine große Zahl weiterer aufgestiegener Meister, doch er galt als derjenige, der den Menschen immer am nächsten gestanden hat. Ein zurückgezogenes, asketisches Leben soll ihm fremd gewesen sein. Ganz im Gegenteil liebte Saint Germain den Genuss und das pralle Leben. Er hielt sich sogar überwiegend in den europäischen Königshäusern auf, und somit dürfte ihm nichts Menschliches fremd gewesen sein.
Als schillernde Persönlichkeit, die nie zu altern schien, faszinierte er ganz Europa und sprach fließend sämtliche europäische Sprachen. Er galt als stets unabhängig und wohlhabend, tauchte immer unerwartet auf und verschwand ebenso, wie er gekommen war.
In seiner letzten bekannten Inkarnation, in der er sich Graf von Saint Germain nannte, soll er etwa zwischen 1740 und 1770 in ganz Europa unterwegs gewesen sein.
Zudem soll er wohl unter anderem als Joseph, Vater von Jesus, als britischer Magier Merlin, der König Artus beriet, als William Shakespeare und Christoph Kolumbus inkarniert gewesen sein.
Heute wirkt er aus der geistigen Welt, um den Menschen in die spirituelle Freiheit zu helfen und ist der Meister des violetten Strahls, einer Energie, die eine besondere Heil- und Klärungskraft besitzt.
Innerhalb der Gruppe aller aufgestiegenen Meister hielt er eine besondere Position inne, allein schon deshalb, weil er in seiner Meister-

rolle immer wieder als Mensch inkarniert gewesen war.
Er war also immer wieder in das Spiel des Erdenlebens eingetaucht, um das, was er die Menschen zu lehren versuchte, direkt an Ort und Stelle praktizieren zu können.
Könnte man hier von einer Art Bodenständigkeit sprechen, die er in diesem Fall als aufgestiegener Meister verkörperte?
Dass sich ein aufgestiegener Meister in regelmäßigen Abständen immer wieder kopfüber ins menschliche Inkarnationsgewimmel stürzte, vermittelte mir eine kolossale Handfestigkeit, die wohl in Saint Germains Grundzügen lag.

Ich tauchte ein in das Buch und vergaß alles andere.
Die Seiten waren leicht zu lesen und die Kapitel flogen dahin.
Bis ich auf einmal stoppte.
Kurz vor Ende eines Kapitels vernahm ich plötzlich das gewohnte Kribbeln in meinem linken Ohr.
Vollkommen fasziniert darüber kam mir ein Gedanke.
Sollten sich genau in diesem Moment, in dem ich las, Interaktionen mit meinem Großvater ergeben?
»Natürlich», dachte ich, »er versucht mir auf diese Weise bei Textstellen weiterzuhelfen, die ich nicht richtig verstehe.»
»Eine besondere Art des Studiums», sagte ich mir und musste lachen.
»Eben mal wieder etwas Neues. Lesen und pendeln. Ein richtiges Zwiegespräch eben...»
Schon wieder stockte ich.
Aber was war das jetzt?
Wie aus dem Nichts vernahm ich plötzlich einen anschwellenden tiefen Ton in meinem rechten Ohr. Es fand kein Energieabzug statt und ich hatte dabei ein gutes Gefühl.
Jetzt erinnerte ich mich.
Bei meinem Gespräch mit Miky Ende Mai hatte er angedeutet, dass sich Saint Germain demnächst auf irgendeine Weise bei mir melden würde.
Ich solle mich einfach überraschen lassen.

Und ja, ein paar Tage später hatte ich diesen besonderen, tiefen Ton tatsächlich schon einmal wahrgenommen, dem aber keine Bedeutung beigemessen.
»Opa Carl, ist das Saint Germain? Dieser tiefe Ton, ist das Saint Germain, der sich bei mir meldet?«
Wie gebannt sah ich auf das Pendel.
»JA!«
»Kann ich selber mit ihm sprechen?«
Ich konnte kaum fassen, was in diesem Moment passierte.
Entgeistert blickte ich auf das Pendel, das in eine völlig andere Schwingung wechselte und nun immer kräftiger und intensiver ausschlug.
»Bist du Saint Germain?«
»JA!«
»Willst du mit mir sprechen?«
»JA!«
Plötzlich wusste ich es!
»Geht es um den Untersberg?«
»JA!«
»Machst du da auch mit?«
»JA!«
»Du und mein Opa?«
»JA!«
»Dann bist du quasi so eine Art Projektleiter?«
»JA!«
Das waren klare Aussagen, die ich erst einmal verkraften musste.

Jetzt brauchte ich dringend Bewegung.
Ich ging joggen.
Im monotonen, gleichmäßigen Trab des Laufens konnte ich wunderbar runterkommen.
Ich lief meine gewohnte Strecke über die Felder.
Es war schwül geworden und die stickige Luft erschwerte mir das Laufen.
Ich blickte in den Himmel.

Meine Gedanken kamen und gingen.
Jetzt gab es auch noch einen Projektleiter des Ganzen.
Saint Germain!

Bevor ich meine Runde beendete, schaute ich bei meiner Mutter Louise vorbei.
»Hallo Inga, komm erst mal rein und trink was. Ob das heute noch ein Gewitter gibt? Also der Himmel dort drüben hat schon eine eigenartige Farbe angenommen...«
Sie schloss die Tür und wir setzten uns an den Küchentisch.
Louise goss den frisch gebrühten Tee in die großen, bunten Tassen.
»Donnerlüttchen. So langsam bekommt das eine richtig persönliche Note. Haha, Papa Carl. Du machst von da drüben mit. Sehr gut.«
Louise war begeistert und zeigte mit dem Daumen nach oben.
»Jetzt sag doch mal, Inga, das wird ein super Team. Mit Saint Germain als Projektleiter. was soll da noch schiefgehen?«
Sie lachte und klatschte in die Hände.
Auch ich musste lachen.
Zu kurios erschien mir jetzt alles.
»Oder sollen wir eher sagen: voll krasse Truppe? Wir haben jetzt Tim, Miky und mich von dieser Welt und Opa Carl und Saint Germain aus der geistigen. Also wir fünf. Und trotzdem«, sagte ich nachdenklich, »weiß ich im Grunde nur, dass ich diesen großen schwarzen Stein zum Untersberg bringen muss. Doch der Untersberg ist groß. Wo genau soll der Stein hin? Und ganz ehrlich, das mit diesem Zeitphänomen dort, finde ich gruselig.«
»Also der Gedanke, dorthin zu gehen, um dann vom Berg verschluckt zu werden, das würde ja überhaupt keinen Sinn ergeben... Außerdem helfen die da oben mit.«
Louise zeigte mit einer schwungvollen Geste nach oben.
»Ja, das stimmt schon«, erwiderte ich. »Trotzdem kommen einem ganz automatisch solche Gedanken. Was ist hier in diesem Fall schon logisch? Für die meisten Menschen ist das alles irrwitzig, was hier passiert. Aber genau ich wäre dann diejenige, die dort verschwinden

würde... und wer weiß, wo ich dann wieder rauskäme...»
Ich ertappte mich dabei, wie ich immer mehr ins Lamentieren geriet.
»Und dann klingt das alles dermaßen albern: Eine erwachsene Frau hat Angst, vom Berg verschluckt zu werden. Wie blöd ist das denn! Na ja, vielleicht kannst du mich ein kleines bisschen verstehen.»
Ich holte tief Luft.
»Hey, denke daran, du wirst geführt», sagte Louise und sah mir dabei fest in die Augen.
»Inga, wie war das mit dem Vertrauen?»

18
Ein denkwürdiges Wochenende

Samstag, 29.7.17

Ein ruhiges Wochenende lag vor uns.
Tim und ich wollten gemeinsam zu Hause bleiben, uns einfach treiben lassen, bei allem, was kam. Wir nutzten die Zeit bewusst, indem wir auf der Terrasse ausspannten und ein wenig spazieren gingen. In aller Ruhe konnten wir uns mit dem facettenreichen Thema der Steine, dem Untersberg und allem anderen beschäftigen.
Fragen tauchten auf.
Warum waren ausgerechnet wir diejenigen, die scheinbar plötzlich diese seltsame Aufgabe erhalten hatten?
Welchen Sinn sollte das alles haben?
Wo genau sollten wir am Untersberg den Stein hinterlegen, wenn wir an Mariä Himmelfahrt dort ankommen würden?
Gab es etwas großes Ganzes, das dahinterstand?
Wenn ja, was konnte es sein?
Wir philosophierten über mögliche Hintergründe, drehten und wendeten die verschiedenen Aspekte und nahmen sie an anderer Stelle wieder auf, um vielleicht doch noch Antworten finden zu können.

Irgendwann erkannten wir aber, dass trotz aller Mühe alles erst einmal so blieb, wie es war.
Es gab keine neuen Erkenntnisse.
Und trotzdem, irgendetwas trieb uns an, weiter zu suchen.

Am Samstagabend machten wir es uns nach dem Essen auf dem Sofa bequem, Tims Laptop vor uns aufgeklappt. Meine Gedanken konzentrierten sich gerade auf ein ganz bestimmtes Stichwort.
»Weißt du, was mir immer wieder durch den Kopf geht? Die Aussage des Dalai Lama, dass der Untersberg das Herzchakra Europas sei. Chakren sind beim Menschen Energiewirbel, die entlang der Wirbelsäule verlaufen. Es gibt darüber hinaus über den Kopf nach oben verlaufend und auch nach unten in die Erde gehend weitere Chakren, die alle zum Energiekörper des Menschen dazugehören. Dieser Energiekörper macht übrigens einen viel größeren Teil des Menschen aus, als der grobstoffliche Körper, also als der, den wir anfassen können. Außerdem gibt es auch noch Chakren an den Handinnenflächen und an den Füßen.
Und im menschlichen Energiekörper existieren Meridiane. Ich würde sagen: Energiebahnen, durch welche die Lebenskraft fließt. Im Asiatischen wird diese Lebenskraft auch Chi genannt. Ich habe in meiner Energiearbeit damit zu tun. Die Akkupunktur zum Beispiel setzt genau an Punkten dieser Meridiane an, um die Lebenskraft wieder optimal fließen zu lassen, sofern gesundheitliche Probleme vorliegen. Jetzt übertrage das doch einmal auf den Planeten Erde...«
Ich glaubte, mich in diesem Moment daran erinnern zu können, irgendwann einmal einen Artikel darüber gelesen zu haben.
Jedenfalls waren die Zusammenhänge für mich jetzt vollkommen klar.
Tim hatte fasziniert zugehört.
»Mir fällt dazu wieder die Theorie ein, dass unsere Erde eine Seele besitzen soll. Könnte es sein, dass sie als Lebewesen möglicherweise ebensolche Energieleitbahnen besitzt und darüber hinaus ebensolche Chakren?«

Ich konnte förmlich zusehen, wie Tims Gehirn arbeitete.
»Dann gäbe es womöglich diverse Energiewirbel, die wir genauso als Chakren bezeichnen könnten und die nach demselben Schema durch Energielinien, also Meridiane, miteinander verbunden wären. So gesehen scheint dann der Untersberg ganz eindeutig auf einem Energiewirbel zu liegen oder anders ausgedrückt ein Chakra darzustellen.«
Nachdenklich öffnete er den Browser, während ich weitersprach.
»Mir fällt dazu noch Folgendes ein: Hast du gewusst, dass beim Vorgang der christlichen Taufe den Menschen das Stirnchakra verschlossen wird? Die Pfarrer machen das, ohne es zu wissen. Wäre ja durchaus logisch, denn wer weiß schon genau über alle Mysterien Bescheid? Ich habe schon vor etwas längerer Zeit einen Beitrag darüber gelesen... Aber wenn das stimmt, wäre das skandalös. Zumindest, wenn die Kirche es bewusst machen würde. Denn dann würde die Kirche die Taufe bewusst als Instrument einsetzen, um die energetische Anbindung eines jeden Menschen zu seinem kraftvollen geistigen Bewusstsein zu kappen. Der Getaufte wäre damit von seiner absoluten Schöpferkraft abgeschnitten. Doch warum sollte die Kirche so etwas tun? Das sind alles Überlegungen und Fragen... Zumindest entsteht der Eindruck, dass die Menschheit bewusst an ihrer kraftvollen Entfaltung gehindert werden soll...«
Ich hatte mich richtig heiß geredet.
Tim blickte mich erstaunt an.
»Na, das höre ich zum ersten Mal. Aber wer weiß schon davon?«
In meinem Kopf ratterte es förmlich.
»Im Zusammenhang mit dem Stirnchakra ist mir noch etwas Bemerkenswertes eingefallen. Anatomisch gesehen liegt unmittelbar hinter dem Stirnchakra ein Stückchen tiefer im Kopf die Zirbeldrüse - auch Epiphyse genannt. Sie ist ein kleines, zapfenförmiges Organ. Grundsätzlich sondert diese Drüse Hormone ab, die für den Schlaf, für meditative Zustände, von Wohlbefinden bis hin zur Euphorie verantwortlich sind.
Diese Zirbeldrüse wird in spirituellen Kreisen auch als Meisterdrüse bezeichnet und hat damit eine besondere Bedeutung für den Men-

schen. Sie ist zuständig für unsere spirituelle Gesundheit. Die Drüse eröffnet jedem Menschen die Möglichkeit der direkten Anbindung an die geistige Welt. Bei Kindern scheint diese Drüse weithin besser zu funktionieren als bei Erwachsenen. Sie sind noch intuitiv, spontan und handeln einfach aus dem Bauch heraus oder unterhalten sich möglicherweise mit ihren Engeln.
Ich versuche eine Kurzzusammenfassung, okay?
Dem Neugeborenen wird durch die Kirche das Stirnchakra verschlossen, und damit das alles auch wirklich hundertprozentig wirksam ist, bekommt der kleine Erdenbürger gleich zur Taufe - von Anfang an - Fluortabletten verabreicht, die die Knochen härten sollen. Es ist schon seit vielen Jahren bekannt, dass Fluor die Zirbeldrüse schädigt. Damit nicht genug, wird in 95 % der Zahnpasten Fluorid beigemengt, weil es anscheinend den Zahnschmelz härten soll, was inzwischen auch in Fachkreisen angezweifelt wird. Es wird immer schwieriger in den Läden Speisesalz ohne den Zusatz von Fluorid zu finden. Man muss bewusst darauf achten. In manchen Ländern wird Fluor sogar dem Wasser beigefügt.«
Tim hatte nachdenklich zugehört.
»Das ganze erweckt den Eindruck, als steckten da richtig breit gestreute Mechanismen dahinter. Man könnte meinen, das Ganze hätte Methode und würde ganz bewusst von außen gesteuert.«
»Ganz genau.«
Ich nickte heftig.
»Fluor schädigt die Zirbeldrüse aktiv und stumpft sie ab! Darüber hinaus schädigen wohl auch andere Faktoren wie kohlensäurehaltige Getränke, Junkfood und andere Schadstoffe die Zirbeldrüse.
Folgende Quintessenz ergäbe sich daraus:
Vom ersten Tag an wird auf diese Weise die große breite Masse erreicht und systematisch blockiert. Bei der Mehrheit der Menschen kann der Draht nach oben also gar nicht richtig funktionieren, weil schlichtweg ihre Zirbeldrüse verstopft ist.«
Tim brachte es nochmal auf den Punkt.
»Die gesamte Menschheit wird davon abgehalten, in ihre wahre

Schöpferkraft zu kommen.«
»Du hast recht«, sagte ich, »es sieht ganz danach aus. Und es gibt bisher wenig Menschen, die etwas darüber wissen. Aber ich glaube, es werden immer mehr. Anfänglich ist es sehr schwer durchschaubar, da alles sehr vielschichtig und umfangreich ist. Erst wenn man bereit ist, sich diesen ungewohnten, vielleicht revolutionären Gedanken zu öffnen, kommt man Schritt für Schritt weiter.«
Ich warf einen Blick auf den Bildschirm.
Tim hatte etwas Interessantes gefunden.
Es handelte sich um einen Filmbericht von zirka dreißig Minuten über die ägyptischen Pyramiden. Es ging darin um höherschwingende Orte, die über die ganze Welt verteilt sind. Dazu gehörten unter anderem die Cheops-Pyramide, Stonehenge, die heilige Inkastadt Machu Picchu und die Pyramiden in Mexico.
Interessanterweise wurden auch die Energieleitbahnen der Erde erwähnt, von denen Tim und ich eben noch unter der Bezeichnung Meridiane gesprochen hatten. Hier wurden sie als Leylinien bezeichnet. Sie verbinden sämtliche Energieknotenpunkte auf der Erde miteinander.
»Was sagst du immer: Synchronizität oder so?« fragte Tim.
»So sagt man doch, wenn voneinander völlig unabhängige Themen auf irgendeine Weise auftauchen und sich ergänzen? Oder anders: Wenn sich dasselbe Thema auf unterschiedliche Weise zeigt. Dann haben wir ja genau den richtigen Film gefunden! Das ist eindeutig eine Bestätigung unserer Annahme.« Tim nickte zufrieden, schaltete den Laptop aus und streckte sich.
»Es gab dort eben noch einen Hinweis auf einen weiteren Film über den Untersberg. Hast du den gesehen?« fragte ich Tim und gähnte herzhaft.
Ich sah auf die Uhr und stellte fest, dass es schon sehr spät war.
Tim stand auf, die leeren Tassen in der Hand.
»Ja, das habe ich gesehen. Aber weißt du was? Lass uns morgen weiterschauen, ich bin müde.«

19
Der Untersberg

Sonntag, 30.7.17

Der Himmel war milchig und bedeckt, doch es war sommerlich warm. Ich holte die Kissen für das Balkonsofa aus dem Wohnzimmer während Tim das Sofa zurechtrückte und den Laptop auf dem Tisch aufklappte. Wir machten es uns bequem und legten die Füße hoch.
Ich fasste nochmal kurz zusammen: »Mit der Erkenntnis von gestern scheint die Erde über Energiezentren, Chakren genannt, und über Energiebahnen, den sogenannten Leylinien, zu verfügen. Der Untersberg ist demnach das Herzchakra Europas. Das war es doch, was wir gestern Abend aus dem Beitrag mitbekommen haben? Oder fehlt noch was?«
Tim überlegte kurz.
»Nein, das dürfte erst einmal alles sein.«
Recht schnell hatten wir den Film über den Untersberg wiedergefunden, der ausführlich auf das dortige Zeitphänomen einging und mit Interviews von Zeugen ausschmückte. Auch die Legenden von der Halbgöttin Isais und dem Tempelritter Hubertus kamen darin vor. Das Geheimnis um den schwarzen Stein machte einen verhältnismäßig großen Teil des Films aus, wobei es auch um Steine aus der Cheops-Pyramide ging. Wir schauten uns den Film bis zum Ende an, ohne aber neue Erkenntnisse zu erhalten.
Es waren der Ritter Hubertus und die Halbgöttin Isais, die uns beide dazu bewegten, das Internet weiter zu durchforsten. Wir hofften, noch detailliertere Informationen zu erhalten, und tauchten in die unterschiedlichsten Quellentexte ein.
Tim vertiefte sich am Laptop in einen Artikel über Isais, während ich zeitgleich auf meinem Handy im Internet andere Artikel durchkämmte. Hierbei blieb ich an einem Text hängen, der Informationen über den Tempelritter Hubertus Koch enthielt.

Eine ganze Weile waren wir mit unseren Recherchen beschäftigt und vergaßen darüber vollkommen die Zeit.

Mein Blick überflog zum wiederholten Male einen ganz bestimmten Absatz, als sich plötzlich wieder das übliche Kribbeln in meinem Ohr bemerkbar machte. Ich war genau an einer Textstelle angelangt, wo die Grundmauern einer Hubertushütte erwähnt wurden.

Sofort griff ich nach meinem Pendel.

»Opa, bist du das?«

»JA!

»Geht es um den Text, den ich gerade lese?«

»JA!«

»Dreht es sich um die Stelle mit den Grundmauern?«

»JA!«

»Sind die Grundmauern der Hubertushütte wichtig?«

»JA!«

»Muss der schwarze Stein genau dorthin?«

»JA!«

Da war sie, die nächste Botschaft auf unserem Weg.

»Tim, mein Opa hat sich eben wie aus dem Nichts gemeldet. Ich war gerade dabei einen Artikel über Hubertus Koch zu lesen. Es sieht ganz danach aus, als müssten wir den großen schwarzen Stein zu den Grundmauern der Hubertushütte bringen und nicht, wie gedacht, in irgendeine Höhle am Untersberg.«

Ich war aufgestanden und stand nun direkt vor Tim, der immer noch suchend auf seinen Laptop blickte. Jetzt sah er zu mir hoch, und der ungläubige Blick in seinen Augen verriet mir die vielen Fragezeichen in seinem Kopf.

»Wie? Was sagtest du, Hubertushütte? Und da müssen wir den schwarzen Stein hinbringen?«

Ich zuckte mit den Schultern.

»Ich weiß ja auch nicht, ob das logisch ist, aber mein Opa hat sich eben genau deshalb bei mir gemeldet. Allerdings habe ich das Gefühl, dass es schwirig sein wird, Informationen über den genauen Standort der Hubertushütte zu finden.«

Das Kribbeln in meinem Ohr hatte plötzlich wieder zugenommen.
»Opa Carl, bist du es wieder?«
»NEIN!«
»Dieser mächtige Pendelausschlag... das ist Saint Germain, stimmt's?«
»JA!«
»Ist das mit der Hubertushütte Blödsinn?«
»NEIN!«
»Saint Germain, muss der schwarze Stein tatsächlich zur Hubertushütte?«
»JA!«
»Hey, Tim. Saint Germain hat's bestätigt. Der Stein muss zur Hubertushütte.«
Tims Begeisterung hielt sich sichtlich in Grenzen. Geräuschvoll zog er die Nase hoch. Was sollte man jetzt davon halten? Man konnte nur hoffen, dass das alles seine Richtigkeit hatte.
Was blieb einem sonst noch übrig?
Wir suchten akribisch, in der Hoffnung, irgendwelche Hinweise zum Standort der stehengebliebenen Grundmauern der Hubertushütte zu finden.
»Ob wir da wirklich weiterkommen?«
Ich sah Tim ins Gesicht und schnitt eine Grimasse. Den ganzen Vormittag schon saßen wir beide am Laptop und die Begeisterung und Motivation für unser Thema fing an nachzulassen.
Die Standortsuche gestaltete sich äußerst schwierig, und es wurde zäh. Schließlich fand Tim nach langem Suchen zwei Fotos von den angeblichen Grundmauern. Allerdings waren diese Bilder nur mit wagen Textangaben versehen.
Es war wenig aufschlussreich.
Angestrengt stellte ich fest:
»Das kann überall und nirgends sein. Aber hier steht etwas von einem Ort namens Marktschellenberg und etwas von einem Isais-Weiher. Das klingt ja mal gar nicht so schlecht.«
Doch bei mir war die Luft draußen.
»Was würdest du von einer Pause halten? Ich bin jedenfalls schon völ-

lig benebelt von der Bildschirmguckerei. Hättest du Lust auf eine kleine Fahrradtour? Die Sonne scheint, die Wolken haben sich verzogen.»

Bei der Vorstellung einer Spritztour mit dem Fahrrad hellte sich meine Miene auf. Tim war sofort mit dabei. Auch einmal kleinere Waldwege zu nehmen, machte die Sache interessant. Richtig spannend wurde es dann, wenn wir wie schon so manches Mal, irgendwo ganz anders landeten, als gedacht. Spätestens wenn der Weg zu Ende war und in einer Wildschweintrasse mündete, hieß es für uns, in die Pedale zu steigen und mit voller Kraft die eine oder andere verschlammte Steigung zu nehmen.
Genauso schön war es dann, irgendwann wieder auf einen kultivierten Weg zu treffen, der uns wenn wir Glück hatten, in die eine oder andere Waldwirtschaft führte.

Wir hatten aufgetankt.
Erfrischt kamen wir am späteren Nachmittag nach Hause und waren uns einig: An diesem Abend sollte es keine Hubertushütte mehr geben.
Doch ein Gedanke war es, der mich umtrieb.
Würde ich in der Lage sein, mittels einer Landkarte den Standort herauszufinden?

Ich hatte auch schon eine Idee.

20
Die Suche geht weiter

Dienstag, 1.8.17

Ich war froh heute keine Termine zu haben. So konnte ich mich in aller Ruhe auf die Suche nach dem Standort der Hubertushütte machen. Der Kaffee lief durch die Maschine und ich stellte die Tasse auf meinem Schreibtisch ab. Jetzt benötigte ich nur noch die passende Hintergrundmusik für mein Vorhaben...

So ließ es sich arbeiten.

Immerhin wusste ich welchen Ort ich suchte.

Mir kam der Gedanke, wie viel Zeit und Umstände es mich wohl vor zwanzig Jahren gekostet hätte, um an all die Informationen zu kommen. Das Internet hatte vieles leichter gemacht und mir schon viele neue Erkenntnisse gebracht.

Andererseits bedarf die Fülle an Informationen einer guten Entscheidungsfähigkeit für brauchbare und nicht brauchbare Inhalte.

Ich fuhr den PC hoch, öffnete ein Fenster von Google Maps und zoomte die Ansicht des Orts Marktschellenberg heran.

Ein kleiner Teich am Ortsrand fiel mir sofort ins Auge.

Es schien der einzige Teich im ganzen Ort zu sein.

Er lag direkt in einer Haarnadelkurve.

Konnte das der Isais-Weiher sein?

Zentimeterweise verglich ich die Abschnitte der Karte mit den beiden Fotos von den Grundmauern, spürte aber schon bald, dass ich nicht weiterkam. Die Ruinen sahen auf den Bildern in Google Maps vollkommen anders aus, als auf den beiden Fotos. In meiner Ratlosigkeit holte ich mein Pendel hervor, in der Hoffnung, eine brauchbare Fährte zu finden.

Doch dummerweise äußerte sich gerade jetzt mein Pendel eher unverbindlich.

Es hatte geradezu unwillige Züge.

Nur ein nichtssagendes Kreiseln kam zustande.

Irgendwie schien der Ort richtig zu sein, das spürte ich deutlich.

Aber trotzdem beschlich mich das Gefühl, dass irgendetwas fehlte.

Da kam mir der Gedanke, ganz woanders zu suchen.

Ohne zu wissen, wo ich genau anfangen sollte, machte ich mich auf die Suche. Dabei ließ ich mich ganz bewusst von meinem Bauch leiten.

Ich hatte Glück.

Nach einer Weile fand ich zwei Fotos von den Grundmauern der Hubertushütte, die allerdings vollkommen anders aussahen als die beiden vorherigen Bilder. Beim genaueren Überprüfen bestätigte sich mein Verdacht, dass die Grundmauern ganz woanders zu finden sein müssten. Mir wurde klar, dass die beiden neuen Bilder an einem ganz anderen Ort entstanden sein mussten.

Erfreut stellte ich fest, dass eine kurze Anfahrtsbeschreibung vermerkt war. Allerdings mit nur sehr ungenauen Entfernungsangaben.

Ich seufzte.

Alles ging viel zu langsam voran.

Erneut nahm ich mein Pendel zur Hand.

Ob mir Saint Germain helfen könnte?

Interessanterweise hatte ich sofort eine klare Leitung.

»JA!« Dieser Ort war richtig.

»JA!« Es handelte sich um den Isais-Weiher.

»JA!« Vor allem die zuletzt gefunden Fotos der Grundmauern mussten von großer Bedeutung sein.

Ich suchte noch weiter, fuhr das Satellitenbild mit dem Ausschnitt der Straße um den Isais-Weiher ab, vergrößerte das Bild, fand aber keine neuen Hinweise.

Für heute war es genug.

Ich schloss sämtliche Dateien und fuhr den PC herunter.

Eines war jetzt definitiv klar:

Die Mauerreste der Hubertushütte mussten an einem ganz anderen Ort zu finden sein.

Genau das war die letzte Aussage Saint Germains gewesen.

21
Es wird konkreter

Mittwoch, 2.8.17

»Den Isais-Weiher hatte ich schnell gefunden. Er liegt direkt in einer Haarnadelkurve am Ortsrand von Marktschellenberg. Die Straße führt von dort einfach weiter in den Wald hinein. Dann entfernt man sich vom Ort. Mehr konnte ich gestern leider nicht herausfinden. Laut Saint Germain müssten die Grundmauern der Hubertushütte wirklich ganz woanders liegen.«
Tim kaute nachdenklich.
»Na ja, entweder sind die Mauerreste tatsächlich mitten im Ort zu finden, oder...«
Er unterbrach sich in seiner Überlegung.
»Hast du wirklich genau nachgeschaut? Ich halte es für wahrscheinlicher, dass die Grundmauern tatsächlich irgendwo außerhalb liegen. Da bin ich mit Saint Germain einer Meinung. Aus dem Text, sagst du, ergeben sich leider keine genauen Hinweise über Entfernungen. Schade...
Aber denke an den Bericht, in dem die Anhöhe mit Blick auf die Mittagsscharte des Untersbergs beschrieben wird. Denke an den Waldweg, der erwähnt wird. Der Weg muss irgendwo in den Wald abzweigen. Laut dieses Berichts müssen an dieser Stelle die Grundmauern zu finden sein.«
Ich war aufgestanden.
»Es ist schwierig. Denn außer der Straße, ein paar vereinzelten Häusern und ganz viel Wald sieht man auf dem Satellitenbild nichts. Über mein Pendel bekomme ich im Moment auch keine eindeutigen Ergebnisse. Ich glaube, mir bleibt wohl nichts anderes übrig, als Zentimeter für Zentimeter den Bildschirm abzugrasen.«
Wir räumten das Geschirr zusammen, verließen die Wohnung und fuhren zur Arbeit.

Mittags auf dem Rückweg erledigte ich noch ein paar Einkäufe, beeilte mich aber nach Hause zu kommen. Mir brannte es unter den Nägeln zu wissen, wie es weiter geht. Ich wollte die Grundmauern finden. Irgendwo auf dem Satellitenbild mussten sie doch zu erkennen sein. Ich würde keinen Millimeter auslassen.

»So, das wollen wir doch mal sehen. Opa Carl, Saint Germain, ihr seid jetzt mit dabei? Wir suchen jetzt gemeinsam die richtige Stelle der Grundmauern der Hubertushütte. Ich brauche eure Hilfe!«

Zügig hatte ich die Karte von google Maps auf die benötigte Größe eingestellt.

Sofort erkannte ich dieselbe Haarnadelkurve, denselben Weiher, dieselbe Straße, genau wie gestern.

Beim genauen Hinsehen fiel mir jedoch plötzlich der Name der Straße ins Auge.

Ich las Ettenberger Straße.

Kurz hielt ich inne.

Der Text über den Anfahrtsweg zu den Grundmauern beschrieb die Ettenberger Straße und ihren teilweise kurvigen Verlauf vom Ortsausgang den Berg hinauf. In der Beschreibung erreichte sie nach einigen Kurven durch den Wald eine offene Anhöhe, von der aus die Mittagsscharte des Untersbergs zu sehen war. Laut Text sollte man die Etten- berger Straße nicht verlassen, da die Grundmauern irgendwo entlang der Straße zu finden seien.

Auf dem Satellitenbild konnte ich die Anhöhe und einige Häuser erkennen. Gleich musste die Stelle kommen.

Der prächtige Blick auf die Mittagsscharte. Tatsächlich war an dieser Stelle die Landschaft offen. Man konnte aber nur grüne Wiesen erkennen.

Ich blieb mit meinem Fokus auf der Straße und arbeitete mich auf der Landkarte Stück für Stück vorwärts. Dabei folgte ich der Straße, die ab hier wieder durch den Wald führte, gesäumt von Wiesenflächen.

Über eine längere Strecke zeigte sich der Straßenverlauf verhältnismäßig gerade, dann kam ein Parkplatz ins Bild. Die Straße gabelte sich. Jetzt öffnete sich die Landschaft erneut und schien bergab zu verlaufen.

Die eben noch unentwegt gluckernde Kaffeemaschine hatte sich beruhigt. Ich holte mir frischen Kaffee, trank einen Schluck und griff nach meinem Pendel.
»Opa Carl, ich brauche jetzt deine Hilfe. Liegt die Stelle der Grundmauern vor der Straßengabelung?»
»JA!»
»Befinden sich die Grundmauern genau in dem Waldstück davor?»
»JA!»
Ich war froh in diesem Moment über die Klarheit und Eindeutigkeit, mit der mir mein Pendel antwortete.
»Danke.»
Also lagen die Mauerreste an der Straße.
Noch einmal warf ich einen Blick auf die Fotos der Grundmauern, die neben meiner Tastatur lagen. Da der Zoom nicht groß genug war, musste ich es anders versuchen.
Ich begann, von der Straßengabelung aus, das Satellitenbild in Rückwärtsrichtung an der Straße entlangzuziehen. In dem Bericht war von einem kleinen Weg die Rede, der direkt von der Straße in den Wald hineinführen würde... Doch ich konnte ihn nicht finden.
Das Foto mit den Grundmauern musste von der anderen Straßenseite aus gemacht worden sein. Aufmerksam musterte ich nochmals das Bild, das neben mir auf dem Schreibtisch lag. Hinter den Mauerresten, die direkt an der Straße lagen, waren im Hintergrund am Waldrand zwei Hütten erkennbar.
Ich sah wiederum auf den Bildschirm, erkannte erneut den Parkplatz und zog den Ausschnitt millimeterweise weiter.
Plötzlich erschienen zwei rote Hausdächer rechts am Bildschirmrand.
Das mussten die Dächer vom Foto sein.
Die Perspektive passte hundertprozentig.
Vor allem erkannte ich die Stelle, von der aus die beiden Fotos gemacht worden sein mussten.
Tatsächlich.
Direkt gegenüber lief ein kleiner Weg in den Wald.
Ich visierte die Stelle an.

Genau an dieser Ecke mussten die Grundmauern der Hubertushütte liegen. Trotzdem war nichts zu erkennen.
Doch ich war mir absolut sicher.
Ich wusste, ich würde mit meiner Vermutung richtig liegen.
»Hey, Opa, habe ich recht, befinden sich die Grundmauern genau dort?«
»JA!« Das Pendel überschlug sich fast.
Wow.
Alles passte.
Wie genial das war.
»Das muss ich gleich Mama zeigen«, war mein erster Gedanke.
Sofort flitzte ich los.

Auf dem Weg zu Louise beschäftigten mich unterschiedliche Fragen und Gedanken.
Was müssten wir dort an den Grundmauern wohl konkret tun?
Ob es an den Grundmauern Zeitphänomene gab?
Augenblicklich wurde mir bewusst, dass Tim, Miky und ich in unserer Geschichte eine Dreierkonstellation bildeten.
Ein Dreieck.

Übervoll mit Informationen klingelte ich an Louises Haustür.
Drinnen sprudelte es nur so aus mir heraus.
»Schalt mal gleich deinen PC an, ich muss dir was zeigen.«
Das ausgedruckte Foto mit den Grundmauern hatte ich mitgenommen und faltete es auseinander.
»Das hier war das einzig brauchbare Bild, das ich gefunden habe, samt einer etwas ungenauen Wegbeschreibung aus dem Internet, aber schau es dir an.
Ich habe die Grundmauern der Hubertushütte gefunden!«
Gebannt beobachtete ich meine Mutter, die fasziniert auf den Bildschirm sah und schweigend nickte.
»Wenn du mich fragst ist das hundertprozentig richtig. Allerdings sieht man leider nichts. Das Satellitenbild ist zu schlecht... Lass uns in

die Küche gehen, da steht ein fertiger Tee und wartet.«
Als wir am Tisch saßen, versuchte ich nochmal alles Wichtige zusammenzufassen.
»Wir haben jetzt eine Fülle von Fakten. Die checken wir ab. Was hältst du davon?«
»Gute Idee, ich überprüfe das mit meinem Pendel und wir könnten damit eine Art Fahrplan festlegen.«
Louise hatte ihren Metalltensor in die Hand genommen, mit dem sie bereits seit vielen Jahren arbeitete. Sie benutzte ihn lieber als das Pendel.
Mir ließ der Gedanke an das Zeitphänomen keine Ruhe.
»Das mit dem Zeitphänomen beschäftigt mich. Wenn ich Opa Carl richtig verstanden habe, könnte es von Belang für uns sein.«
Louise legte sofort los.
»Ist das Zeitphänomen am Untersberg für die drei tatsächlich von Belang?«
»JA!«
»Werden alle drei geschützt sein?«
»JA!«
»Siehst du, Inga, die geistige Welt schaut nach euch. Ich denke, die Gegebenheiten müssen wir hinnehmen. Es bleibt uns sowieso keine andere Wahl. Entscheidend dürfte sein, dass ihr zusammenbleibt! Das ist ja wohl ohnehin sehr wichtig. Beachte das Dreiergefüge von dir, Tim und Miky.«
Louise hatte recht.
Und ihr kam noch etwas anderes in den Sinn.
»Wäre es sinnvoll, wenn Charlotte und ich euch in der Situation energetisch begleiten würden? Ich frage das mal ab.«
»JA!« Der Tensor bewegte sich klar von oben nach unten.
»Sollen wir Reiki schicken?«
»NEIN!« Louises Tensor schlug kräftig seitwärts aus.
Ich war perplex.
»Was soll das denn? Energie ja, Reiki nein? Könnte es sein, dass, warte mal... genau. Saint Germain ist der Meister des violetten Strahls,

und er ist definitiv mit dabei. Ihr sollt ganz bestimmt die violette Flamme schicken.«
»JA!« Louises Tensor bestätigte eindeutig meine Annahme.
»Weißt du was?«
Ich hatte überraschend eine Idee.
»Du und Charlotte, ihr braucht beide einen schwarzen Stein aus Irland. Damit hättet ihr ein Verbindungsstück zu unserer Aktion am Untersberg, während ihr die violette Flamme schickt. Alles ist dann miteinander verbunden.«
Louise war sofort einverstanden.
»Sehr gut. Das fühlt sich richtig an.«
Wir waren uns einig und gingen alle Fragen ein weiteres Mal durch. Das Einzige, was offenblieb, war die exakte Stelle an den Grundmauern der Hubertushütte, an der der Stein platziert werden sollte.
Abschließend überflog ich nochmals meinen Zettel, auf dem ich mir alle wichtigen Stichpunkte notiert hatte.
»Ich sollte los, Tim kommt gleich nach Hause. Der grobe Plan steht. Mama, danke für deine Mithilfe. Und grüße Charlotte von mir.«

Die leichte Schwüle des Nachmittags hatte sich verzogen und war einer angenehmen, klaren Abendluft gewichen. Tim und ich machten uns zu einem ausgedehnten Spaziergang auf.
»Ich habe die Grundmauern der Hubertushütte gefunden.«
Abrupt blieb Tim stehen und sah mich ungläubig an.
»Ach was. Das muss ja eine wahnsinnige Tüftelei gewesen sein. Wenn wir gleich daheim sind, musst du mir das zeigen. Da bin ich gespannt.«
Wir liefen über die Felder.
Ich kramte den Zettel mit den Notizen aus meiner Hosentasche und las Tim alle neuen Erkenntnisse vor.
• Tag: 15.8.
• Als Dreiergruppe immer zusammenbleiben
• Zuerst Marktschellenberg zum Isais-Weiher (ohne zu wissen, was dort genau zu tun ist)

- Dann zu den Grundmauern, Stein muss dorthin (wo?)
- Wichtig: Sich führen lassen
- Aktion wird von Louise und Charlotte mit dem Schicken der violetten Flamme begleitet

22
Mariä Himmelfahrt

Dienstag, 15.8.17

Es war soweit.
Heute würden wir den großen schwarzen Stein zum Untersberg bringen.
Wir waren in den letzten Wochen den unterschiedlichsten Hinweisen und Impulsen gefolgt, um heute genau hier zu stehen.
Die Aktion würde von meiner Mutter und ihrer Freundin Charlotte begleitet.
Sie würden mental die violette Flamme in die Situation schicken.
Dafür hatte ich den beiden gestern Abend noch jeweils einen schwarzen Stein vom Hill of Tara vorbeigebracht.
Ihre Aufgabe würde darin bestehen, die Verbindung zu uns und unseren Steinen herzustellen, während wir am Untersberg unsere Aufgabe erledigen würden.
Tim und ich hatten nachgedacht.
Wir waren zu dem Entschluss gekommen, dass es wohl am besten sei, auch alle anderen schwarzen Steine zum Untersberg mitzunehmen.
Wir würden einfach abwarten, was sich später vor Ort ergäbe.
Doch einen etwa Zweieurostück-großen, eher grau wirkenden Stein hatte ich zur Seite gelegt. Möglicherweise könnte ich diesen später für meine Energiearbeit gebrauchen.

Es war noch stockdunkel, als der Wecker um vier Uhr klingelte. Schlaftrunken schlugen wir die Decke zurück. Eine gewisse Anspannung lag in der Luft.
Was würde der Tag bringen?
Würden wir alles Wichtige erkennen?
Wären wir in der Lage, im richtigen Moment das Richtige zu tun?
Würden wir es schaffen, uns Schritt für Schritt führen zu lassen?
Mein üblicher morgendlicher Appetit war einem leichten Druck in der Magengegend gewichen. Ich begnügte mich mit einer Tasse Kaffee, Tim aß ein wenig Müsli. Schweigend saßen wir da.
Im Hintergrund lief das Radio.
Plötzlich nahm ich alles sehr genau wahr.
Dabei fühlte ich mich vollkommen im Hier und Jetzt.
Wie selbstverständlich folgte ich dem Lied von Mark Foster: »Egal, was kommt, es wird gut sowieso.«
Alles schien zu passen.
Ich musste trotz der Anspannung grinsen.
»Hörst du das? Jetzt kann ja eigentlich gar nichts mehr schiefgehen.«
Tim sah mich unentschlossen an.
Er war dabei, ein Seil und eine Stirnlampe im Rucksack zu verstauen. Wer wusste schon, wo wir überall hingeführt würden?
Bewusst vermied ich es, über irgendwelche Unwägbarkeiten wie Höhlen oder Abgründe nachzudenken.
Ich wollte offen bleiben.
»Eine Schaufel habe ich noch im Kofferraum liegen«, bemerkte Tim trocken. Er steckte einige Wasserflaschen und eine Packung Waffeln zu dem Seil und der Stirnlampe.
»Hast du deinen schwarzen Stein?«
Ich fühlte nochmals in meine Hosentasche und blickte zu Tim, der seine Schuhe anzog.
»Ja, habe ich eingesteckt. Die festen Schuhe nehmen wir lose mit und packen sie hinten zwischen die anderen Sachen.«
Wir waren bereit.
Es war immer noch dunkel, als wir das Haus verließen. Die ersten

Vögel zwitscherten bereits. Ich sah auf die Uhr. Wir waren spät dran. Um sechs Uhr wollten wir uns mit Miky an einer Raststätte treffen. Auf der Autobahn waren nur vereinzelt Autos unterwegs.
Langsam setzte die Morgendämmerung ein und der östliche Himmel begann sich rot zu färben. Die Farbe wechselte in ein kräftiges Orange, welches den baldigen Sonnenaufgang ankündigte. Der ansteigende Berufsverkehr füllte die Autobahn. Wir waren pünktlich. Kurz vor Sechs parkte Tim den Wagen neben der Raststätte.
Ich hatte es eilig, meine Blase drückte.
Als ich erleichtert zum Wagen zurückging, klingelte das Handy.
»Hallo Miky. Bist du schon da? Schön, dann treffen wir uns gleich an der Kaffeetheke, okay?«
Auf einmal spürte ich sogar einen leichten Hunger. Jetzt war Zeit für ein richtiges Frühstück.
Punkt Eins der Aktion, Miky um 6 Uhr zu treffen, hatten wir geschafft.
Ich dachte an das Lied von vorhin: »Es wird gut sowieso«.
Ja, es musste einfach gut werden.

Als wir weiterfuhren, war es bereits richtig warm geworden.
»Ich wusste ja nicht, wie du aussiehst, Miky. Aber als ich vorhin ausstieg, sah ich einen Mann am Eingang der Raststätte stehen. Seltsamerweise kam mir sofort der Gedanke, dass du das auf keinen Fall sein konntest. Warum weiß ich auch nicht.«
Lachend wandte Tim sich zu Miky um, der gerade seinen Gurt straff zog.
»Ich hatte dich auch schon gesehen und mir nichts dabei gedacht.«
Auf der Weiterfahrt tauschten wir ein weiteres Mal unsere Informationen aus, wobei sich für keinen von uns neue Erkenntnisse ergaben. Miky erwähnte allerdings nochmals den Mythos von Karl dem Großen, der sich im Inneren des Untersbergs aufhalten soll und auf den Augenblick warte, den Berg verlassen zu können.
Eine Weile saßen wir alle schweigend im Auto.
Langsam näherten wir uns dem Chiemsee, während uns rechter Hand

das majestätische Panorama der auftauchenden Alpen begleitete.
Miky hakte nach.
»Zu dieser Hubertushütte habe ich komischerweise keinerlei Resonanz. Wie bist du da nochmal darauf gekommen? Ich habe eher den Impuls, hoch auf den Untersberg hinaufgehen zu müssen.«
Ganz kurz verspürte ich einen kleinen Stoß.
Da war plötzlich wieder diese gefühlte Unsicherheit in mir.
Ob ich wohl alles richtig gemacht hatte?
War ich doch zu kopfgesteuert gewesen, oder hatte ich möglicherweise etwas anderes übersehen?
Doch dann vergegenwärtigte ich mir die Zusammenarbeit mit meinem Großvater Carl und Saint Germain. Genau auf diesem Weg war ich an alle Informationen gekommen, die ich besaß. Ganz schlagartig wich meine Unsicherheit so schnell, wie sie gekommen war, einer absoluten Gewissheit.
Nämlich der Gewissheit, dass ich hundertprozentig richtig lag mit der Erkenntnis, zur Hubertushütte gehen zu müssen.
»Ich habe die Information erhalten, dass wir zunächst nach Marktschellenberg fahren müssen. Dort, am Isais-Weiher, wäre wohl der Beginn des Ganzen. Was dort allerdings genau zu tun sein wird, weiß ich nicht. Anschließend sollen wir zu den Grundmauern der Hubertushütte fahren, die sich im unteren Bereich des Berges befinden. Der große schwarze Stein soll dort hingebracht werden! Wo genau er dort hingebracht werden soll, weiß ich noch nicht.«
Miky dachte nach.
»Gut, es wird bestimmt richtig sein. Vielleicht haben wir beide ja unterschiedliche Aufgaben? Lassen wir uns überraschen und fahren nach Marktschellenberg.«
Das wunderbare Alpenpanorama erstreckte sich soweit das Auge reichte über die gesamte Landschaft. Wir überquerten die Grenze nach Österreich und verließen die Autobahn. Der große, mächtige Untersberg lag bereits vor uns, und auf einer kleinen Straße, die am Fuße des Berges entlang verlief, wies uns ein Schild den Weg in Richtung Marktschellenberg. Auf dem Weg dorthin fuhren wir an der

Gondelbahn vorbei, die hoch auf den Untersberg führte. Wir überquerten erneut die Grenze zurück nach Deutschland, und nach ungefähr zwei Kilometern erreichten wir den Ort Marktschellenberg.
Von Bergen umgeben lag dieses Dorf tief eingebettet im Tal.
Tim bog rechts in die Straße zur Ortsmitte ab.
Von da an ging es deutlich bergauf.
»So steil sah das auf der Karte überhaupt nicht aus.»
Ich war erstaunt über den Anstieg.
»Ab hier beginnt die Ettenberger Straße und ein Stückchen weiter, irgendwo da vorne, müsste die Haarnadelkurve kommen.»
Wir schlängelten uns auf der schmalen Straße bergauf.
Tim drosselte das Tempo und hielt an.
Direkt vor uns lag die Haarnadelkurve und links der kleine Weiher.
»Vielleicht kann ich den Wagen weiter oben abstellen.»
Tim fuhr langsam weiter.
An einer etwas breiteren Stelle hielt er an und schaltete den Motor ab.
Da waren wir.
»Wie herrlich sonnig das hier ist. Aber auch noch ganz schön frisch...»
Miky sah sich um.
Ich öffnete den Karton, der neben dem Rucksack und den restlichen Utensilien im Kofferraum stand.
»Hier ist die Tüte mit den Steinen.»
Die Tüte knisterte.
Der große schwarze Stein schimmerte hindurch.
Ich drückte ihn Miky in die Hand.
Er drehte und wendete ihn vorsichtig und legte ihn langsam zurück in den Karton.
Dann sah er mich vielsagend an.
»In der Tat. Das ist ein massiver schwarzer Stein. Und echt groß!»
Dann lachte er und schüttelte den Kopf.
»Und den habt ihr am Flughafen in Dublin mit im Handgepäck transportiert?»
Tim und ich sahen uns grinsend an und nickten.
»Wir haben uns überlegt, dass es mit Sicherheit gut wäre, wenn jeder

von uns einen schwarzen Stein bei sich tragen würde, während unserer Aktion. Charlotte und meiner Mutter habe ich gestern Abend auch noch jeder einen schwarzen Stein vorbeigebracht. Damit hätten alle einen Verbindungsstein zu unserem heutigen Geschehen. Ich hatte dir ja schon erzählt, dass die beiden uns heute mit der violetten Flamme begleiten würden.«
Ich hielt ihm die Tüte mit den übrigen kleinen schwarzen Steinen hin. Miky fühlte kurz hinein und zog einen Stein heraus.
»Das ist der Richtige.«
Er nickte bestätigend.
»Er hat sogar eine richtig interessante Rautenform… Ja, das passt. Dieser Stein sollte wohl zu mir.«
Wir liefen das Stückchen bis zu dem kleinen Isais-Weiher und betrachteten vom Ufer aus die Umgebung. Mit offenen Sinnen erkundeten wir das Gelände. An der Stelle, an der die ehemalige Komturei des Ritters Hubertus gestanden haben musste, sollte ein anderes Haus stehen. So hatte es zumindest in dem Text gestanden. Wir konnten es aber nicht finden. Ebenso wenig konnten wir irgendwelche Hinweise entdecken, die auf einen Garten mit Brunnen deuteten. Der Brunnen, auf dem die Isaiserscheinung gesessen haben musste.
Wir warteten einige Minuten und ließen den Moment auf uns wirken. Wir spürten sehr genau in die Situation hinein, doch fühlte sich alles sehr neutral an. Keinerlei Besonderheiten, Zeichen oder Eingebungen offenbarten sich…Schließlich kamen wir alle drei zu dem Schluss, dass es hier nicht weiter ging. Trotzdem war ich über diese Feststellung im ersten Moment irritiert. Konsterniert wandte ich mich an Miky.
»Warum wurden wir dann hierhergeschickt? Das verstehe ich nicht…«
»Ich glaube, es ist ganz einfach. Das hier ist der Anfang. So beginnt es. Ab hier geht es los. Es hat mit Sicherheit eine Bedeutung. Jetzt sollten wir dem Weg zur Hubertushütte folgen.«
Wir fuhren zunächst weiter bergauf.
Rechts und links der Straße standen immer wieder Kruzifixe.
Wir erreichten eine Anhöhe, der Wald lichtete sich und einige Häuser

tauchten auf. In Gedanken ging ich noch einmal die Straße aus der Vogelperspektive durch.

»Immer schön auf der Ettenberger Straße bleiben, genau, gleich müsste der Blick auf die Mittagsscharte des Untersbergs kommen.«

Wir fuhren entlang üppiger, grüner Wiesen und Weiden, die Straße machte eine Kurve, und in diesem Moment eröffnete sich uns ein fantastischer Blick auf die Mittagsscharte des Untersbergs.

»Was für ein gewaltiges Bergmassiv. Wie viel Kraft da drinsteckt.«

Miky war beeindruckt.

Ab diesem Moment wusste ich genau, wo wir uns jetzt befanden.

»Von uns aus gesehen müssten die Grundmauern rechts liegen. Tim, fahr mal langsamer.« Aufmerksam sahen wir aus dem Fenster, in der Hoffnung, eine Weggabelung oder irgendwelche alten Mauerreste erkennen zu können.

Doch das Einzige, was wir sahen, waren Wiesen und Wald.

Irgendwann erreichten wir einen Parkplatz.

Augenblicklich wurde mir klar: wir waren zu weit gefahren.

Gegenwärtig blickten wir unmittelbar auf die Straßengabelung, die mir von Google Maps bekannt war.

»Wir sind zu weit gefahren und müssen zurück. Ganz sicher.«

Tim wendete das Auto.

Er fuhr jetzt sehr langsam.

»Es ist nicht mehr weit, ganz bestimmt. Ja. Da vorne links. Seht ihr die zwei Dächer? Wenn dort die zwei Hütten stehen, müsste die Stelle, an der sich die Grundmauern befinden, genau hier sein.«

Wie gebannt blickte ich durch die Windschutzscheibe.

Meine Augen suchten jeden Zentimeter ab.

Tim verlangsamte nochmals das Tempo.

»Hier. Hier geht ein Weg in den Wald hinein. Wieso haben wir den eben nicht gesehen?«

Er stellte das Auto an der Waldweggabelung ab.

Wir stiegen aus.

»Hier ist alles ziemlich zugewachsen. Aus diesem Grunde konnten wir den Waldweg eben auf der Hinfahrt nicht erkennen. Aber wo, bitteschön, könnten hier an der Straße Mauerreste zu finden sein? Hat jemand von euch eine Idee?« Ich hatte die Hände in die Hüften gestemmt.

Wir drei sahen uns fragend um.

Tim deutete auf den linken Straßenrand knappe fünfzig Meter vor uns.

»Wenn man genau hinschaut, könnte da vorne etwas sein. Sieht aus wie eine alte Steinmauer!«

Der Waldweg führte leicht bergauf. Schnell stellten wir fest, dass das gesamte Gelände wild zugewachsen und teilweise mit alten Hecken, Brennnesseln und anderem Grünzeug überwuchert war. Tim versuchte von der anderen Seite aus waldwärts auf das Gelände der zugewachsenen Mauern zu kommen.

Das schien aber auch nicht zu funktionieren.

Der Gedanke an das seltsame Zeitphänomen an diesem Ort, machte mich plötzlich unruhig. Erleichtert über jedes knackende Geräusch, das aus Tims Richtung kam, blieb ich zunächst in seiner Nähe.

Als ich aber weiterhin das beruhigende Knacken in den Büschen hörte, lief ich zur Straße zurück. Möglicherweise würden die Grundmauern von dort aus leichter zugänglich sein. Ich sah Miky an der Straße in der Nähe des Autos stehen und lief zu ihm. Gemeinsam gingen wir die Straße entlang, bis wir nach einigen Metern die alten Grundmauern erreicht hatten.

Das straßenwärts gelegene Terrain der alten Hubertushütte war genauso zugewuchert wie der gegenüberliegende Teil der Grundmauern. Doch von hier aus lagen die Mauern näher.

Unschlüssig blieben wir davor stehen.

»Ein Buschmesser wäre jetzt nicht schlecht. Oder wir könnten es mit einem Taucheranzug oder Anglerstiefeln probieren«, stellte ich zerknirscht fest und zog die Stirn in Falten.

Das Gelände mit den Grundmauern konnten wir mit unserer Bekleidung definitiv nicht begehen. Selbst dort, wo wir vielleicht einen Fuß hätten hineinsetzen können, wären wir bestenfalls in etwa hüfthohen Brennnesseln gelandet.

»Ob wir hier wirklich richtig sind?«
Miky grübelte.
Tim war aus dem Gestrüpp heraus in Richtung Straße zurückgekommen und kam uns entgegen.
»Nein, da hinten ist nichts, da bräuchte man viel mehr Zeit, um irgendetwas zu finden. Ich gehe jetzt zum Auto und hole die schwarzen Steine.«

Es musste doch irgendeine machbare Lösung geben.
Ich schnappte mein Pendel, entfernte mich ein Stück und setzte mich auf einen großen Stein in der Nähe.
»Saint Germain, sind wir hier richtig, muss hier der große schwarze Stein hin?«
Die Antwort war eindeutig und kraftvoll.
»JA!«
Schnurstracks lief ich zu den beiden zurück.
Tim hatte sich den Rucksack mit den Steinen über die Schulter gehängt.
Beide schauten ziemlich ratlos aus.
»Der Stein muss definitiv hierhin. Saint Germain hat es mir gerade bestätigt.«
Jetzt stand ich neben den beiden und blickte auch wieder fragend Richtung Brennnesseln und Innenraum der Hubertushütte.
Miky hatte weiter vor sich hingegrübelt.
Jetzt strahlte er plötzlich.
»Es ist ganz einfach. Klar doch. Der Stein muss hier mitten rein. Auf geht's.«

Schweigend reichte mir Tim den großen schwarzen Stein.
Etwas unsicher hielt ich ihn ausgestreckt in der offenen Hand.
Ich zog die Augenbrauen hoch.
»Einfach hier mitten rein in die Brennnesseln?«
Miky war in Fahrt gekommen.
»Ja. Das ist es. Ich spüre das. Nicht mehr und nicht weniger. Es ist

einfach so.
Das ist deine Aufgabe.«
Ich hatte den schwarzen Stein auf die Innenfläche meiner rechten Hand gelegt. Langsam streckte ich meinen Arm aus.
Plötzlich veränderte sich meine Wahrnehmung.
Alles kam mir auf einmal verlangsamt vor.
Ich gab dem Stein in meiner Hand einen leichten Schubs.
Sanft und wie in Zeitlupe segelte er durch den Raum und landete mit einem leisen, dumpfen Geräusch in den Brennnesseln.
Wuhfff!
Ich spürte eine Druckwelle beim Aufprall des Steins.
Etwas Außergewöhnliches geschah hier!
»Habt ihr den Lichtstrahl gesehen? Fantastisch.«
Miky war hingerissen.
»Inga, du hast soeben mit dem großen schwarzen Stein das Kraftwerk des Untersbergs angefacht. Eine Ewigkeit hat dieses Kraftwerk brachgelegen. Die Energie kann jetzt wieder frei fließen. Inga, das war dein Part, deine Aufgabe, die Energie hier, im unteren Bereich des Untersberges, wieder zu entzünden. Jetzt kommt wohl mein Part oben auf dem Berg. Ich lasse mich überraschen.«
Er hatte sich einen auf den Ruinen der ehemaligen Hubertushütte liegenden Stein genommen und hielt ihn in seiner Hand.
»Das ist der Kontaktstein. Den brauchen wir für oben. Die Energie, die du angefacht hast, muss durch den Berg hindurch bis ganz nach oben gebracht werden. Kommt, gehen wir.«
Er sah auf die Uhr.
»Es ist zwei Minuten vor neun, die Aktion kann beginnen! Wir haben einen Zeitkorridor zwischen neun und zwölf Uhr. Die Tüte mit den kleinen schwarzen Steinen nehmen wir auf jeden Fall mit nach oben. Ich glaube, die werden wir dort brauchen…«
Schweigend stiegen wir ins Auto und Tim startete den Motor. Wir fuhren die Straße zurück in Richtung Marktschellenberg, durchquerten den Ort, fuhren dann links, und überqueren wieder die deutsch-österreichische Grenze.

Von dort war es nicht mehr weit.
Ein paar Minuten später standen wir vor der Seilbahn.
Tim und ich holten die Joggingschuhe aus dem Kofferraum und tauschten sie gegen unsere Flipflops aus.
Miky hatte es plötzlich eilig.
Er lief zum Schalter und rief: »Ich glaube, da fährt gleich eine Gondel. Wenn wir uns beeilen, könnten wir sie vielleicht noch erreichen.«
Tim und ich beeilten uns, die Treppe hochzukommen und fanden uns in der Warteschlange vor der Kasse wieder. Miky war bereits durchgegangen. Er hatte Glück gehabt. Eine fremde Frau hatte ihm einen verbilligten Fahrschein in die Hand gedrückt. Tim bezahlte unsere beiden Tickets. Wir trafen Miky am Drehkreuz und gingen gemeinsam zur Gondel.
»Willst du den Stein von der Hubertushütte nicht lieber hier reinpacken? Er ist ziemlich groß.«
Tim hielt Miky den geöffneten Rucksack hin.
»Nicht, dass hier in der Gondel noch Missverständnisse aufkommen.«
Beide mussten bei der Vorstellung lachen, und Miky legte den Stein in den Rucksack.
Wir waren die Ersten, die in die nächste Gondel stiegen. Es kamen eine Menge anderer Leute hinterher und schließlich standen alle dicht gedrängt in der Kabine, als sie sich in Bewegung setzte. Es war zwar kein Flugzeug, aber für mich kam das dem Gefühl, in einem Flugzeug zu sitzen, schon recht nah. Es war atemberaubend. Die Gondel bewegte sich in schwindelerregender Höhe. Ich wusste zwar, dass mir nichts passieren würde, doch ein unangenehmes Gefühl blieb.
Ich beschloss, mich zu konzentrieren und so gut es ging meine Ruhe zu bewahren.
»Hast du auch deinen Stein in der Hand? Spürst du die Vibrationen?«
Tim stupste mich an.
Er war der Erste, dem es aufgefallen war.
Unsere schwarzen Steine schienen in Resonanz mit dem Untersberg zu gehen.
Sie fingen tatsächlich an zu schwingen.

»Ja. Man könnte fast meinen, die Steine beginnen damit, eine Unterhaltung zu führen. Ob die wohl einen Übersetzer brauchen? Sie kommen immerhin aus Irland.«

Tim lachte und knuffte mich in die Seite.

»Die Sonne wird heiß heute, seht euch mal den klaren blauen Himmel an.«

Oben angekommen, stiegen wir aus. Miky setzte seine Sonnenbrille auf. Wir sahen uns um. Gleich ein paar Meter weiter stand ein großer Wegweiser, an dem viele kleine Hinweisschilder angebracht waren. Auch die Mittagsscharte war angeschrieben. Wir drei wussten sofort, dass dies unsere Richtung sein musste.

Ein deutliches Kribbeln im Ohr ließ mich innehalten.

Es war Saint Germain, der mir bestätigte, dass wir auf dem richtigen Weg waren.

Nach zirka zehn Minuten hatten wir den höchsten Punkt erreicht.

Wir standen am Gipfelkreuz.

Von hier aus hatten wir einen fantastisch weiten Blick in die Landschaft einschließlich der Stadt Salzburg.

Tim stellte den Rucksack ab.

»Möchte jemand etwas trinken? Zum Essen haben wir Waffeln eingesteckt.«

Er stöberte im Rucksack.

Dabei wäre beinahe Mikys Stein herausgefallen.

Gerade noch konnte er ihn festhalten und stopfte ihn zurück neben die anderen Sachen.

»Wasser? Gerne.«

Dankbar nahm ich die Flasche entgegen und trank ein paar Schluck. Ich reichte sie an Miky weiter.

Während Tim die Waffeln aus dem Rucksack holte, fiel Mikys Stein nun endgültig heraus.

»Hey, das war jetzt gleich das zweite Mal. Das erste Mal konntest du den Stein noch festhalten.«

Miky kam mit ein paar Schritten zu Tim herübergelaufen.

»Der Stein muss hier hin. Lass ihn liegen. So ist es richtig. Der ist nicht umsonst herausgefallen.«

Tim und ich sahen uns verdutzt an.

Dies war auch eine Möglichkeit die Dinge zu sehen und danach zu handeln.

Es fühlte sich in diesem Moment vollkommen richtig an.

Die Sonne hatte weiterhin an Kraft zugenommen und es wurde immer heißer. Wir setzten unseren Weg fort.

Ich dachte an Opa Carl. Noch gestern hatte er sich kurz bei mir gemeldet.

Feste Wanderschuhe sollten wir mitnehmen.

Genau das hatte er mir ausdrücklich mit auf den Weg gegeben.

Wenn Opa Carl etwas mitzuteilen hatte, dann hatte das Hand und Fuß.

Vor allem hatte es immer einen Grund.

Der Weg wurde immer felsiger. Wir waren mehr am Klettern als am Laufen und hatten lediglich Joggingschuhe an unseren Füßen. Große Achtsamkeit war jetzt gefragt, damit unsere Knöchel heilblieben.

Wir überholten ein junges Mädchen, das eine ältere, lautstark schnaufende Frau mit Wanderschuhen und Faltenrock über den mühsamen Weg lotste.

Ich schaute nach rechts.

Eine versteckte Felsnische fiel in mein Blickfeld.

Sofort suchte ich Blickkontakt zu Miky.

Er sah mich an.

»Ist da etwas? Spürst du eine Resonanz?«

»Eigentlich nicht. Habe dort nur zufällig rübergeschaut…«

Es fühlte sich neutral an.

Doch auch Tim war stehengeblieben.

Ich konnte sehen, dass er die Felsnische ebenfalls registriert hatte.

»Lasst uns erst mal weitergehen. Ich bin mir nicht ganz sicher wegen dieser Felsnische. Aber ich habe auch keinen wirklichen Impuls, dort hinzugehen.« Miky deutete nach vorn.

»Ich glaube, die Mittagsscharte müsste gleich kommen.«

Nach einigen Kurven kamen wir bis an eine Stelle, an der sich der

Weg öffnete und einen weiten Blick über die Mittagsscharte bot.
Beim Betrachten der Landschaft und beim Blick in den blauen Himmel fielen mir die vielen schwarzen Rabenvögel auf, die über uns umherkreisten.
»Miky, genau solche Vögel sind mir damals vor sechs Jahren schon am Machu Picchu aufgefallen. Und das letzte Mal sind sie uns vor drei Wochen in Irland, auf dem Hill of Tara und an den Cliffs of Moher begegnet.«
Miky nickte.
»Das sind die Wächter des Berges. Du kannst sie häufig an energetisch interessanten Orten beobachten.«
Wir waren stehengeblieben.
Zwischenzeitlich war es richtig heiß geworden.
Der Weg schien sich immer mehr in die Länge zu ziehen und das Weiterkommen wurde immer anstrengender. Bis zu einer Höhle, von der wir nicht einmal wussten, wo sie genau zu finden war, konnte es noch weit sein. Der Weg füllte sich mehr und mehr mit Wanderern, die alle in der gleichen Richtung unterwegs waren. Sie sahen aus wie Pilgerreisende. Viele hatten Anstecker wie das Omzeichen, die Lebensblume und andere spirituelle Symbole an ihren Rucksäcken. Allein die vielen Menschen hinderten mich am Weitergehen.
Was auch immer wir vorhatten, was auch immer passieren würde, sollte mit Sicherheit nicht an einem derart belebten Ort stattfinden.
»Die wollen wahrscheinlich alle in die Höhle, wegen des Lichtphänomens heute, an Mariä Himmelfahrt.«
Miky kratzte sich nachdenklich am Kopf.
Auch ich spürte ganz deutlich, dass ein Innehalten jetzt unbedingt notwendig war. Ich setzte mich ein wenig abseits ins Gras und griff mein Pendel aus der Hosentasche. Mir schien es, als würde uns die geistige Welt im Moment nur beobachten.
Es gab kein Eingreifen.
Keine Botschaft.
Kein Kribbeln im Ohr.
Doch so konnte es nicht weitergehen.

»Saint Germain, müssen wir weitergehen?»
»NEIN!»
»War die Felsnische, an der wir eben vorbeigelaufen waren, die richtige Stelle?»
»JA!»
»Also doch. Danke. Machen wir.»
Ich war aufgesprungen und winkte den beiden.
»So wie es aussieht, müssen wir zurück zu der Felsnische. Viele Grüße von Saint Germain.»
»Eher Beiläufiges ist manchmal wichtiger, als man zunächst denkt. Alles kann eine Bedeutung haben... Ich habe es aber vorhin auch nicht wirklich gecheckt...»
Miky war jetzt auf meiner Höhe angekommen.
»Die Ecke an dem Felsen hatte ich sofort entdeckt», sagte Tim, »und wenn ich es mir genau überlege, wäre ich normalerweise einfach spontan hingegangen. Doch eure Unterhaltung darüber hat mich dann eher unschlüssig werden lassen... Also auch das zeigt mir gerade wieder: Man sollte immer auf seine eigenen Impulse achten und darauf vertrauen!»
Wir liefen das kleine Stückchen Weg zurück zu der Stelle, an der wir die Felsnische entdeckt hatten. Von dort aus gingen wir den Felsen hinunter und gelangten auf eine kleine Wiese, die einem kleinen Platz ähnelte. Sie war von Felsen eingeschlossen. Direkt vor uns erstreckte sich eine Felswand senkrecht nach oben. Hier ging es offensichtlich nicht mehr weiter.
»Griaß God. Ach, do is jo goar koa Höhle.»
Zwei Wanderer waren uns gefolgt und lachten herzhaft.
»Mia hom dachd, mia laffa moi den Leidn hiterha, de kenna si bstimmt guad aus und wissn, ob do a Höhle is.»
Sie sahen sich an.
»Da schau her, das kimmt davo, wenn man oafach den andern hiterherlaffd. Oan scheenen Dog no wünsch mia ihna.»
Die Wanderer grüßten freundlich und verschwanden um die Ecke.
Tim, Miky und ich prusteten los vor Lachen.

Was sollte das gerade gewesen sein?
Eine kleine Inszenierung im Rahmen unseres spirituellen Auftrags?
Die geistige Welt und ihr Humor!
Einfach grandios!

Das Lachen verebbte und wir spürten, wie abgelegen und besonders dieser kleine Ort hier war. Man musste nur um die Ecke gehen und stand plötzlich vom Hauptweg vollkommen unsichtbar auf diesem kleinen Platz, direkt vor einer Felswand. Nur wenige Meter entfernt von uns waren die Wanderer in Scharen unterwegs. Wir konnten sehr deutlich jedes einzelne von ihnen gesprochene Wort verstehen.
»Merkt ihr was? Hier ist eine deutlich höhere Energie spürbar als vorne am Hauptweg«, stellte Miky fest und blickte sich um. Auch Tim und ich betrachteten das kleine Terrain, auf dem wir uns befanden.
Schweigend verweilten wir einige Minuten. Ganz bewusst versuchten wir, diesen besonderen Ort mit allen Sinnen zu erfassen. Der Felsen hatte eine erstaunliche Ähnlichkeit mit einem Portal, dennoch war nirgendwo ein Höhleneingang sichtbar. Etwas weiter oben in der Ecke, war lediglich ein kleines Loch zu erkennen. Tim musterte den senkrechten Felsen.
»Schau dir die Felswand an, Inga. Auf den ersten Blick erinnert sie mich an eine bestimmte Stelle auf dem Hill of Tara. Dort, wo wir den Hang hinunterklettern mussten. Erinnerst du dich?«
»Du meinst das abschüssige Stück, von dem wir uns überlegt hatten, ob es ein Eingang oder Portal sein könnte? Stimmt. Das hier sieht ganz ähnlich aus.«
Vor der Felswand, direkt in der Mitte der Wiese, befand sich ein etwa eineinhalb Meter großer Steinkreis. Er sah aus, wie ein mit Steinen gefülltes Loch. Die Mitte des Steinkreises verlief trichterförmig nach unten.
Tim legte den Rucksack neben sich ab.
Wie selbstverständlich stellten Tim, Miky und ich uns um den Kreis herum.
Alles lief automatisch.

»Fällt euch etwas auf? So, wie wir gerade dastehen, bilden wir ›rein zufällig‹ ein wunderschönes gleichseitiges Dreieck. Ich glaube, präziser geht es nicht.«
Miky holte seinen schwarzen Stein aus der Hosentasche.
»Jeder von uns hat seinen kleinen schwarzen Stein dabei. Du Inga, hast vorhin das Energiekraftwerk unten an der Hubertushütte entfacht. Es funktioniert wieder. Die Energie muss jetzt durch den ganzen Berg, versteht ihr? Wir drei ziehen jetzt den Lichtstrahl durch. Wir machen das mental und zwar von unten durch den Berg bis zu diesem Steinkreis hindurch. Seid ihr bereit?«
Wir hatten uns an den Händen gefasst.
Schlagartig hatte ich das Bild der Hubertushütte von heute Morgen vor meinen Augen. Klar und deutlich sah ich die Mauerreste. Zwischen ihnen bewegte sich ein riesiges weißes Licht.
»Eins, zwei, drei», zählte Miky.
»Jetzt!«
Vor meinem geistigen Auge tauchte plötzlich eine Lichtsäule auf.
In unglaublicher Geschwindigkeit zogen wir sie den Berg hindurch. Wie eine riesige, kraftvolle Fontäne schoss der Energiestrahl durch die Mitte des Steinkreises, um den wir standen. Es war ein unbeschreiblich kraftvoller Moment. Das starke Pulsieren der Energie hatte eine Intensität, wie ich sie noch nie erlebt hatte.
Fasziniert und regungslos standen wir da.
»Könnt ihr die Lichtsäule sehen? Die Energie ist durch. Wir haben die Energie durch den Berg gezogen!«
Miky war begeistert.
Wir hatten uns losgelassen.
Irgendetwas Großes musste gerade passiert sein.
Wir alle drei spürten das.
Sehen konnten Tim und ich die Lichtsäule nicht, die aus dem Boden kam, aber umso intensiver spüren. Es war eine unbeschreibliche Kraftfontäne, die direkt vor uns aus dem Steinkreis herausgeschossen war und ein immer größer werdendes Energiefeld schuf.
Die Intensität dieser Lichtfontäne nahm uns fast den Atem.

»Ich glaube, ich werde meinen Stein hierlassen. Ich denke, er hat seine Aufgabe erfüllt.« Tim holte seinen kleinen schwarzen Stein aus der Hosentasche und ließ ihn nachdenklich von einer Hand in die andere gleiten.
Miky pflichtete ihm bei.
»Ich finde, das ist eine schöne Idee. Sie fühlt sich stimmig an. Jeder von uns könnte sich eine Stelle suchen, wo er seinen Stein ablegt. Tim hat recht, die Aufgabe der Steine scheint erfüllt zu sein.«
Sogleich fand Miky eine kleine Kerbe im Felsen. Als wäre sein Stein für diese Kerbe zugeschnitten worden, passte er wie ein Schlüssel ins Schloss. Tim hatte ebenso ziemlich rasch eine passende Stelle für seinen Stein gefunden. Anfänglich ein wenig unschlüssig, entdeckte auch ich schließlich eine Nische, in der ich meinen Stein ablegte.
Unsere schwarzen Steine bildeten einen Rahmen um den Kreis, durch den vor wenigen Minuten der kraftvolle Lichtstrahl gekommen war.

Von nun an würde der Lichtstrahl unaufhörlich durch den Berg nach oben sprudeln.
Der Lichtstrahl mit der Energie des Herzchakras vom Untersberg.

Eine ganze Weile saßen wir einfach nur da, in diesem stillen Winkel. Wir badeten in der kraftvollen Energie. Es war ein unbeschreiblicher Moment.
Deutlich waren die Gespräche der Wanderer zu hören, die sich nur wenige Meter von uns entfernt auf dem Weg aufhielten.
Sie tangierten uns nicht.
Sie schienen aus einer anderen Welt zu kommen.
Wir drei fühlten uns unsichtbar.

Die Energie wurde zwischenzeitlich immer intensiver. Ich setzte mich ein Stück vom Steinkreis weg. Das Kraftfeld nahm immer weiter zu. Miky war aufgestanden und zu dem kleinen Loch im Felsen nach oben geklettert. Er näherte sich der kleinen Öffnung.

»Unglaublich, was für eine Hammerenergie da rauskommt! Die Energie hier oben ist noch viel stärker. Ich werde noch schwarze Steine in die Öffnung legen.«
Auch Tim und ich kletterten nach oben zu dem kleinen Loch. Die Intensität der herausströmenden Energie pustete uns regelrecht um.
Wir entschieden uns, alle restlichen schwarzen Steine, die wir auf den Berg mitgenommen hatten, dort zu lassen. Ich legte sie alle in die Mitte des Steinkreises. Prüfend hielt ich meine Hand darüber.
»Es kommt ein kühler Luftzug aus dem Steinkreis. Hier muss tatsächlich ein Loch im Felsen sein«
Wie tief die Öffnung wohl nach unten in den Felsen hineinreichte? Erst jetzt fiel uns die auffallend weiße Farbe der Untersbergsteine auf. Sie bildeten den absoluten Gegensatz zu den schwarzen irischen Steinen.
Jeder von uns nahm sich direkt aus dem Energiestrahl des Steinkreises einen weißen Untersbergstein heraus. Wir würden sie mit nach Hause nehmen. Dass Louise und Charlotte auch einen weißen Stein bekommen würden, war Ehrensache. Sie hatten uns die ganze Zeit mit dem Schicken der violetten Flamme intensiv begleitet.
Das entstandene Kraftfeld auf unserem Platz hatte unterdessen einen Level erreicht, der bereits weit über mein Wohlbefinden hinausging. Ich fühlte mich energetisch total geflasht und hatte den dringenden Wunsch diesen Ort zu verlassen.

Miky lächelte.
»Saint Germain hat sich gerade bei mir bedankt. Es ist alles getan. Ich glaube, die haben da oben schon mal angefangen zu feiern. Seht ihr die ganzen lila Blümchen hier? Ob das kleine Abgesandte der violetten Flamme sind?«
Miky zwinkerte uns zu.
»Mir ist das gerade erst aufgefallen.«
Er sah auf die Uhr.
»Wie perfekt das hier alles läuft. Es ist zwanzig vor zwölf, und damit

haben wir den vorgegebenen Zeitkorridor eingehalten. Wir sind sogar noch vor der Zeit mit allem fertig. Die Mittagshitze tut ihr Übriges und die Energie wird hier auch langsam ein wenig zu heftig. Ich würde vorschlagen, wir gehen zur Gondel.«

Tim, Miky und ich waren auf dem Rückweg, während die überwiegende Anzahl der Wanderer uns entgegenkam und in Richtung Mittagsscharte strömte.
Es war ein Gefühl gewesen, als würden wir einen abgeschotteten Raum verlassen, als wir unser hübsches Plätzchen verließen und auf den Wanderweg einbogen.
»So wie das aussieht, wollen die Menschen hier um vierzehn Uhr in der Höhle sein, um das Lichtphänomen zu beobachten. Dafür schieben die sich jetzt in Massen den Weg entlang. Und das bei der Hitze. Die Höhle scheint ja wirklich der Renner zu sein. Alle pilgern dorthin. Niemals hätten wir dort die nötige Ruhe gehabt. Die kleine Wiese bei der Felsnische war genau der richtige Ort für uns.«
Tim hatte genau die Gedanken ausgesprochen, die Miky und mir im selben Moment durch den Kopf gingen.
»Das Schöne daran ist aber, dass wir mit allem fertig sind. Wenn wir wollen, können wir die nächste Gondel nach unten nehmen.«
Ich spürte, wie die Sonne auf meiner Haut brannte.
»Ich glaube, unsere Aktion wäre an den unterschiedlichsten Orten am Untersberg durchführbar gewesen. Hier gibt es doch jede Menge Öffnungen und Höhlen. Ausschlaggebend ist, glaube ich, nur das Energiefeld.«
Mein Magen knurrte.
»Wisst ihr was? Ein bisschen Erdung wäre jetzt nicht schlecht. Ich habe einen Wahnsinnshunger. Lasst uns was essen.«
Im Restaurant neben der Seilbahn drängten sich die Menschenmassen. Wir beschlossen, die nächste Gondel nach unten zu nehmen. Es würde bestimmt gemütlicher und erholsamer sein, in einem Biergarten etwas außerhalb der Hektik in aller Ruhe eine Pause zu machen. Die Schlange hatte sich in Bewegung gesetzt. Langsam stiegen die

Leute in die Gondel.
Augenblicklich fiel mir die gleiche Situation von heute Vormittag wieder ein, als wir unten an der Gondel der Seilbahn warteten.
Würden wir drei noch mit reinpassen?
Das Drehkreuz vor uns stoppte!
»Es ist wie bei der Auffahrt. Schon wieder sind wir diejenigen, die bei der nächsten Gondel als Erste einsteigen«, bemerkte Miky vielsagend.

Die Temperatur im Auto glich der eines aufgeheizten Ofens. Wir lüfteten, wechselten die Schuhe und fuhren zügig los.
Kurz vor Rosenheim, brachte uns Miky in einen urigen Biergarten, den er kannte. Dort saßen wir im kühlen Schatten alter Kastanienbäume und freuten uns über das herrlich deftige Essen mit Weizenbier.
Immer noch war Miky mit dem Thema rund um den Untersberg beschäftigt.
Er grübelte.
»Die Legende von Karl dem Großen lässt mich nicht los.
Er wird als der Gründer Europas betrachtet und soll im Inneren des Untersbergs sitzen. Vielleicht sollte man das als Metapher betrachten. Möglicherweise geht es einfach um die Energie, die bedeutend für Europa sein könnte. Wer weiß schon, ob sie durch einen Bann oder etwas Ähnlichem im Berg festgehalten wird?
Saint Germain jedenfalls war immer an Europa interessiert und hat sich stark dafür eingesetzt. Er versuchte, Menschen auf den spirituellen Weg zu bringen und Länder miteinander zu verbinden.
Das, was wir heute auf dem Untersberg in Gang gesetzt haben, war eine sehr kraftvolle Aktion. Da bin ich mir sicher. Wie weitreichend das Ganze tatsächlich sein wird, müssen wir abwarten. Es wird sich zeigen.«

Auf der Rückfahrt saßen wir alle drei schweigend im Auto.
Jeder von uns hatte nur noch den Wunsch alsbald zuhause anzukommen.

Spät am Abend saßen Tim und ich in der lauen Abendluft auf dem Balkon. Schweigend sahen wir der Sonne zu, wie sie sich immer weiter Richtung Horizont senkte.
Heute hatten wir ein riesiges Programm bewältigt .
Ich war froh und dankbar, wieder daheim zu sein.
Jetzt musste ich an nichts mehr denken.
Durfte einfach in den Himmel schauen.

Ich war bereits auf dem Weg ins Bett, als mein Ohr kribbelte.
Wollten die da oben denn gar keine Ruhe geben?
Jetzt, um diese späte Uhrzeit noch eine Information?
Saint Germain hatte mir etwas Wichtiges mitzuteilen.

Karl der Große war dabei, den Untersberg zu verlassen!

23
Wieder zurück

Mittwoch, 16.8.17

Verworrene Bilder und seltsame Träume hatten mich die ganze Nacht über verfolgt. Es waren alles vollkommen undurchsichtige Dinge, die ich nicht zuordnen oder gar nachvollziehen konnte. Das Aufwachen fiel mir schwer. Ich brauchte Zeit, um mich zu sortieren.
Was hatten wir gestern nur für einen Tag gehabt.
Was hatten wir für unglaubliche Dinge erlebt.

Tim musste früh los, zur Arbeit.
Gerade räumte ich die Spülmaschine ein, als erneut mein Ohr kribbelte.
Abermals war es Saint Germain.
Für einen gewöhnlichen Mittwochmorgen hatte er bemerkenswerte

Neuigkeiten parat.
Karl der Große hatte den Untersberg verlassen!
Er befand sich auf dem Weg nach Straßburg!

»Bitte was?«
Ich konnte es kaum fassen.
Des Weiteren erfuhr ich, dass er sich dort mit Tim, Miky und mir treffen wolle. Wir sollten dazu zum Straßburger Münster kommen. Dieses Treffen sei von außerordentlicher Wichtigkeit. Bei dieser Angelegenheit ginge es um Deutschland und Europa. Und es sollte so bald wie möglich passieren.
»Hey, geht's noch?« Ich war gereizt.
Gerade erst waren wir vom Untersberg zurück, da meldete sich schon wieder die geistige Welt, um mir den nächsten Auftrag zu übermitteln.
Das schien kein Ende zu nehmen.
Im Gegenteil.
Es hatte den Anschein, als ob es jetzt erst richtig losginge.

Ich sah auf die Uhr. Auch für mich war es Zeit, zur Arbeit zu kommen.
Jetzt hieß es wieder: umschalten.
Einfach umschalten.
Einpacken, nichts vergessen, aufs Fahrrad setzen und zur Arbeit fahren. Normalerweise eigentlich gar nicht so schwer.
Aber das ständige Hin und Her zwischen geistiger Welt und Alltäglichkeit überstieg langsam alles, was ich noch zu leisten in der Lage war.
Nach Beendigung meiner Arbeit, ging ich am frühen Abend spontan bei Tim im Büro vorbei. Vielleicht war er ja auch schon fertig und wir könnten ein wenig bummeln gehen.
»Inga, schön dass du vorbeikommst. Gerade bin ich fertig.«
Er schloss sein Büro ab und wir schlenderten durch die Stadt.
In einer Eisdiele suchten wir uns ein hübsches Plätzchen im Halbschatten.

Tim nahm meine Hand und lächelte mich an.
»Es hat gutgetan, wieder einen ganz normalen Tag wie heute im Büro zu verbringen. Nach allem, was wir gestern erlebt haben. Ein ganz ruhiger Arbeitstag. Im Großen und Ganzen.
Aber heute Morgen ist etwas Erstaunliches passiert. Eine Libelle hat sich in mein Büro verirrt. Es war eine wunderschöne, blaue Libelle. Zum Glück hat sie schnell wieder den Weg hinausgefunden. Das ist noch nie passiert. Es gibt auch kein Wasser in der Nähe. Woher die Libelle wohl gekommen war?»
Ich räumte die Eiskarten auf unserem Tisch beiseite. Der Kellner kam und brachte die Eisbecher.
Mit dem langen Löffel streifte ich mir die erste Schicht Sahne herunter.
»So langsam müsste ich auch wieder das Gefühl von Normalität erreicht haben. Das ist mehr als wichtig. Im Moment ist das alles viel. Kaum warst du heute Morgen weg, hat sich Saint Germain bei mir gemeldet. Es ist mal wieder der Hammer. Laut Saint Germain ist Karl der Große auf dem Weg nach Straßburg. Er will sich dort mit Miky und uns beiden treffen. Gib dir das mal…»
Ich war mit dem Löffel beim Vanilleeis angekommen und rührte die heißen Himbeeren in die cremige Masse.
Tim schob sich einen Löffel Nusseis in den Mund und runzelte die Stirn.
»Na ja, Straßburg ist jetzt nicht unbedingt um die Ecke. Da müssen wir erst mal weitersehen.»
Er zeigte mit dem langen Löffelstiel in den Himmel.
»Die haben es aber eilig.»
Wir schlenderten weiter, entlang des Flusses durch den Stadtpark. Man merkte, dass der Spätsommer langsam anklopfte. Die Abendsonne schien durch die Bäume und warf ein angenehm weiches Licht in die Parkanlagen.
Wir fassten uns an den Händen und gingen eine Weile wortlos nebeneinander her.
»Eine Libelle, sagtest du? Ist heute Morgen in dein Büro geflogen?

Weißt du, was die Libelle im spirituellen Sinne bedeutet?«
Tim verlangsamte das Tempo.
»Nein, das weiß ich nicht.«
Jetzt standen wir uns gegenüber.
»Die Libelle verkörpert einerseits Leichtigkeit, Geschick und Beweglichkeit. Aber ebenso Umsicht, den Blickwinkel ändern und neue Denk- und Handlungsweisen ausprobieren. Möglicherweise geht es auch in diesem Fall um Macht und den Umgang damit.«
Tim sah nachdenklich aus.
»Gestern waren wir am Untersberg, und heute ist mir diese Libelle begegnet.
Da muss es einen Zusammenhang geben.«
Ich lächelte.
»Genau. Dir kam diese Botschaft in Form einer Libelle in dein Büro geflogen.«

Donnerstag, 17.8.17

Die geistige Welt war also zu Hochtouren aufgelaufen. Die Aufträge schienen nicht mehr abzureißen. Warum sollte ausgerechnet ich diese ganzen Dinge erledigen? Wenn das so weiterginge, würde ich zu gar nichts anderem mehr kommen. Wir hatten am Untersberg alles erledigt, waren eben erst zurückgekommen und die geistige Welt schickte uns gleich weiter nach Straßburg.
Konnte das alles überhaupt noch stimmen?
Starke Zweifel kamen in mir auf.
Mir ging das jetzt alles zu weit.
Ich würde Miky zu Rate ziehen müssen.
Erst vor zwei Tagen hatten wir uns gesehen.
Doch was blieb mir übrig?

Ich griff zum Handy und wählte Mikys Nummer. Hoffentlich war er erreichbar.
Erleichtert atmete ich durch, als er sich meldete.

Ohne Umschweife berichtete ich ihm vom nächsten anstehenden Auftrag…
Miky riet zur Achtsamkeit und gab mir wichtige Hinweise für alles Weitere.
»Wenn man so wie wir, mit der geistigen Welt kommuniziert, sollte man sich grundsätzlich vergewissern, mit welchem Absender der Botschaft man es zu tun hat. Da können einem plötzlich ganz andere ›reinquatschen‹ und puren Unsinn erzählen. Aber das weißt du ja selber.
Es können auch ganz gezielt Störungen von Wesenheiten verursacht und gestreut werden, die nicht gerade in guter Absicht unterwegs sind. Ich habe da schon so manches erlebt und bin deswegen vorsichtig.
Ganz wichtig ist: Auf keinen Fall stressen lassen. Oberste Priorität!
Das wäre gefundenes Fressen für die, die uns nicht unbedingt freundlich zugetan sind.
Wenn die geistige Welt es ernst meint, dann lässt sie einem immer genügend Raum. Da kannst du dir sicher sein!
Unabhängig davon müssen wir davon ausgehen, dass die Seelen der geistigen Welt den Bezug zum richtigen Leben hier auf der Erde verloren haben. Unsere Belange hier, wie zum Beispiel ein normaler Tagesablauf, Pflichten im Alltag und so weiter, sind denen völlig fremd geworden.
Dankbar und erfreut über jeden Menschen, der Engagement zeigt und motiviert ist, schicken sie ihn mit Aufträgen womöglich um die ganze Welt von Los Angeles bis Sidney und zurück.
Die Absicht dahinter ist natürlich gut. Allerdings braucht man dafür Geld, Zeit und so weiter. Das sind alles Aspekte, die die geistige Welt nicht auf dem Schirm hat. Die haben das Gespür verloren, was es bedeutet, als Mensch in Raum und Zeit zu existieren.
Das heißt für dich, Inga, dass du ganz klar Stellung beziehen und Alternativen mit denen besprechen musst. Ganz egal, ob du Saint Germain oder sonst wen in der Leitung hast.«
Aufmerksam war ich Mikys Ausführungen gefolgt.
»Okay, danke. Das bringt mich weiter. Ich werde das auf jeden Fall

umsetzen.«

Miky fuhr fort: »Ich werde ganz bestimmt nicht sofort nach Straßburg fahren, um mich dort mit Karl dem Großen im Münster zu treffen, auch wenn die geistige Welt das möchte. Ich habe noch jede Menge Termine die nächste Zeit und muss schauen, wie ich alles bewerkstellige. Die werden sich schon auch ein bisschen nach uns richten müssen. Ich denke, das wird dir und Tim nicht anders gehen. Du solltest sie ganz konkret nach einer Alternative fragen. Muss es unbedingt ein Münster sein? In der nächsten Woche wäre ich geschäftlich in Ulm unterwegs. Wäre das vielleicht eine Möglichkeit? Sofern es bei euch passen würde.

Oder gibt es beispielsweise eine Kirche oder einen Kraftplatz irgendwo bei euch? Am Montag übernächste Woche bin ich sowieso bei Charlotte. Dort habe ich wieder einige Aufstellungen. Frag doch mal nach einer Möglichkeit in dieser Richtung an. Karl dem Großen fällt es mit Sicherheit leichter, zu uns zu kommen, als wir zu ihm.

Übrigens ist davon auszugehen, dass er, wenn er kommt, in energetischer Form anwesend sein wird. Also werden wir es mit größter Sicherheit nicht mit einer leibhaftigen Person zu tun haben. Zumindest habe ich das bisher noch nie erlebt. Aber warten wir ab.«

Ungehemmt lachte ich drauflos. Zu komisch war für mich die Vorstellung, Karl den Großen womöglich im Königsgewand, in Ritterrüstung oder alternativ in T-Shirt, Buggy-Style Hose und Baseballcap anzutreffen. Letzteres wäre wohl am besten für ihn, um nicht allzu sehr aufzufallen… Hoffentlich hatte er einen guten Modeberater.

»O Mann, Miky, was für ein Gedanke. Aber du wirst recht haben. Ich werde das mit dem Termin genauestens ergründen. Danke dir nochmal ganz herzlich. Ich bin jetzt auch erst mal erleichtert. Wenn ich mehr herausgefunden habe, melde ich mich bei dir.«

Schon wesentlich besser gelaunt, schnappte ich mir meine Tasche und machte mich auf den Weg zur Arbeit. Ich hoffte inständig, heute Nachmittag brauchbare Informationen zu finden, die uns weiterhelfen würden.

Bereits am frühen Nachmittag beendete ich meine letzte Anwendung und schwang mich aufs Fahrrad, um rasch nach Hause zu kommen. So bald wie möglich wollte ich an ein brauchbares und für alle Beteiligten gut durchführbares Konzept gelangen. Dazu musste ich Saint Germain kontaktieren. Ich hoffte auf eine gewisse Klarheit, was die weitere Vorgehensweise hinsichtlich eines möglichen Treffens mit Karl dem Großen betraf. Außerdem wollte ich nochmals alles auf seine Richtigkeit hin überprüfen. Denn Miky hatte recht. Selbstverständlich ging es nicht darum, ständig alles in Zweifel zu ziehen. Trotzdem war es wichtig, alle Informationen mit einer gesunden Skepsis zu betrachten und sie zunächst auf sich wirken zu lassen, bevor man sie auswertete.

Zurück daheim legte ich eine zehnminütige Ruhepause ein.
Ich zentrierte mich, um so klar wie möglich zu sein. Die Fragen hatte ich mir fein säuberlich notiert. Die Kontaktaufnahme zu Saint Germain verlief ohne Störfrequenzen. Mein Pendel signalisierte mir sofort, direkt online mit der geistigen Welt zu sein. An der Art des Pendelausschlags erkannte ich, dass es sich zweifellos um Saint Germain handelte.
Ich stellte ihm eine Frage nach der anderen.
Seine Antworten waren eindeutig und klar.
Es sei kein Problem für Karl den Großen zu uns zu kommen.
Er würde sich anpassen.
Das vorgesehene Datum 28.8. sei ebenso in Ordnung.
Als Treffpunkt nannte er die im Zentrum liegende Kirche unserer Stadt.
Karl der Große käme zur vorgeschlagenen Zeit um siebzehn Uhr.
Ich war begeistert.
Es stimmte tatsächlich, was Miky mir erklärt hatte. Man musste mit der geistigen Welt ganz normal und vernünftig kommunizieren und dabei nicht vergessen, seine eigenen Belange einzubringen. Die Aussagen Saint Germains waren kurz und eindeutig gewesen. Mit diesen Eckdaten würden wir drei etwas anfangen können.

Das Wichtigste aber war, dass die Vorgaben, welche Ort und Zeit betrafen, für jeden von uns passten.
Warum aber sollte das von der geistigen Welt initiierte Treffen ausgerechnet in einer Kirche stattfinden?
Saint Germain und die Anderen mussten doch wissen, mit welch massivem Vorgehen die Kirche ihre machtvolle Position ohne Rücksicht auf Verluste ausgebaut hatte.
Ich erinnerte mich, dass die Menschheit bereits in der Frühgeschichte das Wissen um die besondere Qualität der Energielinien besaß, die heute weithin als Leylinien bekannt sind. Eben dieses Wissen um die besondere Energie an den Leylinienknotenpunkten nutzten die Menschen damals für sich. Genau dorthin platzierten sie ihre magischen Orte und heidnischen Kultstätten.
Die Kirche war es dann letztlich, die die hochenergetischen Plätze vereinnahmte, ihre Kathedralen und Kapellen darauf baute und damit ihre Macht demonstrierte. Die dortige Energie nutzte die Kirche für ihre eigenen Belange.

Doch plötzlich erschien es mir vollkommen logisch, dass die geistige Welt für unser Treffen mit Karl dem Großen auf einen höherschwingenden Ort verwies. Eine Kontaktaufnahme kam hier aller Wahrscheinlichkeit nach leichter zustande.
Gegenwärtig hatte ich alle wichtigen Grundinformationen erhalten.
Ich würde alles so stehen lassen und einfach beobachten.
Vielleicht ergaben sich noch Veränderungen.
Für diesen Fall würde ich Miky kurzfristig Bescheid geben.

Freitag, 18.8.17

Beim Verlassen meines Praxisraums fiel mir plötzlich wieder der graue Stein aus Irland ein. Kurz vor unserer Aktion am Untersberg hatte ich ihn in meinem Schrank deponiert.
Der graue Stein.

Ich wollte ihn für meine Energiearbeit nutzen.
Vorsichtig öffnete ich die Schublade. Ich schob den Quittungsblock und den Locher zur Seite. Dann holte ich den Stein hervor. Beim genaueren Betrachten fiel mir auf, dass der Stein unterschiedliche Rundungen besaß. Eine markante Kerbe musste irgendwann einmal hineingeschnitzt worden sein. Sie war kaum sichtbar, da eine Menge getrockneter Erde den breiten Spalt füllte. Ich steckte den Stein in meine Hosentasche und verließ die Praxis.
Zuhause würde ich den Stein reinigen und nochmals genauer unter die Lupe nehmen.

Auf der Heimfahrt kam ich ins Nachdenken. Gestern noch hatte ich Louise und Charlotte je einen weißen Stein vom Untersberg vorbeigebracht. Ausgiebig hatten wir uns über jede Einzelheit der Aktion unterhalten, und beide hatten sich unbändig darüber gefreut, dass alles so wunderbar und reibungslos verlaufen war. Bisher hatte es für mich so ausgesehen, als seien Louise und Charlotte die Einzigen, die ein Steinpaar besitzen. Sowohl einen der schwarzen Steine aus Irland, als auch einen weißen Stein vom Untersberg.
Als ich bergauf radelte, wurde mir bewusst, dass auch ich ein solches Steinpaar besaß. Allerdings in Grau und Weiß.

Daheim angekommen, säuberte ich den Stein unter fließendem Wasser und kratzte den sich langsam aufweichenden Dreck aus der Kerbe. Zu meinem Erstaunen färbte sich der Stein nach und nach in ein tiefes Schwarz. Er behielt die Farbe. Auch nachdem er trocken war.
Ich nahm den weißen Stein in die linke und den schwarzen Stein in die rechte Hand. Eine ganze Weile betrachtete ich sie.
Zusammen als Paar müssten sie einzigartig und äußerst kraftvoll sein. Prompt kam mir der Gedanke, dass ich damit andere Steine informieren könnte.
Sofort fing ich damit an.
Ich wusste bereits, was passieren würde, als ich das gewohnte Kribbeln im Ohr vernahm

Ja, es war tatsächlich Opa Carl.

Er ermunterte mich, andere Steine mit meinem schwarz-weißen Steinpaar zu informieren und sie zu verteilen. Die gemeinsame Energie der beiden Steine sei außergewöhnlich lichtvoll und stark.

Dem Impuls folgend durchforstete ich meine Schale mit Halbedelsteinen. Ich nahm mir einige schöne Exemplare heraus und informierte sie mit der Energie des weiß-schwarzen Steinpaars. Gleich heute noch würde ich sie spontan an Freunde versenden.

Das erste Päckchen verschickte ich in die USA an eine weitläufige Freundin. Diese nahm meine Idee begeistert auf, mit diesem Stein weitere Steine zu informieren und diese an wichtigen Stellen zu verteilen, die es energetisch nötig hätten.

Das zweite Päckchen ging in die Schweiz, in der ein alter Bekannter von Louise wohnte. Auch er machte sich mit Elan an die Arbeit, informierte Steine und verteilte sie.

Am Abend meldete sich Saint Germain bei mir.

Karl der Großen käme zu unserem Treffen am Montag nicht alleine. Er selber, Saint Germain würde ihn begleiten.

Welch Planänderung!

Ich schickte Miky eine SMS.

Seine Antwort ließ nicht lange auf sich warten.

»Oh, der Meister höchstpersönlich. Dann muss es ja wichtig sein!«

24
Sabotage und Kraftprobe

Samstag, 26.8.17

Die Tage wurden spürbar kürzer, und man konnte abends nicht mehr ohne Pullover auf der Terrasse sitzen. So gut wir konnten, nutzten wir die letzten warmen Sommertage für uns. Bewusst planten wir Aktivitäten und unternahmen Ausflüge in die Natur.
Dieses Wochenende hatten Tim und ich uns mit Freunden am Bodensee verabredet. Laut Vorhersage sollte es warm und sonnig werden. Gewöhnlich genügte uns das, um voller Begeisterung alles mitzunehmen, was der Tag brachte. Tims alter Cadillac, ein Cabrio, wäre selbstverständlich und ohne Zweifel das richtige Gefährt für einen derart schönen sommerlichen Ausflug gewesen.
Doch an diesem Morgen war alles anders als sonst. Unentschlossen druckten wir herum. Beide hatten wir denselben Gedanken. Sollten wir das coole Spaßgefährt, Tims Oldtimer überhaupt aus der Garage holen? Oder würde es besser sein, das Alltagsauto zu nehmen? Dies wäre auf jeden Fall wesentlich schneller.
Wir waren irritiert.
So kannten wir uns gar nicht. Warum taten wir uns heute dermaßen schwer bei unserer Entscheidung?
Erstaunt über uns selbst und unsere Unentschlossenheit, entschieden wir uns eher halbherzig für die Fahrt mit dem Oldtimer.
»Na, dann wollen wir mal den Caddy aus der Garage holen.«
Tim sah mich an, während er nach dem Autoschlüssel griff.
Sein Blick war unentschlossen.
Mir ging es nicht anders.
Er stand in der geöffneten Wohnungstür und schwenkte die kleine Reisetasche. Ich zog die Tür hinter mir zu und folgte ihm die Treppe hinunter.
Was war nur los mit uns, dass uns für eine Fahrt mit dem Cadillac die

übliche Begeisterung fehlte? Das Öffnen und Schließen der großen Autotür gelang mir heute nur mit äußerster Kraft. Endlich eingestiegen, versanken wir in den weichen sofaartigen Sitzen.
Der Oldtimer lag sicher und ausladend auf der Straße und nahm mit seiner Breite fast die gesamte Fahrbahn ein. Umso erstaunlicher war es, wie leise der Motor des Wagens lief. Abermals stellte ich erstaunt fest, mit welcher Leichtigkeit sich das Fahrzeug von Tim lenken ließ. Es war schon ein besonderes Gefühl, in diesem Auto zu sitzen. Auch wenn es heute ohne Begeisterung geschah.

Gegen Mittag erreichten wir den Bodensee.
Wie jedes Mal genossen wir es, bei unseren Freunden anzukommen. Sie waren einfach wunderbare Gastgeber und gaben sich bei allem, was sie einem boten, unwahrscheinliche Mühe.
Den Nachmittag über verbrachten wir gemeinsam auf ihrem Motorboot. Wie immer hatten sie auch heute eine mit allerlei Köstlichkeiten gefüllte Kühltasche an Bord. Für Tims Freund aus früheren Zeiten eine Selbstverständlichkeit.
Es wurde ein herrlicher Nachmittag.
Erst am Abend entschieden wir uns, zum Hafen zurückzufahren.
Wir hatten besonders schöne und ausgelassene Stunden miteinander.
Bis in die Nacht hinein saßen wir auf der Terrasse.

Sonntag, 27.8.17

Schon beim Aufstehen am nächsten Morgen fühlte ich mich energetisch immer schlechter. Ich war geplagt von Übelkeit und Durchfall. Wie sich ein handfester Kater anfühlte wusste ich. Ganz bewusst hatte ich mich am gestrigen Abend mit Alkohol zurückgehalten.
Das, was ich gerade erlebte, war alles andere, aber mit Sicherheit keine Auswirkung von zu heftigem Alkoholgenuss. Starke Kopfschmerzen kamen von jetzt auf gleich dazu. Überraschend traf mich eine nicht einzuordnende Angst, von der ich nicht wusste, warum und woher sie kam.

Alle wollten heute nochmal mit dem Boot hinaus auf den See.
Ich überwand mich und kam mit, obwohl ich mich alles andere als wohl fühlte. Mein ganzer Bauch krampfte und in Wellen drückte sich mein Brustkorb zusammen. Unvermittelt überkam mich das heftige Gefühl, das Boot verlassen zu müssen.
Am Himmel zeigten sich Gewitterwolken. Die ersten Boote machten schon kehrt und fuhren Richtung Hafen. Auch Tims Freund, der in einer Bucht festgemacht hatte, holte den Anker ein und folgte den anderen Booten.
Alles schien normal abzulaufen.
Doch ich verspürte einen unwahrscheinlichen Druck in mir.
Zum Glück hatte ich meinen selbstregulierenden Verstand, der mir sagte, dass alles im grünen Bereich sein musste.

Ich war unendlich froh, am Abend mit Tim nachhause fahren zu können.
Woher kam nur plötzlich diese Anspannung, die sich von meinem Scheitel bis in die Zehen zog?
Morgen sollte das Treffen mit Saint Germain und Karl dem Großen stattfinden.
Ein derartiges Treffen hatte man definitiv nicht alle Tage. Aber das war es nicht. Das, was in mir vorging war kein Lampenfieber. Mein Befinden musste einen anderen Hintergrund haben. Dieser Einfluss kam von außen.
Während der Fahrt lehnte ich mich im weichen Sitz des alten Cabrios zurück, sah in den Himmel und versuchte mich so gut wie möglich zu entspannen.
Angestrengt dachte ich nach.
Mein Gehirn arbeitete auf Hochtouren, kam aber zu keinem zufriedenstellenden Ergebnis. Alles war durch und durch verworren und seltsam!

Die Dämmerung hatte eingesetzt, als wir uns einem Autobahnkreuz näherten. Die tiefrote Färbung des Horizonts wurde immer intensiver.

Gewaltige, dunkle Quellwolken, die sich kontrastreich am Himmel abzeichneten, gaben dem Ganzen einen bedrohlichen Anstrich.
Ich zuckte zusammen.
Ein lauter Knall riss mich aus meinen Gedanken.
Erschrocken fuhr ich hoch.
Dicker schwarzer Qualm drang aus der Motorhaube.
Ich stieß ich einen Schrei aus und stemmte meine Füße in den Boden des Cabrios.
Tim drosselte das Tempo und wechselte auf die Standspur. Eben erst hatten wir das Autobahnkreuz passiert und befanden uns direkt am Beschleunigungsstreifen. Das riesige Oldtimerschiff rollte auf der äußersten Spur aus. Dann stand es still.
In aller Eile schnallten wir uns ab.
»Schnell raus hier. Brennt uns gleich die Kiste ab? Tim, du steigst auf meiner Seite aus.«
Angstvoll hatte ich Tim am Ärmel gefasst und zog ihn in meine Richtung. Meine Beine zitterten als wir ausstiegen. Tim kam hinterher, blieb aber überraschend ruhig.
»Nein, der brennt nicht ab. Das muss etwas anderes sein.«
Plötzlich war mir klar, dass dies kein »normales« Ereignis sein konnte. Tim und ich mussten ab sofort extrem achtsam und vorsichtig sein.
Wir mussten auf uns aufpassen!
Das verabredete Treffen morgen mit Miky und der geistigen Welt schien eine Bedeutung von größerer Tragweite zu haben.
Sollte es verhindert werden?
Wenn ja, wer steckte hinter der Sabotage?
Oder sollte es eine Warnung der lichtvollen Seite sein?
Nein, niemals würde die lichtvolle geistige Welt so agieren.
Dessen war ich mir absolut sicher.
Sollte es die dunkle Seite sein, die mit aller Macht das morgige Treffen zu verhindern versuchte, dann mussten wir aufpassen!
Sofortiges Handeln war angesagt.
Ich schaltete die violette Flamme ein.
Umgehend funkte ich unsere geistigen Helfer um Mithilfe an. Dabei

wandte ich mich als Erstes an meinen Großvater und Saint Germain. Ich spürte die Gefahr, die in der Luft lag. Dieser Augenblick hatte etwas Unheilvolles und Furchteinflößendes. Während es immer dunkler wurde, donnerten die vorbeifahrenden Autos in wenigem Abstand an uns vorbei und verursachten dabei eine unangenehme Druckwelle. Ich spürte Angst.
So sehr ich es auch versuchte, ich konnte sie nicht unterdrücken.
Hastig tippte ich eine Nachricht für Louise in mein Handy.
Schnellstens sollte sie die violette Flamme einschalten und die Nachricht an Charlotte weiterleiten. Wir brauchten jetzt jeden Lichtfunken. Sämtliche Kräfte mussten dafür mobilisiert werden.
Zwischenzeitlich sah der Himmel mit seiner kräftig roten Farbe und den gezackten schwarzen Wolken nahezu apokalyptisch aus.

Ich musste Tim beschützen.
Als er loslief, das Warndreieck aufzustellen, folgte ich ihm auf Schritt und Tritt.
Wir mussten unbedingt zusammenbleiben. Wenn ich in seiner unmittelbaren Nähe blieb, dann würde ihm nichts passieren.
Tim hatte den Abschleppdienst bereits angerufen. Es dauerte aber eine ganze Weile bis er kam.
Hinter der Leitplanke postiert, blieb uns nichts anderes übrig als zu warten. Es wurde dunkel und von den vorbeirauschenden Autos waren nur noch ihre Scheinwerfer zu erkennen, was alles noch unübersichtlicher erscheinen ließ. Nach einer dreiviertel Stunde traf endlich das Abschleppfahrzeug ein. Es drosselte die Geschwindigkeit und stellte sich mit eingeschalteter Warnblinkanlage ein paar Meter direkt vor unseren Cadillac. Der Fahrer kam auf der Standspur aus dem Führerhaus herausgesprungen und lief uns entgegen.
Gleich würden wir sicher im großen Abschleppwagen sitzen. Mich drängte es weg von hier. Ich hoffte so sehr, der Caddy würde schnell aufgeladen sein.
Alles ging mir viel zu langsam.
Hilfsbereit wie immer machte sich Tim auf den Weg, dem Fahrer zu

helfen.
Mir gefror das Blut in den Adern als ich sah, wie er sich der Fahrbahn näherte. »Halt, Tim, bring dich nicht in Gefahr!«
Ich war außer mir.
»Bleib hier! Bitte, bleib unbedingt hier! Dem Mann passiert nichts. Er ist vom Abschleppdienst und das ist sein Job. Er kann das allein. Bleib um Himmels Willen hier. Wir müssen auf uns aufpassen. Bitte riskiere nichts. Wir haben es gleich geschafft.«
Und dann - endlich!
Der Cadillac war aufgeladen.
Tim und ich saßen vorne mit im Führerhaus.
Der Fahrer des Abschleppwagens startete den Motor.

Meine Anspannung löste sich. Nach einigen Minuten spürte ich, wie ich von einer unendlichen Müdigkeit übermannt wurde.
Was war hier gerade passiert?
Ganz eindeutig war es etwas, was Tim und mich betraf.
Morgen bei dem geplanten Treffen würden wir mit Miky zu dritt sein.
Genau, Miky!
Ich musste ihn warnen.
Denn egal was er tat, er musste aufpassen.
Sofort schickte ich ihm eine Nachricht.

Eine Dreiviertelstunde waren wir unterwegs, bis wir die zuständige Werkstatt erreichten. Wir standen auf dem mit Neonlicht beleuchteten Werkgelände mitten in einer fremden Stadt.
Ein Schlauch in der Motorhaube sei geplatzt, sagte uns der Mechaniker. Wenn der Motor nichts abbekommen habe, erklärte mir Tim, wolle er mit ausgewechseltem Schlauch bis nach Hause weiterfahren. In mir meldeten sich starke Zweifel. Diese Variante erschien mir in diesem Moment alles andere als vertrauenswürdig. Schon allein der Gedanke daran verursachte mir Übelkeit. Ich vertrat mir die Beine und suchte mir eine ruhige Ecke im Innenhof der Werkstatt.
Was konnte ich jetzt noch tun? Ich holte mein Pendel aus der Tasche.

»Opa Carl, du musst uns unbedingt helfen. Haben wir die Möglichkeit mit dem neu eingesetzten Schlauch im Caddy heil nach Hause zu kommen?«
Die Pendelrichtung war eindeutig.
»NEIN!«
»Ich hab's geahnt. Ich glaube, Tim will davon gar nichts wissen. Er hat die Nase voll und möchte so schnell es geht nach Hause.« Ich wusste mir einfach keinen Rat. Fachliche Argumente, die Tim an einer Weiterfahrt hindern könnten, hatte ich definitiv nicht.
»Dann lasst euch da oben irgendetwas einfallen, damit wir gar nicht erst losfahren können.«
Ich sah, wie Tim und der Automonteur sich weiter unterhielten und schlenderte über den Werkstatthof zu ihnen hinüber. Erwartungsvoll sah ich die beiden an. Tim wandte sich dem Mann aus der Werkstatt zu.
»Vielen Dank für ihre Hilfe. So wie es aussieht funktioniert der Motor ja noch.« Dann drehte er sich zu mir.
»Lass uns losfahren. Ich mag jetzt nach Hause. Der neue Schlauch ist dran, er wird halten.«

Wir setzten uns ins Auto und schnallten uns an. Tim startete den Cadillac und fuhr den Wagen vom Hof des Werkgeländes herunter. Zum Glück hatte ich noch einen Pulli dabei. Ich war müde und begann zu frieren. Außerdem hatte ich dieses mulmige Gefühl im Bauch.
Die geistige Welt war jetzt gefragt.
Wir kamen bis zur nächsten roten Ampel um die Ecke.
Die Ampel schaltete auf Grün als Tim bemerkte: »Hörst du das Klopfen?«
Ich musste mich anstrengen und genau hinhören.
»Ja, stimmt, du hast recht, da klopft etwas.«
Bei der ersten Gelegenheit wendete Tim das Auto.
»Wir fahren zurück. Das ergibt keinen Sinn. Der Motor hat bei der Panne wohl mehr abbekommen, als zunächst gedacht. Wir werden mit dem Abschleppdienst nach Hause fahren.«

Erleichtert atmete ich durch.
»Danke ihr da oben. Danke, dass der Motor klopft.«
Ich hatte nur noch einen Wunsch, nämlich wohlbehalten daheim anzukommen.

Tim stellte den Wagen an einer Tankstelle nahe der Autowerkstatt ab. Nochmals mussten wir eine halbe Stunde bis zur Ankunft des Abschleppwagens warten. Dieser würde uns nachhause bringen. Es war ein freundlicher älterer Herr, der den Wagen fuhr. Er strahlte eine große Ruhe und Gelassenheit aus. Wir konnten dabei zusehen, wie genau er arbeitete und jeden Arbeitsschritt mehrfach überprüfte.
Schließlich stand der Cadillac gut gesichert auf der Ladefläche.
Mit dem Abschleppwagen kamen wir nicht schneller, als mit gerade mal achtzig Stundenkilometern pro Stunde vorwärts. Langsam und sicher zuckelten wir über die Autobahn. Alles fühlte sich auf einmal unerwartet gut und beruhigend an.
Es war der nette ältere Herr vom Pannendienst, der uns unbeschadet nachhause brachte .
Er hatte seine Arbeit gut gemacht.

Gegen halb eins waren wir daheim.
Nichts ging mehr außer einer kurzen Dusche. Tim war als erster im Bett.
Noch kurz warf ich einen Blick auf mein Handy.
Ich wollte sichergehen, ob Miky meine Nachricht erhalten hatte.
Tatsächlich, Miky hatte geantwortet.
Ich starrte auf das Display meines Handys.
»Tim, das musst du dir anhören. Miky hat zurückgeschrieben. Er schreibt:
›Ich hatte ein seltsames Wochenende. Bin ständig energetisch angegriffen worden. Außerdem ist mein Oldtimer auf der Fahrt kaputtgegangen.‹
Mir wurde heiß und kalt.
»Ihm ist dasselbe passiert wie uns! Das kann doch alles nicht sein!«

In diesem Moment war mir schlagartig klar, dass mein drastisches Unwohlsein am Wochenende definitiv energetische Angriffe gewesen waren.
Tim schüttelte den Kopf und gähnte.
»Das wird immer verrückter. Wie kann es solche Parallelen geben? Ob das alles gut ist? Weißt du was, ich mag und kann jetzt nicht mehr denken. Es war ein langer Tag. Lass uns sehen, was morgen kommt.«
Er küsste mich und machte das Licht aus.
Obwohl ich hundemüde war, konnte ich nicht einschlafen.
Warum passierte das alles?
Was würde morgen auf uns zukommen?
Meine Gedanken drehten sich im Kreis.

Ich fiel in einen unruhigen Schlaf…

25
Treffen mit der geistigen Welt

Montag, 28.8.17

Mit einem seltsamen Gefühl der Unsicherheit erwachte ich am nächsten Morgen. Tim musste wohl schon zur Arbeit unterwegs sein. Ich war alleine. Doch bei dem Gedanken daran musste ich lächeln. Er hatte mich nicht geweckt. Tim war immer sehr rücksichtsvoll. Wenn ich noch liegen bleiben konnte stand er sehr leise auf und ging.
Für den heutigen Tag hatte ich mir keine Termine eingetragen, worüber ich jetzt froh war.
Die Ereignisse des gestrigen Tages steckten mir noch in den Knochen. Heute stand jede Menge Unbekanntes bevor und ich hatte nicht die leiseste Ahnung, wohin die Reise gehen würde. Ich war mir keineswegs sicher, ob das Treffen mit Karl dem Großen und Saint Germain überhaupt stattfinden würde. Vielleicht erschienen die beiden ja doch

in Menschengestalt?
Wer konnte das schon wissen?
Oder war alles nur ein Fake?
Ich zog mir die Decke über den Kopf.
Am liebsten würde ich aus der ganzen Geschichte aussteigen.
Doch ich ermahnte mich: »Nein, Inga, so geht das nicht. Raus jetzt hier.«
Ich schwang meine Beine aus dem Bett.

Nach dem Frühstück machte ich mich auf zu einem Spaziergang. Es fiel mir schwer, überhaupt einen klaren Gedanken zu fassen.
Die ganze Angelegenheit bekam zunehmend einen unsicheren Charakter.
Das einzig Beruhigende war, dass ich Miky mit im Boot hatte, der zweifelsohne über einen außerordentlichen Erfahrungsschatz verfügte, was spirituelle Dinge jeglicher Art betraf.
Ob er vielleicht doch eine Idee für unser Treffen heute Abend hatte?
Doch in seiner gestrigen Handynachricht hatte sogar er eine gewisse Unsicherheit zum Ausdruck gebracht.
Ihm war es ergangen wie Tim und mir.
Unabhängig voneinander hatten wir die Wochenenden verbracht.
Aber eins war klar: Alle drei waren energetisch angegriffen worden.

Das Handy in meiner Tasche vibrierte.
Es war eine Nachricht von Miky.
Er schrieb, dass ihn das Wochenende sehr mitgenommen habe. Er frage sich, ob das Treffen überhaupt stattfinden solle.
Miky war am Morgen mit einem Leihwagen bei Charlotte eingetroffen. Sein Oldtimer war - wie Tims - in eine Werkstatt gebracht worden.
Im Moment hielt sich Miky bei Charlotte auf. Ob er gerade eine Pause zwischen den Sitzungen hatte?
Spontan beschloss ich, Charlotte anzurufen.
»Hallo, guten Morgen Charlotte!«

Den Hörer in der Hand, lief ich weiter.
»Guten Morgen Inga!« ertönte es aus meinem Handy.
»Ich vermute, ihr habt einen recht bewegten Vormittag, du und Miky? Weiß er schon mehr, was unser ominöses Treffen heute Abend angeht?«
»Miky kam heute früh ziemlich angespannt hier an. Wie du wahrscheinlich weißt, ist sein Auto am Wochenende kaputtgegangen. Louise hatte mich, was euch betrifft, die ganze Zeit auf dem Laufenden gehalten. Es ist kaum zu glauben, dass euch dasselbe passiert ist wie Miky. Ja, es ist im Moment äußerst schwierig mit allem. Und Miky ist darüber sehr ins Zweifeln geraten. Seit etwa zehn Minuten hat er sich zum Meditieren zurückgezogen.«
»Ich weiß gerade auch nicht mehr weiter. Ich habe das Gefühl, wir alle wissen nicht mehr, was richtig und was falsch sein könnte. Die Zeichen sind verworren und scheinen uns von unserem Vorhaben abbringen zu wollen. Steckt da die dunkle Seite dahinter, die uns von unserem Vorhaben abbringen will, oder sollen wir von der lichtvollen Seite vor irgendetwas gewarnt werden? Aber wir haben es bis hierhin geschafft. Das muss doch alles einen Sinn ergeben.«
Ich spürte eine tiefe Resignation.
Charlotte versuchte, mich zu trösten.
»Ja, es ist gerade nicht einfach. Wir müssen abwarten. Leider habe ich auch keine Idee. Vielleicht bekommt Miky ja noch einen brauchbaren Input.«
Wir verabschiedeten uns.
Ich versuchte zur Ruhe zu kommen. Es standen plötzlich so viele Zweifel im Raum. Wenn sich schon Miky nach dem Sinn des Ganzen fragte, sollte dann das Treffen überhaupt noch weiterverfolgt werden? Vielleicht würde es allen schaden.
Vielleicht wurde alles sogar von der dunklen Seite initiiert.
Zügig lief ich weiter.
Ich hatte das Gefühl, mich von irgendetwas frei machen zu müssen. Meine Gedanken überschlugen sich. Auf einmal kam mir alles nur noch aberwitzig vor.

Welchen seltsamen Hinweisen war ich bloß die ganze Zeit gefolgt?
Ich setzte mich auf eine Bank und sah in den Himmel.
Erneut versuchte ich den roten Faden zu finden und fing an, die gesamte Abfolge der bisherigen Ereignisse nochmal der Reihe nach anzuschauen.
Alles hatte mit Irland begonnen, und es hatte sich wie automatisch ein Punkt nach dem anderen ergeben. Die geistige Welt hatte dabei für weitreichende Hinweise gesorgt. Durch meine Recherche hatten wir eine Fülle weiterer Informationen bekommen. Wir waren zum Untersberg, dem Herzchakra Europas gefahren und hatten die dortige Energie mit Hilfe der irischen Steine wieder zum Fließen gebracht.
Alles hatte dazu geführt, dass wir genau jetzt an diesem Punkt angelangt waren.
Es war so verrückt.
Auf einmal wurde alles noch weniger greifbar.
Nun wollten sich irgendwelche aufgestiegenen Meister und ehemalige Europagründer mit uns treffen, die schon vor Ewigkeiten verstorben waren. Das gab der ganzen Geschichte zugegebenermaßen eine äußerst pikante Note.
Plötzlich stoppte ich inmitten meiner Überlegungen.
Ein starker Energiefluss durchströmte mich.
Gleichzeitig begann es wieder im Ohr zu kribbeln.
Ich griff zum Pendel.
»Saint Germain, bist du das?«
»JA!«
Am besonderen Pendelausschlag erkannte ich deutlich die Energie von Saint Germain.
Die Leitung war frei.
»Sollen wir uns heute Nachmittag tatsächlich mit euch treffen?«
»JA!«
Ich spürte die große Dringlichkeit.
»Saint Germain, das muss doch alles irgendeinen Sinn ergeben?«
»JA!«
Der klare, kräftige Ausschlag des Pendels faszinierte mich.

Hatte wohl doch alles seine Richtigkeit?
Der Sinn des Ganzen würde sich uns vielleicht irgendwann erschließen…

Ich machte mich auf den Rückweg nach Hause.
In der Zwischenzeit hatte ich eine weitere SMS von Miky erhalten.
»Wir sollten die Sache durchziehen. Es geht darum, der geistigen Welt zu dienen. Das letzte Mal in Atlantis ist es nicht konsequent durchgezogen worden. Dies hatte den Untergang mit verursacht. Es ist unsere Aufgabe, die Energien freizusetzen und uns nicht von der dunklen Seite einschüchtern zu lassen.«
Daheim angekommen rief ich erneut Charlotte an.
»Hallo Charlotte. Mein Gefühl sagt mir, dass alles richtig ist. Ich weiß, dass es komisch klingt und mein Verstand rebelliert auch. Aber eben habe ich mit Saint Germain gesprochen und von ihm die Information erhalten, dass das Treffen heute Abend stattfinden soll. Eine SMS von Miky kam kurz drauf hinterher.«
Charlotte war voll und ganz dabei.
»Du, Inga, das ist spannend! Miky ist gerade eben in die nächste Sitzung gegangen. Vor fünf Minuten kam er vom Meditieren aus dem Zimmer. Er sagte mir, dass das Treffen tatsächlich stattfinden würde, aber vor der geplanten Zeit. Du solltest unbedingt schon um sechzehn Uhr hier sein, dann hättet ihr Zeit euch zu besprechen. Und mir war dazu noch ein Gedanke gekommen: Möglicherweise wäre es richtig, wenn ihr für das Treffen in die Kirche am Stadtrand gehen würdet. Ich bin da einmal drin gewesen. Sie hat eine ganz besondere Atmosphäre. Miky hat diesen Gedanken sofort aufgegriffen.«
Verdutzt hielt ich inne.
Über diese Planänderung war ich mehr als erstaunt.
Ob in solchen Fällen spontane Änderungen richtig waren?
Aber Miky machte so was ja nicht zum ersten Mal.
Das beruhigte mich.
Das Wichtigste war, dass Miky und ich dieselbe Information erhalten hatten. Das Treffen sollte definitiv stattfinden.

Mit meinem weißen und schwarzen Stein in der Hosentasche machte ich mich auf den Weg. Um ein Haar hätte ich sie liegen lassen.
Punkt sechszehn Uhr traf ich bei Charlotte ein.
Miky hatte bereits seine Schuhe angezogen und war startklar, wirkte aber nicht so entspannt wie sonst. Auch Charlotte war sichtlich aufgewühlt, wie sie so in der Tür stand. Sie schüttelte ihre gefallteten Hände über dem Kopf und gab uns auf diese Weise ihre besten Wünsche mit auf den Weg.
»Ich drück euch die Daumen. Louise und ich werden euch mit der violetten Flamme begleiten.«

Miky und ich sprangen die wenigen Stufen vor Charlottes Haus hinunter und bogen Richtung Parkplatz um die Ecke.
Währenddessen klärte mich Miky über die Situation auf:
»Wir sollten gleich los, im Moment läuft alles spontan. Spontane Planänderungen kommen bei solchen Aktionen immer wieder vor. Wir wissen nicht, wie groß die Bedeutung unserer Aktion ist, aber es scheint, als ob da eine Menge in Gang geraten könnte. Zu viel Außergewöhnliches passiert hier gerade. Es geht darum, dass uns die geistige Welt den Weg zu einem erfolgreichen Abschluss der Aktion zeigt. Möglicherweise kommt es zu Gegenaktionen der anderen Seite. Denk an unsere Autos. Und dann ist es immer besser, schneller zu sein. Zu unserem eigenen Schutz wissen wir bis zum Schluss nicht genau, wann und an welchem Ort was passieren soll. Somit sind wir vor Aktionen der anderen Seite geschützt. Denn wenn wir es nicht wissen, können es die anderen auch nicht wissen.«
Wir stiegen ins Auto und fuhren Richtung Innenstadt.
»Hast du deinen Stein auch dabei?«
Ich blickte kurz zu Miky hinüber, der auf dem Beifahrersitz saß und als Antwort auf seine Hosentasche klopfte.
Er nickte mir zu.
Als wir uns der Kirche näherten, bog ich in eine Seitenstraße ab und fand einen Parkplatz nahe der Kirche.
Ich zögerte kurz, wollte Tim noch anrufen und ihm Bescheid geben.

Doch Miky drängte.
»Wir warten nicht bis siebzehn Uhr, wir müssen sofort dort hin.«
Zielstrebig schlug er den Weg in Richtung Kirche ein.
Während Miky und ich die Straße entlangliefen, wählte ich Tims Nummer.
Ob er jetzt schon von der Arbeit wegkonnte?
Es fühlte sich auf einmal alles sehr stressig an.
Wenn er jetzt nicht ans Telefon ging...
Ah, Gott sei Dank.
Er nahm ab.
Ich erklärte ihm, dass Miky und ich gerade dabei waren, die Aktion zu starten. Tim war zunächst konsterniert über die abrupte Planänderung. Er könne nicht sofort von der Arbeit los, wolle aber, sobald es ihm möglich sei, nachkommen.
Wir hatten den Vorplatz der Kirche erreicht, und Miky blickte sich suchend um.
»Müssen wir da drüben rein?«
Ich nickte und wir sprangen die Treppen hoch.
Wir standen direkt am Eingang.
Die große Holztür war geöffnet und wir traten ein.
Vor uns befand sich ein Gemeinderaum.
Die Eingangstür zum Kircheninneren war verschlossen.
Wir drehten uns um.
Ein südländisch aussehender Mann näherte sich dem Eingang.
Er hielt einen großen Schlüssel in der Hand.
Miky ging dem Mann ein paar Schritte entgegen.
»Können wir in die Kirche hinein?«
Der Mann nickte wortlos und schloss die Tür zum Kircheninneren auf.
Ich folgte Miky.
Zielstrebig lief er Richtung Altar.
Er setzte sich in die dritte Bankreihe rechts.
Unentschlossen blieb ich auf seiner Höhe stehen.
Auf welchen Platz sollte ich mich setzen?

Suchend blickte ich mich um.
Plötzlich verspürte ich den Impuls, mich links vom Gang ebenfalls in die dritte Reihe zu setzen.
Jetzt müsste ich abwarten und schauen, was passierte.
Sogleich begann ich die violette Flamme zu visualisieren.
Die Aufregung, die mich den ganzen Nachmittag über begleitet hatte, wich einer wohltuenden Ruhe, die sich langsam in mir ausbreitete.
»Karl der Große ist jetzt da. Ich spüre seine Anwesenheit.«
Miky stellte dies einfach fest.
Leise sprach er weiter: »Saint Germain ist auch soeben eingetroffen. Er ist hier.«
Dankbar über die Ruhe, aber dennoch etwas unsicher, konnte ich außer der violetten Flamme, die ich visualisierte, nichts Besonderes für mich wahrnehmen.
Ich konnte nicht einschätzen, was sich bei Miky gerade abspielte.
Plötzlich waren Schritte zu hören.
Miky und ich blickten uns vorsichtig um.
Eine unbekannte Frau hatte die Kirche betreten und setzte sich rechts in die letzte Reihe in direkter Linie hinter Miky.
Ein paar Minuten geschah gar nichts.
Erneut waren Schritte zu hören und Tim betrat die Kirche.
Er setzte sich ebenfalls in die letzte Reihe, allerdings auf die linke Seite, vertikal hinter mich.
Miky flüsterte über den Gang zu mir hinüber:
»Ich habe soeben einen Lichtbogen über uns gezogen. Es war fantastisch. Genau im richtigen Moment kamen eben zuerst die unbekannte Frau und dann Tim in die Kirche. Beachte die interessante Sitzordnung von uns vieren. Wir haben von vorne nach hinten eine diagonale Mann-Frau- Kombination. Dies alles hat sich durch ›Zufall‹ ergeben. So konnte ich den Lichtbogen sozusagen als Zelt unter dem ganzen Dach hindurchziehen. Und wenn wir es symbolisch betrachten: Das Lichtzelt funktioniert wie eine Arche Noah. Jeder, der sich der Energie anschließen mag, darf einsteigen. Verstehst du? Jeder kann sich entscheiden. Tim, dein Freund, sitzt hinter dir, er gehört zu

dir. Die unbekannte Frau, die hinter mir saß, ist inzwischen gegangen. Wäre interessant zu wissen, wer sie war. Jedenfalls sind wir fertig und können gehen.»

Wir drei verließen die Kirche.

Auch draußen war die unbekannte Frau nicht mehr zu sehen.

Der Kirchenvorplatz war leer.

Tims Blick verriet eine gewisse Gereiztheit. Für ihn hatte es vorhin Stress bedeutet, für unsere Aktion spontan aus der Arbeit herzukommen. Mit dem, was er gerade erlebt hatte, konnte er rein gar nichts anfangen. Auch ich wusste in dem Moment nicht genau, was ich davon halten sollte. Wenngleich mir die Erklärungen, die mir Miky eben in der Kirche gegeben hatte, recht plausibel erschienen waren. Trotzdem hatte ich mich bei der Aktion in der Kirche eher passiv gefühlt.

Ich war nicht in der Lage gewesen, alle feinstofflichen Vorgänge, die sich dort abgespielt haben zu erfassen.

Miky erklärte Tim in kurzen, anschaulichen Worten, was sich eben in der Kirche abgespielt hatte.

»Freudige Begeisterung sieht anders aus», dachte ich bei mir, als ich Tims Blick beobachtete, der nur noch Unverständnis zeigte.

Tim wollte gleich wieder los zurück ins Büro, wo noch eine Menge zu tun war.

Wir liefen Richtung Straße, dabei schaute sich Tim die Tafel mit den Öffnungszeiten an.

»Die Kirche ist geöffnet bis siebzehn Uhr, allerdings nur an Samstagen und Sonntagen. So steht das hier.»

Die Kirchturmuhr läutete laut und vernehmlich.

Es war exakt siebzehn Uhr.

Ein Auto fuhr an uns vorbei.

Es war der Hausmeister, der just in diesem Moment mit seinem Auto das Kirchenareal verließ.

Miky nickte zufrieden.

»Seht ihr? Wären wir wie nach Plan erst um siebzehn Uhr hier angekommen, wäre die Kirche zugeschlossen gewesen. Wir waren zum rich-

tigen Zeitpunkt am richtigen Ort. Es grenzt eigentlich schon an ein Wunder, dass die Kirche heute an einem Werktag überhaupt offen war. Jetzt bin ich mal gespannt, denn es müsste noch einen dritten Teil der Aktion geben.«
Ich zuckte zusammen.
»Nein. Nicht noch was. Es reicht!«
Miky versuchte mich zu beruhigen.
»Keine Angst, das dürfte sehr unspektakulär werden. Ich gehe davon aus, dass der dritte Teil sogar so klein ausfallen wird, dass er ohne weiteres von einer einzigen Person durchgeführt werden kann.«

Am Abend fühlte ich mich ausgelaugt.
Den gestrigen Tag mit seinen Ereignissen hatte ich noch nicht verdaut und war eigentlich nur froh, auch das heutige Pensum hinter mir zu haben.
Miky hatte vorhin noch von einem dritten Teil der Aktion gesprochen, was mir in diesem Moment aber total egal war.
Mir reichte es erst mal.
Und das ganz gehörig.
Alles, was heute in der Kirche passiert war, konnte ich nur bedingt nachvollziehen. Obwohl sich zugegeben jede Menge Synchronizitäten ergeben hatten. In der Tat hatte sich alles auf eine ganz bestimmte Art und Weise zusammengefügt.
Tim war an diesem Abend nicht gut zu sprechen.
Für ihn fühlte es sich an, als wäre die Aktion an den Haaren herbeigezogen worden. Von eventuellen Synchronizitäten oder aufgestiegenen Meistern wollte er in diesem Moment definitiv nichts mehr wissen.

Für mich stand fest: Es wurde höchste Zeit, dass wieder Normalität einkehrte.

26
Der dritte Teil

Mittwoch, 30.8.17

Ich war aufgewacht.
Draußen war es noch dunkel.
Ich hatte das Gefühl, geweckt worden zu sein.
Vielleicht ein vorbeifahrendes Auto?
Doch es war vollkommen still draußen.
Ich sah auf den Wecker.
Kurz vor halb vier.
Aber irgendwas hatte ich doch gehört?
Auf dem Weg zur Toilette fiel es mir ein.
Richtig, eine Männerstimme.
Ich machte das Licht an und ging in die Küche, um einen Schluck Wasser zu trinken.
Es hatte ganz ähnlich geklungen wie die Reportage des Endspiels der Fußball-WM 1954. Herbert Zimmermanns »Botschek, immer wieder Botschek».
Ich schüttelte den Kopf.
Doch schnell hatte ich den Gedanken wieder.
Die tiefe Männerstimme sagte: »Kienbach, immer wieder Kienbach.»
Ganz deutlich.
Keine Ahnung, wer oder was Kienbach war.
Auf jeden Fall hatte ich »Kienbach« gehört.
Ich ging wieder ins Bett und schlief sofort ein.

Ein paar Stunden später klingelte der Wecker.
Das erste, was ich dachte, war: »Kienbach.»
Ich drehte mich zu Tim, der sich auf die Seite gekuschelt hatte .
Ewig hätten wir noch liegen bleiben können, wenn der Wecker uns nicht im Fünfminutentakt daran erinnert hätte, aufzustehen.

Beim Frühstück fragte ich Tim: »Sag mal, Kienbach, sagt dir das was? Ist das ein Ort? Oder könnte das ein Name sein?«
»Kienbach? Nee, kenne ich nicht. Wie kommst du drauf?«
Langsam und bedächtig trank Tim seinen Kaffee.
»Heute Nacht hatte ich einen Traum. Eine tiefe Männerstimme hat mir dieses Wort gesagt. Genau genommen hat diese Männerstimme gesprochen wie Herbert Zimmermann in seiner WM-Reportage 1954. Du kennst doch diesen berühmten Ausschnitt: ›Botschek, immer wieder Botschek, der rechte Läufer der Ungarn am Ball, er hat den Ball verloren diesmal, gegen Schäfer‹ und so weiter. Das kennst du doch, oder?«
Jetzt musste ich lachen.
Tim hatte mich die ganze Zeit entgeistert angestarrt und prustete los.
»Sag mal, kannst du das auswendig? Das wusste ich ja gar nicht. Ja, wie? Die tiefe Männerstimme hat dir eine Fußballübertragung von damals ins Ohr geflüstert? Ich fasse es nicht.«
Tim lachte immer weiter.
»Cooler Traum, echt cool!«
Als wir uns wieder beruhigt hatten, ergänzte ich: »Statt Botschek sagte die Stimme »Kienbach, immer wieder Kienbach«, das war alles. Verrückt, oder?«
Tim dachte noch einmal nach und schüttelte den Kopf.
»Nein, Kienbach, noch nie gehört.«
Ob ich bei google etwas finden würde?
Ich griff zu meinem Handy.
In so einem Moment war das Internet einfach unschlagbar.
»Es gibt nur Kienbach ohne ›h‹. Habe es zufälligerweise gleich richtig geschrieben. Bei Wikipedia steht: ›Der Kienbach ist eine Quelle beim Kloster Andechs, die bis ins Schwarze Meer fließt.‹ Natürlich gibt es jede Menge Ergänzungstext hierzu, aber es ist der einzige Eintrag zu dem Begriff.«
Plötzlich dämmerte es mir.
»Tim, das ist ganz sicher der dritte Teil, von dem Miky gestern noch gesprochen hat. Praktischerweise wohnt Miky nicht weit vom Kloster

Andechs entfernt. Das bedeutet, dass er diesen dritten Teil am Kienbach alleine erledigen kann. Was auch immer das sein wird. Das passt doch.»

Tim sah mich an und rollte mit den Augen, als wollte er sagen: Na, wenn du meinst, aber lass mich in Ruhe damit.

Er stand auf und zog sich die Schuhe an.

»Ich geh dann mal los, es ist schon viertel vor acht. Viel Erfolg beim weiteren Recherchieren wünsche ich dir.»

Wir nahmen uns in den Arm und küssten uns.

Ich flüsterte ihm ins Ohr: »Einen schönen, ganz normalen und erholsamen Tag, das wünsche ich dir. Tschüss, bis heute Abend.»

Für heute hatte ich nur ein kurzes Programm, was meine Termine betraf. Zu Mittag war ich wieder zu Hause. Bereits auf dem Heimweg hatte es begonnen, in meinem Ohr zu kribbeln.

»Ja, ja ihr da oben. Langsam. Bitte lasst mich noch wenigstens meine Schuhe ausziehen und Hände waschen, keinen Stress okay?»

Ja, es gab schon Momente, in denen ich mit der geistigen Welt auch mal meckern musste.

Ein paar Minuten später war ich bereit und begann mit der Kontaktaufnahme.

Es war Saint Germain. Es ging um den Kienbach. Dieser war der dritte Teil und bildete damit den Abschluss zu unserer Untersbergaktion. Es war also genau so, wie Miky vermutet hatte. Bis morgen, den 31.8. sollte alles erledigt sein. Es gäbe einen Zeitkorridor zwischen dreizehn und fünfzehn Uhr.

Tatsächlich sollte es genügen, wenn eine einzelne Person die Aufgabe übernehmen würde.

Direkt vor Ort müsste sie herausfinden, was zu tun sei.

Jetzt war ich aber doch verwundert!

Wie konnte uns die geistige Welt nur derartig kurzfristig angekündigte Projekte aufs Auge drücken? Es war eindeutig zu bemängeln, dass die Information äußerst spät kam und vom Durchführenden der Ak-

tion sehr viel Flexibilität verlangte. Das war ein bisschen viel verlangt, wie ich fand.
Aber plötzlich erinnerte ich mich!
Wäre es nach dem Wunsch der geistigen Welt gegangen, hätte das Treffen mit Saint Germain und Karl dem Großen schon wesentlich früher stattfinden können. Tim, Miky und ich hatten aber bewusst entschieden, das Treffen erst am Montag, den 28.8. stattfinden zu lassen.
Wir hatten unsere Entscheidung ganz klar nach weltlichen Belangen ausgerichtet. Aber genau das würde bedeuten, dass unser Treffen vorgestern der allerspäteste Termin gewesen sein musste, an dem überhaupt noch die Möglichkeit bestand, genügend Zeit für die dritte und damit letzte Aktion zu haben.
Die Zeit lief ab!
Bis zum Ende des Monats August musste alles, was mit dem Untersberg zu tun hatte, erledigt sein.
Es drängte!
Einen einzigen Tag hatten wir noch.
Ich schlug meinen Terminkalender auf.
Mein morgiger Tag war schon völlig verplant.
Mir fiel nur noch Miky ein.
Es war zu hoffen, dass er Zeit hatte.
Ein Glück, dass er nur einen Katzensprung von Andechs entfernt wohnte.
Wir durften keine Zeit mehr verlieren!
Ich nahm mein Handy und wählte Mikys Nummer.
Es ging nur seine Mailbox ran.
Ich versuchte es noch ein paarmal aber vergeblich.
Also schickte ich ihm eine SMS mit allen wichtigen Informationen.
Hoffentlich würde er sie rechtzeitig lesen.
Für seine Aktion würde ich die violette Flamme schicken.

Bereits am Nachmittag desselben Tages bekam ich Mikys Antwort.
Ich traute meinen Augen kaum.

Miky schrieb: »Alles ist erledigt.«
»Wow.«, entfuhr es mir.
Ich schluckte.
Miky war am Heiligen Berg beim Kloster Andechs gewesen und hatte drei Kerzen für jeden von uns aufgestellt. Im dortigen Kienbach hatte er die Herzenergie mit seinem Kristall, den er vor zwei Wochen am Untersberg aufgeladen hatte, ins Fließen gebracht. Diese Energie würde von dort aus bis ins Schwarze Meer gelangen und sich somit immer weiter verteilen.
Miky hatte folgende Information aus der geistigen Welt bekommen:
Aus der Stärke der Mitte erfolgt die Heilung für alles.
Ich war hingerissen von dem, was ich da eben gelesen hatte.
Genau dies musste der Abschluss sein.
Es fühlte sich plötzlich so allumfassend an.

Ich hatte es noch nicht geschafft, die violette Flamme in Mikys Aktion am Kienbach zu schicken. Das alles hatte ich für morgen eingeplant. Saint Germain musste meine Gedanken wohl mitverfolgt haben, denn unvermittelt meldete er sich in meinem linken Ohr.
Ich könnte die violette Flamme ohne weiteres auch nach der Aktion schicken. Alles würde sowieso außerhalb von Zeit und Raum geschehen. Von daher wäre es unerheblich, wenn sich zeitliche Verschiebungen ergäben.
Diese Tatsache hatte ich nie bedacht.
Meine ganze Aufmerksamkeit galt jetzt der Aktion am Kienbach.
Während ich die violette Flamme visualisierte, entstand ein Bild vor meinem inneren Auge.
Nach und nach konnte ich sehen, wie sich die lichtvolle Energie über Deutschland ausbreitete.
Ich atmete auf.

Wir hatten die brachliegende Energie des Kraftwerks am Untersberg freigeschaltet. Dieses Lichtzelt würde zukünftig allen Menschen zur Verfügung stehen, die sich der neuen Energie anschließen wollten.

Als Abschluss hatte Miky die Energie am Kienbach ins Fließen gebracht.
Wir hatten es geschafft.
Das Projekt war abgeschlossen.
Die Energie aus dem Herzchakra Europas floss wieder.
Diese Vorstellung hatte etwas Wunderbares.

Ob sich in nächster Zukunft etwas Nennenswertes abzeichnen würde, müssten wir abwarten.
Wahrscheinlich fänden diese Veränderungen auf anderen Ebenen statt, und was sich »hinter den Kulissen« abspielen mochte, bliebe sowieso im Verborgenen...

27
Die nächste Reise wird geplant

September 2017

Die ersten Septembertage gingen Tim und ich ausgesprochen ruhig an. Das ganz normale Leben, ohne geistige Welt stand für uns im Vordergrund.
Ich begann die Normalität des Alltags zu zelebrieren und hoffte inständig, von außergewöhnlichen Inputs aus der geistigen Welt verschont zu bleiben.
Inzwischen war es Mitte September geworden, für die Jahreszeit aber noch außergewöhnlich warm. Wenn es sich anbot, genoss ich die Mittagszeit im Liegestuhl auf dem Balkon und freute mich, die letzten warmen Sonnenstrahlen aufzutanken. Das Schöne daran war, dass ich weder über irgendwelche Metaphern noch über andere seltsame Rätsel aus der geistigen Welt nachdenken musste.
Es gab keine.

Heute würde mir der gesamte Nachmittag zur freien Verfügung stehen.
Nichts würde mich aus der Ruhe bringen.

Selbstvergessen lag ich im Liegestuhl und mein Blick schweifte über den Balkon.
Die Luft roch frisch und einige Mücken tanzten in der noch warmen Herbstluft.
Aus der Ferne hörte ich vorbeifahrende Autos.
Unerwartet blieben meine Augen an etwas Bestimmtem hängen.
Meine lachsfarbene Rose musste innerhalb der letzten Tage einen kleinen Zweig ausgebildet haben.
Bis eben war mir das nicht aufgefallen.
Seit acht Jahren hatte ich diese Rose, und es waren stets bis Ende August alle Blüten verwelkt gewesen.
Doch diesmal nicht.
Außergewöhnlich war die schöne Fünferformation, mit ihren noch sehr winzigen Knospen.
Bis zum heutigen Tage waren an meiner Rose ausnahmslos Einzelblüten aufgegangen.

Ich drehte die Heizung hoch, nahm die Wolldecke und legte sie über unsere Füße. Wir waren mit Abendessen fertig und hatten es uns auf dem Sofa gemütlich gemacht. Gedankenverloren ließ Tim den Korkenzieher zwischen seinen Fingern kreiseln.
»Ich hätte mal wieder richtig Lust, nach Athen zu fliegen. Vor vielen Jahren bin ich einmal dort gewesen. Ganz spontan fällt mir dazu das Stadtviertel unterhalb der Akropolis ein. Dort reiht sich eine gemütliche Taverne an die andere. Das Ganze Viertel hat ein ganz besonderes Flair. Würde mich überhaupt mal wieder reizen, eine Reise nach Griechenland zu machen. Griechenland mit seinen antiken Stätten!«
Hatte Tim dieses Thema nicht schon einmal, aber eher beiläufig erwähnt?
Ich meinte, mich vage daran erinnern zu können.

Allerdings hatte ich seiner Äußerung in jenem Moment keine Bedeutung beigemessen.

Tim gab der Schraube des Korkenziehers einen Schubs und sie schnellte nach oben. Genussvoll drehte er den Flaschenöffner um. Mit Begeisterung beobachtete er, wie die Schraube wieder nach unten kurbelte.

»In der Haupturlaubszeit ist das viel zu überlaufen dort. Wir müssten das außerhalb der Saison machen.«

Erneut gab er der Schraube einen schwungvollen Schubs.

Erstaunt blickte ich auf.

»Hast du nicht erst letzte Woche schon einmal davon gesprochen?«

Ich überlegte und stutzte.

»Erinnerst du dich an unser Wochenende am Bodensee vor drei Wochen, als auf der gruseligen Rückfahrt das Kabel vom Caddy durchbrannte? An diesem Wochenende waren wir doch allesamt auf dem Boot unterwegs. Wie es immer so ist, hatten wir hinten im Boot Zeit für Frauengespräche. Ob du es glaubst oder nicht: Es ging dabei wie ›zufällig‹ um die Stadt Athen und um die Antike, und vor allem ging es um den Wunsch, dorthin zu reisen. Das Thema Athen und Antike sind damit schon vor drei Wochen erstmals aufgetaucht. Vollkommen unabhängig von dir. Und jetzt kommst du bereits zum zweiten Mal mit genau derselben Idee? Verrückt.«

Tim schüttelte den Kopf.

»Irre! Aber es stimmt, was du sagst. Von dem, was ihr Frauen da hinten auf dem Boot alles besprochen habt, von dem Ganzen haben wir rein gar nichts mitbekommen.«

Mein Innerstes schlug Alarm.

Halt, stopp, sagte ich mir.

Hallo Inga, dein Alltag war die letzten zwei Wochen schön und einfach…

Was passierte hier gerade wieder?

Tims Idee, nach Athen zu reisen gefiel mir auf Anhieb.

Antike Stätten zu besuchen war auf jeden Fall auch eine tolle Sache. Einfach so.

Wir liebten es sowieso spontan zu sein.
Aber was waren das wieder für Synchronizitäten?
War die geistige Welt schon wieder dabei, irgendetwas einzufädeln?
Alles deutete weniger auf Urlaub und Erholung, als vielmehr auf jede Menge Arbeit hin. Eine Urlaubsreise jenseits der Normalität, bei der Entspannung und Spaß eine untergeordnete Rolle spielen würde, fühlte sich alles andere als prickelnd an. Außerdem müssten wir jederzeit damit rechnen, erneut Zielscheibe für feinenergetische Angriffe zu sein.
Dass vieles auf geistiger wie auf körperlicher Ebene anstrengend werden könnte, müssten wir ohnehin mit einkalkulieren.
Wollte ich das?
Könnte uns das überstrapazieren?
Vor allem müsste ich Tim auf irgendeine Weise darauf vorbereiten.
Wie viel Verständnis würde er dafür aufbringen?
Schließlich war ich derzeit erst dabei herauszufinden, wie die Mechanismen solcher Aktionen im Auftrag der geistigen Welt funktionieren.

Das Thema Athen rückte aktuell mehr und mehr in den Fokus. Kontinuierlich begleitete mich das Thema die folgenden Tage. Permanent waren die Stadt Athen mit ihrer Akropolis in meinem Hinterkopf und klopften immer wieder bei mir an. Athen war mit Sicherheit eine sehr interessante Stadt, in der es eine Vielzahl verschiedenartiger Sehenswürdigkeiten zu entdecken gab. Außerdem lag das Meer direkt vor der Haustür.
Eine Reise dorthin würde für uns aber zweifellos frühestens im kommenden Frühjahr zu realisieren sein.
Ich schob es zur Seite.
Doch was war plötzlich das?
Mein Ohr kribbelte.
Hatte ich es die letzten Wochen vermisst?
Nein!
Aber unverkennbar, da war es wieder.
»Okay, also doch mehr als nur eine gewöhnliche Reise», murmelte ich

vor mich hin und intuitiv griff ich nach meinem Pendel.
Also doch, der nächste Auftrag schien anzustehen.
Am starken Pendelausschlag erkannte ich ihn wieder.
»Hallo Saint Germain. Lange nichts gehört. Tim hatte die Idee, nach Athen zu reisen. Diese Idee geht mir nicht mehr aus dem Kopf.«
Schnell hatte ich den roten Faden gefunden.
»Willst du mir etwas zu Athen sagen?«
»JA!«
»Sollen Tim und ich dorthin reisen?«
»JA!«
Das letzte Gespräch mit Tim hatte ich sofort parat.
»Tim möchte dort antike Stätten besichtigen. Sind diese alten Stätten für uns von Belang?«
»JA!«
Sehr nachdrücklich unterstrich Saint Germain Tims Idee.
In diesem Moment kam mir der Gedanke, ob das Thema Athen wohl mit unseren vorherigen Aktionen in Zusammenhang zu bringen war.
Noch bevor ich die Frage stellte, antwortete mir das Pendel.
»JA!«
Sollen wir die Herzenergie des Untersbergs nach Athen bringen?«
»JA!«
Meine erste Assoziation war die Akropolis.
Dennoch hielt ich kurz inne.
Es gab einen Berg namens Delphi.
Er musste energetisch gesehen eine sehr große Bedeutung haben.
Doch ich wusste sonst nichts über Delphi.
Sollten wir vielleicht doch nach Delphi reisen, statt zur Akropolis?
»NEIN!«
Saint Germains Antwort war unmissverständlich.
Ich erhielt von ihm ausdrücklich den Auftrag, dass wir uns nach Athen auf die Akropolis begeben sollten.
Ich spürte, wie leicht mir die Konversation mit Saint Germain fiel.
Die Fragen schienen mir nur so zuzufliegen.
Die Antworten folgten ganz schlüssig.

Eins ergab sich aus dem anderen.
So plötzlich, wie der Dialog angefangen hatte, so abrupt endete er auch. Demnach hatte Saint Germain wohl alle Informationen durchgegeben.
Unverzüglich machte ich mich an die Arbeit, um Informationen über Athen und die Akropolis zu sammeln. So konnte ich mich jetzt den weltlichen Aspekten einer möglichen Athenreise widmen, die mir vielleicht jetzt schon einige für uns wichtigen Eckpfeiler aufzeigen würden.
Ich schaltete die violette Flamme ein und ließ mich von meinem Bauchgefühl leiten. Welche Artikel sollte ich anklicken, welche nicht? Auf diesem Weg würde ich vielerlei Hinweise erhalten, von denen sich herausstellen würde, welche mich weiterbringen würden und welche nicht.
Die Recherche nahm eine ganze Weile in Anspruch. Schlussendlich war ich zufrieden mit dem, was ich zusammengetragen hatte. Ich scrollte das Dokument zum Anfang meiner Notizen zurück und verschaffte mir einen Überblick über alles, was ich gesammelt hatte.

Ich hatte Einträge gefunden, in denen die Athener Akropolis als Gründungsort der Demokratie bezeichnet wurde.
Es war zu lesen, dass die Stadt Athen und Europa daher eng zusammengehörten. Athen als Ursprungsort der Demokratie musste eine starke Vorreiterrolle für Europa gespielt haben. Diese Gesellschaftsform konnte sich erst nach und nach in anderen Gebieten etablieren. Griechenland und die Stadt Athen wurden zum Vorbild für ganz Europa.
Die eindrücklichen Säulen des Parthenons auf der Akropolis dienten als Vorlage für den Bau des Brandenburger Tors in Berlin und der Vorhalle auf dem Münchner Königsplatz.
Selbst der ehemalige Bundespräsident Theodor Heuss, dessen Amtszeit 1949 begann und zehn Jahre dauerte, hatte die Akropolis einen Hügel genannt, auf dem sich Europa gründe. Seit 1986 gehörte die Akropolis in Athen zum UNESCO-Weltkulturerbe.

Jenseits aller weltlicher Artikel im Zusammenhang mit Athen stieß ich auf einen gechannelten Beitrag von Erzengel Metatron. Er berief sich auf die Renaissance des goldenen Zeitalters. Es ging um die Wiederentdeckung der Freude. Es handelte von Übergängen und Wiedergeburten, die überall und bei jedem, zu allen Zeitepochen stattgefunden hatten. Zudem wurde die aktuelle Situation des daraus resultierenden Aufstiegs der Erde beschrieben. In diesem Zusammenhang würden dabei erneut Energieknotenpunkte auftauchen und eine übergeordnete Rolle einnehmen.

Ich war äußerst fasziniert von einer Textstelle, an der die Akropolis in Athen als ewiger Lichttempel bezeichnet wurde, in dessen heiligem geometrischen Konstrukt sich das Konzept der Demokratie ausdrücke.

Noch wesentlich intensiver und schöner empfand ich allerdings den Absatz, in dem die Akropolis ebenso wie Delphi als ein kodiertes Portal für Freiheit und kreativen Ausdruck sowie das Recht auf Freude und Glück bezeichnet wurde.

Nach dem Untergang von Atlantis hätten sich dieselben Seelengruppen einschließlich einiger aufgestiegener Meister in Griechenland inkarniert. Eben genau diese Seelen der griechischen Meister des damaligen goldenen Zeitalters seien es auch gewesen, die später die amerikanische und die französische Revolution angeführt hätten.

Schließlich wurde ich auf eine Autorin namens Barbara Marciniak aufmerksam. In den achtziger Jahren hatte sie Durchsagen von Außerirdischen, den Plejadiern, gechannelt und darüber ein Buch verfasst. Sie berichtete darin von einem Athenaufenthalt im August 1987, als die sogenannte »Harmonische Konvergenz« stattgefunden hat. Ihr sei damals beim Channeln mitgeteilt worden, dass neun Monate später plejadische Seelen in Athen inkarnieren würden.

Das würde bedeuten, dass genau diese plejadischen Seelen etwa im Mai 1988 in Athen inkarniert waren und damit heute Ende Zwanzig sein mussten.

Zum Thema des besonderen Ereignisses der »Harmonischen Konvergenz« im August 1987 erstellte ich mir eine kleine Zusammenfassung. Die Harmonische Konvergenz hatte an einem Vollmondwochenende des 16. auf den 17.8. 1987 stattgefunden.
Bei diesem wichtigen kosmischen Ereignis standen von der Erde aus gesehen die sechs größten Planeten unseres Sonnensystems in einer Reihe hinter der Sonne, was eine Versechzehnfachung der Feldwirkung einer normalen Vollmondkonstellation bewirkte. Der Planet Erde erreichte dadurch eine Schwingungsfrequenz, die hoch genug war, um ab diesem Zeitpunkt das goldene Zeitalter einzuleiten. Die Schwingungsfrequenz der Erde begann sich immer schneller zu erhöhen. Ab diesem Zeitpunkt begannen auch sehr langsam die Energiekörper der Menschen immer höher zu schwingen. Die Schwingungserhöhung der Erde sowie die der Menschen hat bis zum heutigen Tag immer weiter zugenommen. Dies immer deutlicher spürbar, waren wir letztendlich in der Transformation der heutigen Zeit angekommen.

Interessant waren die Lagepläne der Akropolis. Ich hatte Glück, denn ich stolperte über eine Karte mit detaillierten Informationen über die Akropolis zur Zeit der Antike. Sie musste alle wichtigen Details enthalten, die ich möglicherweise benötigen würde. Alle ursprünglichen Gebäude waren sauber auf der Karte eingezeichnet.
Ich hielt es für das Beste, zunächst alles allgemein abzufragen, um zu sehen, wie es weiter ging.
Sofort stellte ich den Kontakt zu Saint Germain her.
»Brauchen wir auf der Akropolis den weißen und den schwarzen Stein als Handwerkszeug?«
»JA!«
»Sollen wir noch weitere Steine von hier aus als Kontaktsteine mitnehmen? Ist das notwendig?«
»JA!«
»Ist es in Ordnung, wenn Tim und ich die Sache alleine erledigen?«
»NEIN!«

»Müssen wir wieder zu dritt sein?«
»JA!«
So sehr mir Miky immer beigestanden hatte, spürte ich aber sofort, dass es unpassend wäre, ihn für diese Aktion mitzunehmen.
Tim wäre sicherlich kein bisschen begeistert von dem Vorschlag, zu dritt nach Griechenland zu fliegen. Schließlich war es Tim gewesen, von dem die Idee einer Griechenlandreise ausgegangen war, und dabei hatte er sich mit Sicherheit einen schönen gemeinsamen Urlaub mit mir vorgestellt.
Trotzdem war mir jetzt schon klar, dass eine mögliche Griechenlandreise kein Spaziergang werden würde.
Wie sollte ich Tim bloß diese neue Sichtweise erklären?
Saint Germain gab mir einen weiteren wichtigen Hinweis.
Die Aktion in Athen musste unbedingt bis Ende Oktober stattgefunden haben.
Ich stand auf, holte meinen Terminkalender und überflog hin und her blätternd die Seiten aller Herbstwochen. Dabei stellte ich fest, dass Tim und ich mal wieder gut verplant waren, was die Sache nicht vereinfachte.
Doch der Tag der Deutschen Einheit, der dritte Oktober, fiel auf einen Dienstag. Vielleicht könnten wir einen Brückentag einbauen.
Aber ausgerechnet dieses lange Wochenende würde mein Sohn Bastian bei uns verbringen.
Flugs hatte ich die Lösung!
Wir würden zu dritt nach Griechenland reisen.
Wir würden einfach Bastian mitnehmen.
So einfach konnte das sein.
Ich brauchte gar nicht lange zu überlegen.
Dieser spontane Impuls musste absolut richtig sein.
Bastian war schon als kleiner Junge sehr sensitiv gewesen und hatte ein unwahrscheinlich gutes Feingespür für alles Intuitive und Spirituelle. Soweit ich denken konnte, hatte er sich für diese Themen interessiert.
Plötzlich erkannte ich den Zusammenhang.

Bastian hatte sich im August exakt eine Woche vor Tim, Miky und mir am selben Ort befunden wie wir drei.
Am Untersberg!
Die Feriengruppe, mit der Bastian unterwegs gewesen war, hatte genau wie wir die Untersbergbahn bestiegen, um auf den Berg zu kommen. Oben angekommen, waren sie denselben Wanderweg den Berg entlang gewandert wie wir. Sogar in Marktschellenberg, nahe der Hubertushütte, war Bastian eine gute Woche vor uns gewesen, ohne dass jemand zu diesem Zeitpunkt wissen konnte, was noch folgen würde.
Die urplötzliche Erkenntnis über diese »Zufälle« war überragend.
Bastian musste als dritte Person in Griechenland mit dabei sein.
Es konnte nicht anders sein.
»Saint Germain, nach deiner Aussage sollen wir für die Aktion in Athen zu dritt sein. Ist Bastian die richtige Person neben Tim und mir?«
»JA!«
Saint Germain schien sehr erfreut über diesen neuen Vorschlag zu sein.
»Dann ist der Zeitraum von Freitag, den 29.9. bis Dienstag, den 3.10. ideal! Dann liegen wir damit richtig, oder?«
»JA!«
Ich konnte Saint Germain förmlich vor mir sehen.
Mein erster Gedanke: »Ja, sehr gut, macht das einfach mal!«
Ich schluckte.
Zunächst würde ich mit Tim reden müssen und dann mit Bastian. Was Tim wohl heute Abend dazu sagen würde? Vor allem, wie würde mein Sohn dies alles auffassen? Ich wusste, dass Bastian mit seinen vierzehn Jahren sehr offen für solche Themen war. Trotzdem war ich mir nicht sicher, wie er reagieren würde.
Zugegebenermaßen hatte das alles ein bisschen etwas von Science-Fiction, Star Wars, Indiana Jones oder sonst einem Abenteuer. Für einen Jugendlichen wie Basti, eigentlich eine coole Sache.
Doch hier handelte es sich um unsere Realität.

Vor allem ging es um den bewussten Umgang damit.
Ich würde ihm sagen müssen, um was es in dieser Sache ging.
Würde er sich bereit erklären mitzumachen, könnte ich ihn mit ins Boot holen.
Das müsste ich abwarten.
Ein normales Urlaubswochenende würde das ohnehin nicht werden. Soviel stand jetzt schon fest.
Außerdem musste Tim frei bekommen. Ferner lag es jetzt bei mir, ihm die ganzen Hintergründe, die Athen betrafen, mitzuteilen.
Ich atmete tief durch.
»Opa Carl, bitte hilf mir, Tim das richtig rüberzubringen. Seine Lust auf derart abgedrehte Dinge hält sich mit Sicherheit in Grenzen. Mir ist alles andere als wohl dabei. Wenn die Sache dermaßen wichtig für euch ist, müsst ihr euch kümmern!«
Ich konnte es kaum fassen!
Den gesamten Nachmittag hatte ich mich mit dem Thema Athen befasst und dabei jede Menge Informationen herausbekommen.
Jetzt wurde mir auch klar, warum ich für heute Nachmittag keine Termine in meiner Praxis festgemacht hatte.

Wer gestaltete hier eigentlich meinen Terminkalender?
Ich oder die geistige Welt?

Freitag, 15.9.17

Gestern hatte Tim die Flugtickets für uns drei besorgt. Es hatte also geklappt. Und nach etwas längerem Stöbern fanden wir auch eine Ferienwohnung in der Athener Innenstadt. Wir entschieden uns außerdem, einen Mietwagen dazu zu buchen. So würden wir flexibel bleiben.
Tims Reaktion auf mein Vorhaben war zunächst verhalten gewesen.
Ich hatte ihm alle Details der Geschichte erzählt, angefangen vom neuen Auftrag aus der geistigen Welt bis hin zu den gesamten Informationen, die ich Athen betreffend herausgefunden hatte.

Nur zu gut konnte ich seine Skepsis verstehen.
Ich wusste ja selber nicht genau, ob ich uns das alles zumuten wollte.
Tim war sich im Klaren darüber, dass der kommende Kurzurlaub kein Entspannungsurlaub werden würde, hatte sich aber trotzdem spontan darauf eingelassen.
Die Situation musste ihm undurchsichtig und geradezu skurril erscheinen.
Trotzdem zog er bei allem was wir taten, mit mir am selben Strang.

Danke Tim, es ist ein großes Geschenk dich an meiner Seite zu haben.

Ich holte Bastian nachmittags vom Zug ab.
Beim Abendessen unterhielten wir uns über die kurzfristig geplante Griechenlandreise.
Basti war überwältigt und freute sich riesig.
In aller Ausführlichkeit berichtete ich Basti von unserem Plan in Athen und dem Auftrag aus der geistigen Welt. Erzählte ihm von dem Anliegen, das die geistige Welt an uns hatte. Er erfuhr, dass wir energetisch informierte Steine auf der Akropolis hinterlegen würden, um die Herzenergie des Untersbergs dorthin zu bringen. Ich erklärte ihm den Zusammenhang zwischen der Energieanhebung auf der Erde und der Transformation.
»Du hast immer die Möglichkeit dich zu entscheiden, etwas zu tun oder etwas zu lassen. Die Entscheidung liegt ausschließlich bei dir», sagte ich zu ihm. »Die geistige Welt ist überzeugt davon, dass du das kannst, sonst hätte sie dich dafür nicht ausgesucht. Trotzdem, die Entscheidung liegt bei dir.»
Er schien wie vom Donner gerührt.
Seine Überforderung in diesem Moment war deutlich zu spüren.
Hilfesuchend blickte er im Wechsel zu Tim und dann wieder zu mir.
»Was ist das für eine Rolle, die ich da spielen soll? Das ist doch kein Film!» entfuhr es ihm. »Was passiert da überhaupt? Ich kann doch nicht die Welt retten.»

Er stand auf und lief in sein Zimmer.
Tim und ich sahen uns schweigend an.
Wir sprachen kein Wort.
Nach einer Weile rief Bastian nach mir.
Er hatte sich in sein Hochbett verkrochen und unter seine Decke gekuschelt. Basti blickte von oben zwischen den Holzbrettern hindurch.
»Irgendwie glaube ich daran, dass es etwas Gutes ist, was wir da tun sollen. Trotzdem fühle ich mich komisch. Warum wollen die da oben, dass ich das mache? Ich bin doch ein total normaler Mensch ohne Hokuspokus oder so.«
Ich sah ihm fest in die Augen.
»Wir sind alle normale Menschen. Tim und du und ich. Auch viele andere Menschen, die solche Dinge erledigen, sind auf Deutsch gesagt stinknormale Menschen. Nicht mehr und nicht weniger. Der einzige Unterschied dürfte darin bestehen, dass wir im Gegensatz zu anderen unsere Fähigkeit, ›online‹ mit denen da oben zu sein, ausgebaut haben, was aber wiederum von jedem Menschen praktiziert werden kann, sofern er dies möchte.«
Basti schluckte.
»Auf jeden Fall möchte ich nicht, dass etwas wegen mir nicht stattfinden kann.
Mama, ich glaube es ist etwas Gutes, was wir in Athen erledigen sollen. Ich mache mit.«

28
Reisefieber

Samstag, 16.9.17

Schon vor einigen Monaten hatte Louise zusammen mit ihrer Cousine eine Woche Urlaub in Spanien gebucht. Am Nachmittag schauten Tim und ich bei meiner Mutter vorbei. Morgen sollte die Reise nach

Spanien losgehen.
Gemütlich bei einer Tasse Tee saßen wir drei in Louises Küche und plauderten über ihre bevorstehende Reise.
Tim lachte.
»Na, Louise, bist du für alles präpariert? Hast du an alles gedacht? Irgendetwas vergisst man doch immer. Also eine Woche ist definitiv zu kurz, um dir deine Zahnbürste hinterherzuschicken.«
Amüsiert konterte meine Mutter: »Ich schick dir dann eine WhatsApp, falls ich meinen Koffer hiergelassen haben sollte. Und damit ihr gleich wisst, wo ihr dann den Koffer hinschicken müsst, habe ich die Adresse unseres Hotels aufgeschrieben. Nicht, dass unsereins noch abhandenkommt.«
Sie blickte uns an und lachte: »Unser Hotel befindet sich in Malaga.«
Ich überlegte.
»Sag mal, Mama, du hast doch einen Atlas? Wenn ich ehrlich bin, muss ich gestehen, dass ich aus dem Stehgreif nicht sagen könnte, wo Malaga genau liegt.«
Louise brachte einen Atlas in die Küche und legte ihn auf den Tisch. Fasziniert bestaunte ich das alte Buch, dass ich noch aus meiner Kindheit kannte.
»Ich würde mir das Ganze gerne auf einer Europakarte anschauen. Damit hätte ich den Gesamtüberblick im Zusammenhang mit der Stadt Malaga in Spanien.«
Louise blätterte in ihrem Atlas. Sie schlug die Europakarte auf und strich sie mehrmals mit der Handinnenkante flach.
Tim war begeistert.
»Diese Karte ist wunderbar groß, übersichtlich und geradezu perfekt.«
Meine Mutter sah uns beide stirnrunzelnd an, wobei ihr Gesicht einen wichtigen Ausdruck annahm.
»Internet hat ja schon was. Aber ihr könnt sagen, was ihr wollt, ein richtiger Atlas zum Anfassen, zum Anschauen und Umblättern hat doch immer noch eine andere Qualität!«
Stolz, fast liebevoll betrachtete Louise ihren etwas sperrigen Riesenatlas.

Nochmals strich sie kräftig mit der Hand, ihre Aussage von eben bestärkend, über die große Europakarte.
Beim Blick auf die Karte, erfasste ich plötzlich die vollkommene Einheit.
Ich erfasste Europa. Und zwar von links nach rechts und von oben nach unten und hatte das Gefühl, darin einzutauchen.
»Hier ist Malaga, seht ihr?«
Louise hatte den Atlas ein Stückchen nach unten geschoben und deutete direkt auf den eingezeichneten Punkt der spanischen Stadt.
»Von hier aus werden wir Tagestouren unternehmen. Ich freu mich da jedenfalls riesig drauf!«
Meine Gedanken waren bei Europa stehen geblieben.
Unvermittelt sprach ich aus, was mir durch den Kopf ging.
»Wow, schaut mal her.«
Mit dem Zeigefinger blieb ich über Irland hängen.
»Hier ist Dublin. Und ganz in der Nähe ist der Hill of Tara, okay? Jetzt zieht doch mal in Gedanken eine Linie zum Untersberg.«
Ich ließ meinen Finger über die Karte gleiten, bis ich beim Untersberg in der südöstlichen untersten Ecke Deutschlands stehenblieb. Sofort erkannte ich den fast geraden Verlauf, der sich ergab, wenn man die Linie jetzt weiterzog.
»Geht jetzt vom Untersberg einfach in der gleichen Richtung noch ein Stück weiter. Man landet in Athen.«
Meine Strecke führte geradewegs von Dublin über den Untersberg in die griechische Hauptstadt.
Es war unglaublich.
»Das ist die Nordwest-Südost-Achse, und ziemlich genau in der Mitte liegt der Untersberg. Was sagtest du, Mama, ihr seid dann in Malaga? Genau dort, wo du hinreisen willst, befindet sich der südwestliche Punkt. Er befindet sich ziemlich genau in Malaga.
Und wenn man sich das anschaut, haben wir im Nordwesten Dublin, im Südwesten Malaga, und wenn wir der Linie quer rüber in den Südosten Europas folgen, haben wir Athen. Und so wie es aussieht, dürften diese Orte alle ungefähr in gleicher Entfernung zum Unters-

berg liegen.
Das sind die Eckpunkte Europas.«
Wir drei sahen uns an.
Konnte man das für möglich halten?
»Mama, du reist da nicht nur zum Spaß hin. Deine Reise führt dich in die Nähe von Gibraltar. Damit könntest du die unterste südwestliche Ecke mit abstecken. Das wäre einfach genial.
Die Energie des Herzchakras aus dem Untersberg muss dorthin.
Das passt gerade alles zusammen. Deine Urlaubsbuchung ist doch bestimmt schon über sechs Monate her, oder? Und genau einen Abend vor deiner Abreise stellen wir diese Zusammenhänge fest. Welch ein Glück, dass wir das heute noch erkannt haben.«
Ich hatte mich in Fahrt geredet.
Fasziniert fuhr Tim der Spur auf der Karte mit dem Finger nach und schüttelte ungläubig den Kopf.
»Das ergibt tatsächlich eine ziemlich gerade Linie.«
Louise stand einfach nur da und machte große Augen.
Ihre Verwunderung war unübersehbar.
Sie fixierte den Atlas.
Doch ganz unerwartet schien es, als habe sie Feuer für die Sache gefangen.
Louise krempelte die Ärmel hoch und warf uns beiden einen entschlossenen Blick zu.
»Gut, dann brauche ich Handwerkszeug. Ich habe ja noch genügend bunte Steine hier bei mir. Gleich heute Abend werde ich sie informieren und im Koffer verstauen. Na, zum Glück habe ich alles andere schon eingepackt.«
Meine Mutter atmete tief durch.
Ergänzend fiel mir ein: »Du musst unbedingt deinen weißen und deinen schwarzen Stein mit nach Spanien nehmen. Diese beiden Steine sind das wichtigste Handwerkszeug. Wie du schon sagtest, wirst du für dein Vorhaben ziemlich sicher auch noch Kontaktsteine benötigen. Hierzu solltest du noch mit deinem Pendel die genaue Anzahl in Erfahrung bringen.«

Meine Gedanken überschlugen sich.

»Jetzt ergibt sich nur noch die Frage, an welchem Ort das Ganze stattfinden soll. Sagt mal, Kathedralen befinden sich dort bestimmt an fast jeder Ecke, oder? Wir müssen davon ausgehen, dass die Aktion mit Sicherheit wieder an einem energetisch geeigneten Platz stattfinden muss.«

Louise hatte bereits ihr Pendel in der Hand.

»Schaut her. Das Pendel sagt ganz eindeutig, dass Malaga der richtige Ort dafür ist. In Malaga befindet sich unser Hotel und von daher werde ich schon irgendwie an den Ort der Aktion kommen.«

Ich war fest davon überzeugt, dass Louise die ganze Aktion ohne Probleme meistern würde.

»Wenn du einen Stadtplan hast, Mama, dann kannst du bestimmt den genauen Ort herausfinden, der sich am besten für die Durchführung eignet. Wahrscheinlich wird es eine Kathedrale sein, aber warte besser ab, welche Besonderheiten an höherschwingenden Orten Malaga noch zu bieten hat. In diesem Fall werden Tim und ich dich bei der Aktion mit der violetten Flamme unterstützen. Charlotte und Miky werde ich auch Bescheid geben.«

Louise lachte.

»Ja, mach das auf jeden Fall! Das ist mit Sicherheit gut. So, und jetzt raus mit euch beiden. Ich habe noch jede Menge zu tun.«

»Eine gute Reise, Mama, und gutes Gelingen.«

Wir nahmen uns in den Arm, und Tim klopfte Louise aufmunternd auf die Schulter.

»Das wird ganz sicher ein toller Urlaub. Du kriegst das bestimmt alles hin.« Dabei stellte er ganz pragmatisch fest: »Keine Reise ohne Sinn, oder?«

Als Tim und ich das Haus verließen, stand Louise kopfschüttelnd in der Tür und winkte uns hinterher.

»Donnerlüttchen, Donnerlüttchen. Und das auf meine alten Tage.«

29
Immer wieder neue Aspekte

Sonntag, 17.9.17

In aller Frühe war Louise mit dem Bus zum Bahnhof gefahren. Sie hatte sich entschieden, die Bahn zu nehmen, und eine Zugverbindung gewählt, die es ihr ermöglichte, zeitig am Flughafen einzutreffen. Es gab ihr ein gutes Gefühl, einen größeren Zeitpuffer zu haben, um entspannt und problemlos durch die Gepäckabfertigung und die Sicherheitskontrolle zu kommen.
Louise zog es grundsätzlich vor, im Vorfeld ein bisschen Zeit zu haben, herumzuschlendern und sich hier und da noch einen Cappuccino zu gönnen.

Der Flug mit anschließendem Transfer ging problemlos von statten. Ein paar Stunden später, im Hotel angekommen, meldete sie sich, wie vorher abgesprochen.

Als ich die Nummer meiner Mutter sah, nahm ich sofort ab.
»Hallo Mama. Hattest du einen guten Flug? Habt ihr euch am Flughafen gleich gefunden? Ach was, ihr seid gar nicht wie geplant in Malaga untergebracht? Die haben euch also in einem Hotel außerhalb einquartiert? Wie heißt der Ort? Torremolinos, ... Okay, das sieht wohl ganz deutlich nach einer Planänderung auch für uns aus… Jetzt kommt ihr erst mal in Ruhe an. Wir bleiben in Kontakt. Einen schönen Abend euch beiden und gute Nacht… Sieht ganz danach aus, als müssten wir spontan bleiben…«
Das ging ja gleich verzwickt los.
Gleich zu Anfang gab es gravierende Veränderungen, die einen anderen Plan erforderten. Wir würden für Überraschungen zu jeder Zeit offen sein müssen.
Arme Louise! Ausgerechnet sie hatte jetzt den Part erwischt, der sich

von Anfang an kompliziert zu entwickeln schien.
Ob ich noch etwas Brauchbares herausbekommen konnte? Vielleicht hatte mir Saint Germain noch den einen oder anderen Tipp?
Ich versuchte es mit dem Pendel.
Doch es gestaltete sich schwierig. Einerseits war die Leitung klar, andererseits waren seine Antworten nicht eindeutig.

Zum Schluss waren es zwei Dinge, die ich herausbekommen hatte.
Der 19. oder 20. September waren die einzig möglichen Termine, die sich für die Durchführung der geplanten Aktion eigneten.
Louise wäre dabei nicht alleine.
Die Aktion würde zu dritt über die Bühne gehen.
Mehr erfuhr ich in diesem Moment nicht.
Ich ließ das Pendel sinken.

Montag, 18.9.17

Gleich nach dem Frühstück meldete sich Louise.
»Guten Morgen. Na, habt ihr die erste Nacht gut in eurem Hotel geschlafen?«
»Ja, das haben wir. Wir waren ja auch hundemüde. Dummerweise gibt es in diesem Hotel nur in einem Radius von weniger als zehn Metern um die Rezeption herum WLAN. Das ist nervig. Komme mir vor wie ein Tiger im Käfig, wenn ich hier herumlaufe. In einer viertel Stunde kommt der Bus, um uns abzuholen. Heute steht eine Tour durch die Umgebung auf dem Programm.«
»Weißt du schon, wann ihr in Malaga seid? Das ist wichtig. Ich habe nämlich neue Informationen von Saint Germain erhalten. Die Aktion kann ausschließlich am 19. oder am 20. September stattfinden. Und ihr würdet zu dritt sein, soweit ich verstanden habe. Auf dem dafür vorgesehenen Platz muss ein Energiefeld aufgebaut werden.«
»Zu dritt, sagtest du? Hmm... wer das außer mir wohl sein wird? Warte mal, ich schaue eben mal nach, wann wir dort sein werden...«
Louise hatte das Handy vom Ohr genommen. Aus dem Hörer war ein

Klappern zu vernehmen, das wohl aus der Hotelküche kam. Dann hörte ich Schritte, die von der Lautstärke und der Schrittfrequenz her von einer Frau kommen mussten, die mit Stöckelschuhen die Hotelhalle durchquerte. Die Schritte kamen näher und entfernten sich allmählich wieder.
»Hallo Mama, bist du noch da?«
Sofort war Louise wieder dran.
»So, jetzt habe ich das Programm gefunden. Pass auf. Hier steht: der Besuch der Stadt Malaga findet am 21.9. statt. Was sagtest du nochmal? Ach herrje. Das wird ein Tag zu spät sein.«
Ich konnte es nicht fassen.
»Mensch, wie verzwickt ist das denn? Ich ...«
Louise ließ mich nicht ausreden.
Sie hatte es plötzlich eilig.
»Ich muss los, der Bus steht draußen. Ich melde mich heute Abend bei dir, ja?«
»Dann viel Spaß und einen guten Tag euch beiden.«
Verdutzt sah ich auf mein Handy.
Sie hatte aufgelegt.

Nach Beendigung meiner Arbeit ging ich zum Ufer unseres Stadtflusses und sammelte Kieselsteine.
Mir gefiel der Gedanke, Steine aus unserer Stadt nach Athen mitzunehmen und sie als Hilfsmittel für die Manifestation der Herzenergie des Untersbergs einzusetzen. Bevor wir nach Griechenland reisen würden, könnte ich die gesammelten Kiesel mit meinem weißen Stein vom Untersberg und dem schwarzen Stein aus Irland informieren.
Ich nahm mir Zeit und ließ mich treiben, schlenderte am Flussufer entlang und hob intuitiv Steine auf, die mir ins Auge sprangen. Es fühlte sich an, wie in einem Kinderspiel. Es machte Spaß. Welch bunte Vielfalt an Steinen dort herumlag.
Mit der Tasche voller Steine setzte ich mich ans Flussufer und dachte noch einmal über Louises aktuelle Situation in Spanien nach.
Irgendetwas machte die Sache schwierig.

Ich war mir bewusst, dass es immer die andere Seite gab, der mit Sicherheit daran gelegen war, die Fortführung unserer Aktion zu verhindern. Schaffte sie gerade neue Hindernisse? Genau wie mit unserer Panne auf der Autobahn vor einem knappen Monat?
Oder war es unser Verstand, der alles verkomplizierte?
Wir mussten den roten Faden behalten.
Ein Zwiegespräch mit Saint Germain am Fluss brachte mich weiter.
Der genaue Zeitpunkt schien demnach viel wichtiger zu sein, als die Stelle, an der alles stattfinden sollte. Ich schlussfolgerte daraus, dass es letzten Endes egal sein musste, an welchem genauen Ort Louise in Aktion treten würde...
Kirchen und Kathedralen gab es in der Gegend schließlich genug.
Mal wieder hieß das, schön spontan zu bleiben!

Willkommen in der Intensivtrainingseinheit der geistigen Welt zum Thema »Raus aus dem Verstand - hinein ins Vertrauen.«

Dienstag, 19.9.17

An diesem Morgen wachte Louise in aller Frühe auf und konnte nicht mehr einschlafen. Sie spürte, dass es keinen Sinn mehr machte, liegen zu bleiben. Bis zum Frühstück war noch jede Menge Zeit. Sie setzte sich ans Fenster und schaute aus dem Hotelzimmer.
Sie spürte die wachsende Anspannung. Ab heute begann der zweitägige Zeitkorridor. Sie aber hatte keine Idee, was als Nächstes zu tun sei. Die nächsten Tage würden bestimmt sein von einem strammen Ausflugsprogramm des Veranstalters, das ihr so gut wie keinen Raum für flexible Entscheidungen ließ.
Es war nicht einfach.
Sie sah aus dem Fenster und erblickte einen Vogelschwarm, der in einiger Entfernung am Hotel vorbeiflog. Langsam und kontinuierlich entfernte sich der Schwarm, bis er schließlich vollends aus ihrem Blickfeld verschwand.
Louise hatte plötzlich eine Idee.

Sie holte ihr Pendel aus ihrer Handtasche.
»Morgen, den 20.09. fahren wir nach Granada. Käme der Ort für die geplante Aktion auch infrage?«
»JA!«
Das passte. Erleichtert ließ Louise ihr Pendel sinken.
Sie fühlte sich besser. In einer viertel Stunde war sie zum Frühstück verabredet.
Zuversichtlich stand sie auf, packte ihre Handtasche unter den Arm und verließ ihr Zimmer. Jetzt war der richtige Moment für eine Morgenzigarette.
Als sie die Hotelhalle durchquerte, waren bereits viele Hotelgäste auf den Beinen.
Louise stand draußen vor dem Eingang und blies Rauchkringel in die Luft.
Sie dachte nach und blickte dabei einem Stückchen Asche hinterher, das hinabgefallen war. Immer noch weiterglühend vom leichten Wind erfasst, rollte es über den Boden, bis es schließlich zerfiel.
Ob sie wohl alles richtig machen würde?
Sie drückte die Zigarette aus, klopfte sich die Hände ab und ging zurück ins Hotel. Louise beeilte sich mit dem Frühstück, da ihre Gruppe bald vom Bus abgeholt würde und sie unbedingt noch vorher zuhause anrufen wollte. Sie trank ihren Kaffee aus und begab sich zur Rezeption.
»Die hier mit ihrem WLAN!« schimpfte sie leise vor sich hin. Viertel vor acht, da müsste Inga eigentlich rangehen, dachte sie, als sie die Nummer wählte.

Mein Handy klingelte.
»Was, so früh? Wer ruft denn jetzt an? Das kann nur Mama sein.«
»Guten Morgen Inga. Schön, dass du rangehst.«
Die Telefonverbindung war gut.
»Guten Morgen Mama. Na, wie geht's?«
»Ich dachte, ich kann's um diese Uhrzeit bei dir versuchen. Wie du dir vorstellen kannst, lässt mich das alles nicht los. Zumal es sich so schwie-

rig gestaltet. Ich habe wenig Spielraum. Und die Gegebenheiten hier sind denkbar ungünstig. Aber nach dem Aufstehen kam mir die Idee, nach der Stadt Granada zu fragen, wo wir Morgen laut Ausflugsprogramm hinfahren. Mein Pendel hat sofort bejaht. Morgen käme also auch Granada für die Aktion infrage.«

Ich überlegte kurz.

»Also gut, disponieren wir um. Gibt es dort eine Kathedrale, die ihr besichtigen werdet?«

Ich startete meinen PC und wartete auf Stichworte, die meine Mutter mir geben könnte, um schnellstmöglich an geeignete Informationen zu kommen. Viel Zeit blieb nicht. Es musste schnell gehen.

»Ja, morgen ist ein Besuch auf der Alhambra vorgesehen.«

Louise studierte nochmals das Programm, das sie in den Händen hielt.

»Vorher ist noch eine Stadtbesichtigung in der Innenstadt geplant. Die Alhambra liegt ein kleines Stückchen außerhalb der Stadt.«

Sofort gab ich das Stichwort »Alhambra« in den PC ein.

»Mama, pendel mal kurz, ob die Alhambra für unsere Aktion in Ordnung wäre...«

»Warte, hier sind zu viele Leute. Hier kann ich unmöglich pendeln. Ich muss mir eine ruhige Ecke suchen. Hoffentlich reicht das WLAN!«

Ich wartete.

»Ja. Mein Pendel sagt, die Alhambra sei sehr gut.«

»Mama, hier steht im Internet, es gebe dort eine Franz von Assisi geweihte Kapelle. Warte mal.«

Ich hatte mein Pendel herausgezogen und trat in Kontakt mit Saint Germain.

»Also, Mama, laut Saint Germain solltest du morgen so früh es geht dort sein. Wenn ihr allerdings erst noch eine Stadtbesichtigung habt, landet ihr vermutlich erst am Nachmittag auf der Alhambra, oder? Ich könnte mir vorstellen, dass es dort um diese Zeit sehr voll sein wird.«

»Ja, frühestens gegen vierzehn Uhr. Du, ich muss Schluss machen. Der Bus ist da. Wir hören uns...«

Ein Knacken war zu hören und die Leitung war unterbrochen.
Ich spürte, wie sich bei meinen Überlegungen rund um die Thematik der Untersbergenergie immer klarere Zusammenhänge formten. Nach und nach drängten sie an die Oberfläche.
Als ich am Nachmittag von der Arbeit nach Hause kam, setzte ich mir eine Tasse Kaffee auf und kramte anschließend meinen großen Atlas aus dem Regal. Mir war die Europakarte nicht mehr aus dem Kopf gegangen, die Tim, Louise und ich noch am letzten Samstag zusammen angeschaut hatten. Es war genau dieses Gesamtbild von Europa, das ich ständig vor Augen hatte. Irgendetwas in meinem Inneren sagte mir, dass der Hintergrund dieser Geschichte von größerer, aber noch nicht abschätzbarer Bedeutung war.
Ich wollte das Bild, das ich im Kopf hatte, nochmals klar vor Augen haben.
Wie automatisch griff ich zu dem kleinen Schreibblock, der neben mir auf dem Tisch lag. Aus dem obersten abgetrennten Blatt machte ich mir einige kleine, etwa ein Quadratzentimeter große Papierschnipsel. Ich nahm einen Schnipsel und peilte die Mitte der Karte an, das Zentrum Europas, dort wo der Untersberg lag.
Als nächstes positionierte ich auf dem nordwestlichen Punkt meines Koordinatenbildes, auf der Stadt Dublin ebenfalls einen Papierschnipsel. Meine Augen folgten der nahezu perfekten Linie, die sich von Dublin über den Untersberg bis nach Athen zog. Sehr deutlich erkannte ich die Nordwest-Südost-Achse, die sie bildete und legte einen weiteren Schnipsel auf Griechenlands Hauptstadt.
Louise hielt sich gerade in der Nähe von Gibraltar, im Südwesten Europas auf. In etwa der Höhe von Granada markierte ich mit einem Papierschnipsel auch diesen Eckpunkt.
Dieses Bild ließ ich auf mich wirken.
Immer wieder nippte ich am Kaffee und betrachtete dabei gedankenverloren die Karte.
Schlagartig erschloss sich mir die Logik.
Konnte es wirklich so sein?
Der letzte Ort musste im Nordosten Europas liegen, von wo aus sich

eine Achse in den Südwesten nach Granada bildete. Genau dieser Ort würde das geografische Viereck um den Untersberg vollenden.
Meinen Kopf in die Hände gestützt starrte ich Löcher in die Luft.
Ich versuchte zu begreifen, welche Bedeutung hinter dem großen Ganzen steckte.
Was passierte hier wirklich?
Wie schwerwiegend mochte das alles sein, was sich gerade entwickelte?
Ich wendete meinen Blick wieder dem Atlas zu.
Unter Einbeziehung der drei Eckpunkte, steckte ich auf der Europakarte ein Viereck ab.
Offen blieb dabei ein Punkt im Nordosten. Damit die Seiten des Vierecks etwa gleich lang waren, musste auch hier die Entfernung stimmen.
Ich landete auf der Höhe von Königsberg.

Sofort machte ich mich im Internet auf die Suche, um etwas über Königsberg und mögliche höherenergetische Plätze in der Nähe herauszufinden.
Eine Kirche, oder einen besonderen Platz innerhalb der Stadt fand ich auf Anhieb nicht.
Unabhängig davon entdeckte ich etwas ganz anderes. Ganz in der Nähe der Stadt Königsberg befand sich ein Berg namens Rombinus. Dieser musste laut Beschreibung für die Menschen schon in früherer Zeit eine besondere, energetisch wichtige Rolle gespielt haben.
Die dort abgebildete Karte ließ sofort erkennen, dass direkt unterhalb dieses Berges die Memel floss und ein Stück weiter nördlich in die Ostsee mündete. Dies würde hervorragend zu meinem Vorhaben passen, die dort verankerte Energie ins Fließen zu bringen.
Weiter las ich, dass der Rombinus direkt an der Grenze zu Russland, auf der litauischen Seite lag.
Ich stoppte abrupt.
Unmittelbar reflektierte ich die Situation.
Mit Vollgas war ich schon wieder dabei, von einer Einzelheit zur nächsten zu springen.

»Inga, Tempo runter«, ermahnte ich mich.
Außerdem fühlte sich dieser Rombinus aus unerfindlichen Gründen ganz und gar nicht richtig an.
Also wohl doch eine falsche Spur…?
Die Situation erforderte es, Prioritäten zu setzen.
Morgen würde Louise die geplante Aktion in Granada durchziehen. Das war Grund genug, höchste Aufmerksamkeit dorthin zu lenken. Die morgige Aktion sollte zu einem erfolgreichen Abschluss gebracht werden. Das Wichtigste war, dass Louise so gut und so glatt wie möglich durch die Situation hindurchgelotst wurde.
Dann erst würde ich mich um Athen kümmern.

Der Nordosten musste warten.

30
Granada

Mittwoch, 20.9.17

Als der Wecker klingelte, war Louise sofort hellwach. Sie setzte sich auf und schwang die Beine aus dem Bett. Dies war der Moment, in dem sie gewöhnlich erst einmal sitzen blieb, um sich zu sortieren.
Sogleich hatte sie erfasst, dass heute Mittwoch, der 20. September war. Sie würde heute irgendwo in Granada die Herzenergie des Untersbergs verankern müssen. Sehr wahrscheinlich würde die Aktion auf der Alhambra stattfinden. Der Bus ihrer Reisegruppe würde erst am frühen Nachmittag dort eintreffen. Louise stellte sich bereits jetzt auf eine große Menschenmenge ein, die dort unterwegs sein würde. Da würde sie wohl oder übel durchmüssen, ob sie wollte oder nicht.
Sie stand auf und ging ins Bad.
Eine Dusche würde ihr jetzt guttun.
Sie verspürte leichtes Lampenfieber in Erwartung dessen, was der

Tag wohl bringen mochte.

Aber sie wusste, dass sie gut vorbereitet war.

Schon gestern hatte sie ihr Handwerkszeug, bestehend aus dem schwarzen und dem weißen Stein und den anderen informierten Steinen eingepackt. Alles sollte vorbereitet und parat liegen für heute.

Sie wollte vor nicht kalkulierbaren Unwägbarkeiten gewappnet sein. Wer wusste schon, was noch alles passieren konnte?

Beim Frühstücken gingen Louise alle erdenklichen Möglichkeiten durch den Kopf, wie der heutige Tag mit der bevorstehenden Aktion wohl verlaufen könnte.

Zahllose Bilder liefen vor ihrem inneren Auge ab, gaben ihr aber letztlich keine brauchbare Antwort auf ihre Frage, was wohl tatsächlich auf sie zukommen würde.

Wie an den Tagen zuvor wurden Louise und ihre Reisegruppe nach dem Frühstück vom Bus abgeholt. Nach einer etwa zweistündigen Fahrt hatten sie das Zentrum von Granada erreicht. Der Vormittag stand zur freien Verfügung, um die Innenstadt auf eigene Faust zu erkunden.

Louise wollte sich, so gut es ihr möglich war, in dieser Zeit auf das ausrichten, was auf sie zukam. Für sie war es von großer Bedeutung, im Hier und Jetzt verankert zu sein. Ihr Ziel war es dabei im entscheidenden Moment den richtigen Impulsen zu folgen. Dafür hatte sie sich einem Grüppchen angeschlossen, das sich in einem Straßencafé niedergelassen hatte. Die Lage bei einer Tasse Cappuccino zu beobachten, passte in ihr Konzept.

Es dauerte nicht lange, da tauchte der Reiseleiter auf und mahnte zum baldigen Aufbruch. Schließlich erreichte die Reisegruppe einen Platz, auf dem alle stehen blieben. Der Reiseleiter hatte sich umgedreht und winkte kräftig mit den Armen, sodass ihn jeder sehen konnte. Keiner der Mitreisenden sollte schließlich verloren gehen.

Louise befand sich direkt neben dem Schild mit dem Namen des Platzes:

Plaza de Bib-Rambla.

Sichtlich amüsiert über diesen Namen las sie ihn gleich zweimal.
Das holprig klingende Wort laut auszusprechen war nicht gerade leicht.
Sie musste lachen. Der Name klang wie ein einziger Versprecher und einfach nur komisch in ihren Ohren.
Nebenbei hatte sie mitbekommen, dass es hier eine Kirche gab.
Die Kathedrale von Granada.
Louises Augen streiften aufmerksam über die umliegenden Häuser und Gassen.

Den ganzen Vormittag hatte ich an Louise denken müssen.
Wie es ihr wohl gerade ging?
Ob sie bereits irgendetwas entdeckt hatte?
Eigentlich wusste ich nur, dass sie heute Nachmittag um vierzehn Uhr auf der Alhambra ankommen würde. Dorthin würde ich die violette Flamme schicken. Inständig hoffte ich, Louise doch noch telefonisch erreichen zu können.
Es war einfach vieles unklar.
Ganz plötzlich spürte ich das Kribbeln im Ohr.
Rasant schwoll es an.
Es war Saint Germain.
Es schien sehr dringend zu sein.
»Saint Germain, geht es um Louise in Granada?»
»JA!»
Mein erster Gedanke: »Wenn ich sie doch wenigstens erreichen könnte...»
»JA!»
Das Pendel fiel mir fast aus der Hand.
»Moment, du sagst Ja? Soll ich sie jetzt gleich anrufen?»
»JA!»
Die Antwort des Pendels war eindringlich.
»Soll die Aktion jetzt stattfinden?»
Ich sah auf die Uhr.
Es war genau elf Uhr fünfzehn.

»Halb zwölf?« schoss es mir durch den Kopf.
»JA!«
»Soll ich die violette Flamme länger als eine halbe Stunde schicken?«
»NEIN!«
»Reicht es bis zwölf Uhr? Das wäre genau eine halbe Stunde.«
»JA!«
»Danke. Ich muss mich beeilen. Ob Louise drangeht?«
Bis halb zwölf waren es noch genau dreizehn Minuten.
Ich wählte Louises Nummer.
»Bitte, geh ran. Geh doch bitte ran.«

Louises Augen blieben eher zufällig an einem Kirchturm hängen.
»Perfekt für ein schönes Foto», dachte sie und zog ihr Handy aus der Tasche.
Eher beiläufig stellte sie dem Reiseleiter eine Frage.
»Sagen Sie, ist das die Kathedrale da vorne, von der eben gesprochen wurde?«
Der Reiseleiter nickte.
Ihr Handy klingelte.
Louise war wie elektrisiert!
Wie konnte das möglich sein?
Ihr Handy hatte bisher nur im Hotel funktioniert.
Irritiert sah sie auf das Display.
Ihr Pulsschlag beschleunigte sich.
»Inga? Hallo. Ausgerechnet jetzt rufst du mich an? Warum geht mein Telefon gerade überhaupt? Das gibt's doch gar nicht! Ich stehe in diesem Moment vor einer Kirche und man sagt mir gerade, es sei die Kathedrale.«
»Mama! Ein Glück, dass du dran bist! Du musst jetzt handeln. Saint Germain hat sich eben bei mir gemeldet. Zwischen halb zwölf und zwölf Uhr muss die Aktion stattfinden.«
»Okay, okay...«, stammelte Louise ins Telefon.
»Du musst sofort los. Wenn du gerade vor einer Kathedrale stehst, ist das goldrichtig. Genau dort musst du hin. Du hast für alles genau eine

halbe Stunde Zeit. Viel Glück. Wir müssen auflegen.«

Auf der Stelle begann ich die gold-silber-violette Flamme zu visualisieren. Ich leitete die Energie in Gedanken nach Granada zur Kathedrale. Die ganze Energie durchflutete dabei meinen Körper. Am Untersberg hatten wir die Unterstützung von Louise und Charlotte bekommen. Jetzt war ich diejenige, die meine Mutter bei der Aktion in Granada begleitete.

Vollkommen überrumpelt hatte Louise aufgelegt.
Stante pedes lief sie los.
Dabei fühlte sie sich wie ferngesteuert.
Sie durchquerte eine enge, zirka zweihundert Meter lange Gasse und stand im nächsten Moment vor einem eindrucksvollen Kirchenportal. Beim Betreten des Eingangsbereichs fiel ihr auf, wie wunderschön hell und lichtvoll das Kirchenschiff war.
Sie blieb kurz stehen, sah sich um und dachte nach.
»Perfekt«, dachte sie bei sich, »Audioguides. Besser geht es gar nicht.« Mit einem Gerät dieser Art würde sie als Touristin ein Beschäftigtsein signalisieren und sich damit wie selbstverständlich tarnen. Es würde ihr ermöglichen, ohne groß aufzufallen die Kirche zu erkunden und dabei die Steine zu verteilen. Diese Erkenntnis gab Louise Sicherheit.
»Das wollen wir doch mal sehen!« murmelte sie vor sich hin.
»Saint Germain und Mannschaft, es geht los! Ich brauche jetzt eure Hilfe, damit alles klappt.«
Sie visualisierte die violette Flamme und stellte sich in sie hinein.
Dann setzte sie eine möglichst wichtige Miene auf und machte sich mit ihrem Audioguide auf den Weg ins Innere der Kathedrale.
Viele Besucher waren unterwegs. Doch keiner beachtete Louise.
Ihre Augen scannten alles ab.
Wo würde sie hier ihre Steine deponieren können?
Auf einmal hatte sie das Gefühl, für alle anderen Besucher unsichtbar zu sein. Vor den Stufen des Hauptaltars bückte sie sich.
Sie tat, als wolle sie sich den Schuh zubinden.

Dann holte sie ihren Stein vom Untersberg hervor.
Mit einem Kontaktstein legte sie ihn direkt am Altar ab.
Kurz blieb sie stehen, konzentrierte sich und holte tief Luft.
Jetzt!
Louise sah den Lichtstrahl.
Vom Untersberg ab hatte er sich in Bewegung gesetzt.
Ab sofort war er auf dem Weg hierher.

Schon seit einigen Minuten saß ich da und hatte die violette Flamme immer größer werden lassen. Ich war vollkommen in die Energie eingetaucht. Während ich spürte, wie die violette Flamme durch mich hindurch pulsierte, stellte ich eine Verbindung vom Untersberg nach Granada her. Vor meinem geistigen Auge sah ich eine riesengroße Lichtbrücke, die von den Alpen nach Granada führte. Es wurde immer heller und die Lichtbrücke weitete sich aus. Ich konnte beobachten, wie das Licht in der Kathedrale von Granada eintraf und alles hell erleuchtete.

Louise stand in diesem Moment direkt am Altar.
Sie spürte, die Untersbergenergie war durchgezogen.
Schnell steckte sie den Untersbergstein wieder ein.
Den Kontaktstein ließ sie liegen.
Sie reihte sich in die Menge der Besucher ein und ließ sich treiben.
Es gab eine riesige Anzahl wunderschöner Kunstwerke, vor denen sie stehen blieb, eine Pause einlegte, sich bückte, ihre Schuhe zuband und dabei beiläufig weitere Steine ablegte.
Sie kam an einer kleinen Kapelle vorbei, unter deren Sitzbank sie weitere Steine verteilte. Den letzten Stein ließ sie unauffällig in ein schmiedeeisernes Fußbodengitter im Mittelgang der Kirche fallen.
Es war kein Aufprall zu hören.
Louise war verblüfft.
Wie weit das Loch wohl nach unten ging...?

Unvermindert erhellte sich das Bild vor meinem inneren Auge.

Die Lichtbrücke war plötzlich zu einer großen Lichteinheit geworden.
Ganz deutlich konnte ich die Karte Europas erkennen.
Ganz Westeuropa, von Irland bis nach Portugal über die Mitte bis hin zum Untersberg erstrahlte hell und in einem fantastischen Licht.
Ein riesiger Regenbogen vom Untersberg bis in die Kathedrale von Granada war entstanden und leuchtete vor meinem inneren Auge.
Die Verbindung vom Untersberg nach Granada stand!
Ich sah auf die Uhr.
Es war Punkt zwölf.

Ein plötzliches »Pling« holte Louise aus ihren Gedanken.
Sie zuckte zusammen.
Der Stein musste demnach doch noch irgendwo gelandet sein.
Ob es jemand bemerkt hatte?
»Das ist aber mal tief da unten«, murmelte sie erstaunt vor sich hin und blickte sich um.
Nein, niemand schien es bemerkt zu haben.
Sie verließ die Kathedrale und sah auf ihre Uhr.
Es war Glockenschlag zwölf.
Alles hatte wunderbar geklappt.
Ihr war es gelungen, den Auftrag im vorgegebenen Zeitrahmen zu erledigen.
Louise war erleichtert.

Sie bedauerte es nur, von diesem Ort keine Steine mit nach Hause nehmen zu können.
Dafür sollte sie später etwas anderes bekommen.
Die Fremdenführerin auf der Alhambra gab ihr am Nachmittag ein paar kleine Zweige, von einer über zweihundert Jahre alten Myrtenhecke …
Damit hatte sie ein kleines Mitbringsel für daheim.
Die Anspannung des ganzen Tages löste sich.
Zurück im Hotel spürte Louise deutlich die Erschöpfung.

Tim und ich räumten gerade die Teller vom Abendbrottisch, als das Telefon klingelte.

»Hallo Mama. Wie geht es dir? Hat alles geklappt?«

»Hallo Inga. Ich bin total platt. Das hätte ich niemals erwartet, dass eine derartige Aktion so anstrengend sein kann. So was aber auch. Das war ein Ding! Nach deinem Anruf heute Mittag bin ich wie aufgezogen losgelaufen. Ich kam in die Kathedrale und alles lief wie von selbst.«

In allen Einzelheiten berichtete mir Louise von ihrem ereignisreichen Vormittag.

Ich war begeistert.

Wenn ich genau überlegte, passten Louises detaillierte Schilderungen exakt mit meinen Wahrnehmungen von heute Mittag zusammen.

Als außergewöhnlich intensiv hatte ich dieses Mal das Schicken der violetten Flamme empfunden.

Geduldig wartete ich ab, bis Louise mit ihren Ausführungen fertig war.

»Mama, ich habe noch eine Überraschung für dich. Du weißt ja, dass ihr bei der Aktion in der Kathedrale zu dritt gewesen seid. Du erinnerst dich bestimmt an unser Gespräch ganz am Anfang deines Urlaubs. Wir waren zu jenem Zeitpunkt von einem Dreiertrio ausgegangen, dass sich aus dir, Saint Germain und Karl dem Großen zusammensetzen würde.

Halt dich fest!

Als die Aktion heute Mittag beendet war, meldete sich Opa Carl bei mir. Er sagte mir, dass alles gut gelaufen sei. In diesem Moment wusste ich, warum er sich wirklich meldete. Opa hat mir daraufhin meine Vermutung bestätigt.

Dein Vater Carl hat sich in der heutigen Aktion für Karl den Großen eingeklinkt und damit direkt aus der geistigen Welt mitgearbeitet. Das Projekt in der Kathedrale ist somit in Zusammenarbeit von Saint Germain und Opa Carl als dein Vater und dir als seine Tochter über die Bühne gegangen.«

Louise war überwältigt.

»Dass wir einmal auf diese Art zusammenarbeiten würden, hätte ich mir niemals träumen lassen. Papa du bist super!«

31
Oktoberfest

Donnerstag, 21.9.17

Mit der gestrigen Aktion hatten wir also ein weiteres Kapitel abgeschlossen. Nun bestand genügend Zeit, um mich in aller Ruhe auf die Reise nach Athen vorzubereiten. Es gab noch jede Menge zu bedenken.
Sämtliche Kieselsteine, die ich vor drei Tagen am Flussufer gesammelt hatte, lagen neben mir auf dem Sofa. Zuallererst wollte ich sie mit der Untersbergenergie informieren.
Ich benötigte Kontaktsteine für Griechenland.
Warum hatte ich am Montag bloß so viele Steine vom Flussufer mitgenommen? Erst das unangenehme Gewicht meiner Umhängetasche hatte mich daran gehindert, noch weitere Steine einzupacken.
Ich musste herausfinden, was genau ich mit diesen vielen Kieseln anfangen sollte. Ich konnte sie unmöglich alle mit nach Griechenland nehmen.
Oder womöglich doch?
Warum sollte ich nicht einfach mein Pendel befragen?
Auf diese Weise könnte ich herauszufinden, welche Steine sich für die anstehende Aktion in Griechenland eigneten und welche nicht. Ich begann die Abfrage, ohne die Steine vorher gezählt zu haben. Weder die Größe noch die Farbe oder ihre Form beachtend, griff ich wahllos einen Kiesel nach dem anderen aus dem Haufen und überließ die Entscheidung meinem Pendel. Die Abfrage ging klar und deutlich und außergewöhnlich schnell vonstatten.
Im Nu hatte ich die Kiesel sortiert.

Vor mir lagen zwei gleich bunt gemischte Steinhäufchen, wobei das eine, das für Griechenland bestimmt war, etwas größer ausfiel als das andere.
Die für Athen aussortierten Kiesel schob ich zusammen und packte sie in die Tüte zurück.
Dann betrachtete ich die übrigen Steine ein wenig genauer.
Sollte ich sie aufheben?
Es schien für sie erst einmal keine Verwendung zu geben.
Just in diesem Moment fiel mir das Oktoberfest ein.
Warum ich ausgerechnet jetzt daran dachte, verwunderte mich selbst.
Tim und ich freuten uns schon eine ganze Weile darauf. Wie jedes Jahr waren wir dort mit Freunden verabredet. Das alljährliche Spektakel auf der Wiesn hatte für uns schon Traditionsstatus erlangt.

Aus dem Nichts fühlte ich plötzlich das altbekannte Kribbeln im Ohr. Wie es schien, knüpfte die geistige Welt direkt ans Oktoberfest an und zwar mit Nachdruck! Saint Germain teilte mir mit, dass ich die übrigen Steine nach München aufs Oktoberfest mitnehmen solle.
War das jetzt ein Witz, oder meinte er es ernst?
Die geistige Welt war bekanntermaßen gut mit Humor ausgestattet, aber das ging jetzt wohl ein bisschen weit, wie ich fand. Ich hakte nach. Doch, die Steine sollten unbedingt nach München.
Saint Germain war hartnäckig.
Unglaublich.
Würde ich überhaupt alle Kiesel in meine kleine Handtasche hineinbekommen? Ich hatte definitiv keine Lust, mich mit weiteren Taschen zu behängen.
Und Tim wollte das mit Sicherheit auch nicht tun.
Ernsthaft zweifelte ich, ob die geistige Welt überhaupt im Stande war zu begreifen, was es bedeutete, auf der Wiesn zu feiern und sich in eine handfeste Biergaudi zu stürzen.
Wir fuhren zum Spaß dorthin!
In Gedanken tauchte ich auf dem Festplatz der Theresienwiese ein.
Sofort erinnerte ich mich an Bilder von bestimmten Bierzelten, sah

ein Riesenrad vor mir.
Doch es blieb alles sehr vage.
Hier gab es zwingenden Klärungsbedarf.
»Hallo Saint Germain und Co., Tim und ich fahren zum Feiern nach München. Versteht ihr? Feiern! Euer Auftrag, Steine zu verteilen bedeutet für uns einen großen Energieaufwand. Es kann megaanstrengend sein. Das wisst ihr! Deshalb bitte ich euch, uns nach getaner Arbeit den Weg frei zu machen fürs Bierzelt.
Ich bin zur Zusammenarbeit mit euch bereit und kann nur hoffen, dass Tim auch mitmacht. Bitte strapaziert Tim und mich nicht über.«
Was Tim anging, hatte ich ein schlechtes Gewissen.
Obwohl ich wusste, dass Tim nicht begeistert sein würde, hatte ich den Auftrag angenommen.

Samstag, 23.9.17

Unsere Fahrt nach München verlief problemlos. Das Hotel lag ausgesprochen günstig. Von dort aus war das Oktoberfest bequem zu Fuß erreichbar. Tim hatte das Auto in der Tiefgarage des Hotels abgestellt.
Jetzt standen wir beide an der Rezeption und checkten ein.
»Griaß Gott mitanand.«
Die Dame an der Rezeption begrüßte uns freundlich und übergab uns die Zimmerkarte.
»Schauns ha, do gibt's oan Wiesnplon, den könns mitnehma, dann findns sich vuilleicht bessa zuarecht.«
Sie drückte Tim die zusammengefaltete Karte in die Hand.
»Vielen herzlichen Dank.«
Tim hatte die Karte entgegengenommen und wir gingen zum Aufzug. Wir würden nur kurz ablegen und uns umziehen.
Die Wiesn wartete.

Ich schlüpfte aus der Jeans, streifte mein Dirndl über und setzte mich aufs Bett. Ansonsten war ich schon fertig gerichtet.
Neugierig faltete ich den Wiesn-Übersichtsplan auseinander.

»Tim, das ist verrückt! Als ich vorgestern die Info bekam, Steine auf die Wiesn mitzunehmen, kamen mir automatisch Bilder von ganz bestimmten Stellen vom Festgelände in den Sinn. Ich wusste allerdings nicht mehr, wo genau sie sich befinden. Doch hier ist es ganz deutlich zu sehen.«
Ich deutete mit dem Finger auf die Karte.
»Die Bilder, die ich reinbekommen habe, zeigen ganz klar die äußeren Ecken des Festgeländes mitsamt des Riesenrades. Und genau dort sollen die Steine hin. Das ist wirklich der Hammer!«
Tim hatte sein Hemd glattgestrichen und versuchte hüpfend in die Lederhose hineinzukommen.
»Also mal ehrlich, Inga. Dass wir Steine aufs Oktoberfest mitnehmen sollen, ist schon der Clou. Es wäre schön, wenn wir wenigstens auch feiern dürften. Einfach feiern, ja? Vielleicht könntest du in dieser Sache bei Saint Germain ein gutes Wort für uns einlegen.«
Sichtlich genervt verzog er das Gesicht.
»Außerdem habe ich Hunger, und ein gutes Bier wäre jetzt auch kein Fehler.«
Ich verstand Tim. Natürlich hatte er recht mit dem, was er sagte. Mein schlechtes Gewissen meldete sich… Nein, wichtig war es jetzt meinen Fokus zu halten.
Zärtlich strich ich ihm über den Rücken und küsste ihn.
»Wir werden feiern und das nicht zu knapp.«
Aufmunternd sah ich ihn an.
»Ich muss schauen, wie ich die Steine in meine kleine Handtasche hineinbekomme. Am Eingang der Wiesn stehen Ordner, stimmt's? Schau mal, wie ausgebeult meine Tasche aussieht.«
Es kostete mich Mühe, den Druckknopf der Handtasche zu schließen. Jetzt mussten nur noch die Nähte halten. Die Tasche war übervoll und beinahe kugelig.
Jetzt grinste Tim.
»Schöne blonde Maid, da hast du ja ein richtiges Wurfgeschoss. So willst du auf die Wiesn? Na, hoffentlich wirst du nicht verhaftet.«
Während Tim die Zimmertüre öffnete, zog ich meine Jacke über.

»Mann, ist meine Tasche schwer. Es wird Zeit, dass wir gehen.«
Wir verließen das Hotel und leicht fröstelnd machten wir uns auf den Weg. Uns wehte ein frischer Wind entgegen. Es war gerade mal zwei Uhr am Mittag. Um 18 Uhr waren wir verabredet.
Ein zünftiges Essen mit deftigen Knödeln und bayrischem Bier hellten Tims Miene wieder auf. Der alte Münchner Biergarten mit freundlicher Bedienung tat uns jetzt beiden gut.
Bei allem, was noch energetisch auf uns zukommen würde, wusste ich, dass wir auf jeden Fall gut geerdet sein würden.
»Eigentlich könnten wir uns so langsam auf den Weg Richtung Wiesn machen. Es ist zwar noch früh, aber ich denke, es wird bald immer voller werden. Ich möchte gerne rechtzeitig meine Steine verteilen.«
Tim stand vom Tisch auf und musterte mich mit vielsagendem Blick.
»Hast du deine Handtasche?«
Gestärkt verließen wir den Biergarten und schlossen uns der riesigen Menschenmasse an, die Richtung Theresienwiese strömte. Wir tauchten ein in ein Meer aus Dirndln und Lederhosen. Schon von weitem leuchteten uns die gelben Warnwesten der Ordner entgegen. Tim und ich ließen uns geduldig in der Menschenmenge treiben und passierten die Ordner völlig ungehindert.
Locker stupste ich Tim in die Seite und kicherte.
»Siehst du, mich durchsuchen die doch nicht. Mir fehlt das gefährliche Aussehen.«
Ich begann übermütig zu werden, erntete dafür von Tim allerdings nur fragende Blicke.
Warum lachte er jetzt nicht?
Das tat er doch sonst auch immer.
Wir gingen weiter.
Tim deutete nach vorne, wo ich zunächst nur viele Menschen erkennen konnte.
Plötzlich aber registrierte ich die gelben Warnwesten der Ordner, die in einer weiteren Reihe sehr dicht nebeneinander in Position standen.
»Da kommt noch eine Gelbjackenreihe«, bemerkte Tim trocken.
»Nur stehen die dichter als eben, ich würde beinahe sagen engma-

schig. Na, da bin ich aber mal gespannt, was die von deinen Steinen halten werden.«

Fast ein wenig spöttisch betrachtete er meine ausgebeulte Handtasche, die an meiner Schulter hing und schwer nach unten zog.

»Dass das hier alles total bekloppt ist, weißt du selber. Na ja, schauen wir mal.«

Ich schluckte.

Schweigend gingen wir weiter.

»So ein Mist», dachte ich.

Ohne Hilfe konnte die Situation jetzt problematisch werden.

»Saint Germain, hoffentlich wird es jetzt nicht ungemütlich. Wenn ich die Steine hierher bringen soll, dann lass dir jetzt etwas einfallen, okay?«

Mittlerweile hatten wir die Reihe der Ordner erreicht und standen direkt davor. Würde harmloses Umherschauen unauffällig wirken und dafür sorgen, dass ich unbeachtet blieb?

Ein Versuch war es wert.

Wie ich feststellen musste, erwies sich diese Strategie als unbrauchbar.

»Machens doch mal ihr Daschn auf», hörte ich einen Ordner sagen.

Es sagte dies laut und deutlich. Der große, etwas schwergewichtige junge Mann machte eine Geste in meine Richtung, zu ihm hinüberzukommen.

Mein Blick ging nach oben.

»Okay, jetzt seid ihr dran.«

Ich öffnete meine kleine verbeulte Tasche, aus der die Steine herausquollen, und hielt sie dem Ordner hin.

Er warf einen flüchtigen Blick hinein.

»Jo, bitte schee», sagte er, sah uns an und winkte uns durch.

Eine Spur der Verwunderung lag unübersehbar im Gesicht des jungen Mannes.

Begeistert strahlte ich Tim an, der allerdings wenig Enthusiasmus zeigte. »Mensch Tim. Das war's. Handtascherl auf und wieder zu, siehst du? So einfach ist das. Die haben da oben ganz schön mitgeholfen. Merkst du was?«

Ich spürte einen plötzlichen Energieschub.
Blitzschnell war mir klar, dass wir sofort loslaufen und die Aktion zu Ende bringen mussten. Nachdrücklich sah ich Tim in die Augen und nahm seine Hand.
»Wir müssen jetzt los! Bitte! Nur noch die Steine, okay? Danach geht's ins Bierzelt und wir trinken ›ne ordentliche Maß‹. Versprochen.«
Wir liefen los.
Die Menschentrauben hatten sich inzwischen verdichtet und das Durchkommen wurde immer schwieriger.
Das Ganze glich einem Hindernislauf über die Theresienwiese.
Da geschah etwas Außergewöhnliches.
Wie auf wundersame Weise öffnete sich der Weg durch die Menschenmassen und zwar immer genau dort, wo wir entlangliefen. Überraschend hielten wir unser hohes Lauftempo und kamen überall problemlos durch. Ohne eine Ecke auszulassen schafften wir es, alle Steine an der richtigen Stelle abzulegen.
Ich war energetisch in Höchstform.
Alles fühlte sich goldrichtig an.
Wir hatten es geschafft.

Kurz darauf kamen wir am Seiteneingang des Bierzeltes an. Unsere Freunde warteten bereits. Ohrenbetäubender Lärm schlug uns beim Eintreten in das Festzelt entgegen.
In der Tat war es jetzt Zeit für ein Bier.
Wir stiegen die Treppe nach oben. Mit dem Tisch, der uns zugeteilt wurde hatten wir ein unwahrscheinliches Glück. Er stand direkt an der Balustrade der Empore. Die freie Sicht auf die Band und den gesamten unteren Bereich des Bierzeltes war fantastisch.

Unser Biertisch schien fast zusammenzubrechen, als die kraftvollen Arme des Kellners die geballte Ladung Maßkrüge auf den Tisch wuchtete.
Er zwinkerte uns allen zu.
»Prost, olle mitanand, und vui gaudi heid omd!«

»Zum Wohl. Auf die gelungene Woche hier in Spanien.«
Louise prostete ihrer Cousine und einigen anderen Gästen mit einem Glas Rotwein zu.
Auf der großen Terrasse des Hotels genoss die Reisegruppe ihren letzten Abend. Morgen um dieselbe Zeit würden sich alle wieder auf das kühle Herbstwetter in Deutschland einstellen müssen.
Louise war an diesem Abend einfach nur erleichtert.
Sie hatte ihre besondere »Steine-Mission« erfüllt und war heiter und entspannt.
Urplötzlich ertönte ein bedrohliches Krachen und Bersten.
Es kam aus unmittelbarer Nähe.
Louise hatte gerade zum Trinken angesetzt.
Sie erstarrte.
Wenige Meter von der Gruppe entfernt landete etwas großes Schweres in den Palmen und schlug mit massiver Wucht zu Boden.
Entsetzt blickten die Hotelgäste umher.
Es waren ängstliche Schreie zu hören.
Louise sah erschrocken nach oben.
Im dritten Stockwerk hatte sich ein großer Brocken von der Balkonbrüstung gelöst. Würde womöglich das ganze Hotel zusammenbrechen?
Ihr Herz raste und sie eilte zur Rezeption.
Ein spanischer Hotelangestellter versuchte sie zu beruhigen.
»Señora, bitte regen Sie sich nicht auf. Wir kümmern uns darum.«
Mit einem flauen Gefühl im Bauch ging sie später auf ihr Zimmer.

Sie brauchte eine lange Zeit, um sich wieder zu sammeln.
Was für ein unwahrscheinliches Glück, dass sich niemand direkt unter dem Balkon aufgehalten hatte.
Nicht auszudenken, was alles hätte passieren können.
Was aber war hier tatsächlich geschehen?
Konnte dies eine Antwort der dunklen Seite auf ihre Aktion gewesen sein?

Fest stand, dass sie vor drei Tagen die Herzenergie des Untersbergs hier nach Andalusien gebracht hatte.

32
Letzte Vorbereitungen

Montag, 25.9.17

Dankbar über den einfachen, normalen Montagmorgen schwang ich mich auf mein Fahrrad und fuhr zur Arbeit.
Als ich am Nachmittag wieder zuhause war, wusste ich sofort, dass ich mich zu allererst den Flusskieseln widmen musste. Irgendetwas sagte mir, dass ich sie genauer unter die Lupe nehmen sollte.
Ich leerte die Tüte mit den Kieselsteinen und breitete die teilweise übereinandergeschichteten Steine auf dem Tisch aus. Dann nahm ich jeden Kiesel einzeln in die Hand. Erst jetzt fiel mir auf, wie unterschiedlich und bunt sie alle waren. So genau hatte ich mir die Steine, die in München geblieben waren, gar nicht angeschaut.
Auf den ersten Blick schienen alle Kiesel von der Art und der Farbe her vollkommen verschieden.
Halt, Moment! Stimmte das wirklich?
Meine Augen sprangen hin und her.
Mir fiel ein dunkelroter, fast schwarzer Kiesel auf, dessen Gegenstück ich gerade in der Hand hielt. Beide Steine waren auffallend leicht. Und es war sehr gut erkennbar, dass sie von derselben Art waren.
Ob dies wohl das einzige Paar war?
Aufmerksam verglich ich sämtliche Steine und fand tatsächlich noch ein einziges weiteres Paar.
Es war weiß.
Also waren es zufälligerweise genau zwei Kieselsteinpaare, die ich unter den vielen verschiedenen Steinen vom Flussufer mitgenommen hatte.

Ein dunkelrotes und ein weißes Paar.
Was ich allerdings damit anfangen sollte, wusste ich noch nicht.
Gedanklich machte ich einen Schlenker und mir kamen die Texte über Griechenland in den Sinn, die ich kürzlich im Internet gefunden hatte.
Ich erinnerte mich an den Absatz des Internetartikels, in dem Athen als Wiege der Demokratie bezeichnet wurde, die mit Hilfe inkarnierter Seelen aufgestiegener Meister aus dem untergegangenen Atlantis gegründet worden sei. Die kodierten Portale von Delphi und der Akropolis, die Freiheit, Freude, Glück und kreativen Ausdruck in sich trugen, seien dabei von großer Bedeutung.
Ich hielt inne und dachte nach.
Wäre es möglich, diese kodierten Energiequalitäten auf irgendeine Art und Weise hervorzuholen, um sie vielleicht sogar zu verteilen und sie damit für alle Menschen zugänglich zu machen?
Mir fiel der antike Lageplan wieder ein, den ich ausgedruckt hatte. Ich fing an, den Papierstapel auf meinem Schreibtisch durchzuforsten, auf dem seit Irland schon eine ganze Menge anderer Notizen herumlagen. Ich musste herausfinden, wo genau ich auf der Akropolis hinzugehen hatte. Dazu faltete ich den antiken Lageplan auseinander und breitete ihn vor mir aus.
Mit Hilfe meines Pendels begann ich abzufragen, welche genauen Punkte für mich und meine Aktion relevant sein würden. Dazu teilte ich die Karte zunächst in Viertel ein. Mein Pendel führte mich in den rechten unteren Bereich der Anlage, was mich zunächst erstaunte. Ich hatte fest damit gerechnet, oben und mittig im Bereich des weltberühmten Parthenons zu landen.
»Asklepieion« las ich und stellte fest, dass es sich bei den Gebäuderesten an diesem Ort im unteren Bereich der Akropolis um eine Art antike Gesundheitsanlage handelte.
Gleich links neben dem Asklepieion war auf der Karte eine Quelle eingezeichnet. Direkt unterhalb befand sich ein Weg. Ging man links um den ganzen Berg herum, erreichte man nach etwa einem Drittel der Gesamtstrecke den Ursprung der Klepsydra-Quelle, die als Heil-

quelle markiert war. Auf meine Frage hin, ob die Klepsydra-Quelle für meine Aktion von Belang sei, erhielt ich von der geistigen Welt ein eindeutiges und klares Ja.

Das Asklepieion hatte aus mehreren Gebäuden bestanden. Im Internet fand ich einen genauen Lageplan aller Gebäude und blieb beim Auspendeln der exakten Stelle direkt über den Ruinen des Asklepios-Tempels hängen. Sofort nahm ich einen Kugelschreiber und kreuzte die Stelle an.

Hier also würden wir wohl aktiv werden müssen.

Auf einmal hatte ich wieder das Bild vor Augen, als Miky im August an den Grundmauern der Hubertushütte einen Kontaktstein von unten mit auf den Berg genommen hatte. Ob ich es auf der Akropolis genauso machen sollte?

Mit Nachdruck bestätigte mir Saint Germain diese Vermutung. Also musste auch oben auf dem Plateau der Akropolis ein geeigneter Punkt gefunden und sehr wahrscheinlich mit dem Asklepieion verbunden werden.

Nochmals nahm ich den Lageplan und betrachtete den Bereich der oberen Plattform ein wenig genauer. Neben dem Athena-Tempel und dem Heiligtum des Zeus waren jede Menge weiterer Bauwerke zu finden. Schließlich viertelte ich den Plan und begann mit der Abfrage.

Ich landete bei zwei ehemaligen Gebäuden, der Stoa und dem Wohnhaus der Arrephoren. Die Arrephoren waren in der Antike junge Mädchen, die der Göttin Athene dienten. Direkt von diesem Gebäude aus mussten zwei damals existierende Treppen den Berg hinunter zum einen auf den Rundweg der Akropolis und zum anderen zu einer Grotte geführt haben.

Das hieß: Zunächst müssten wir im unteren Bereich der Akropolis in den Ruinen des Asklepieion die Untersbergenergie manifestieren und sie dann später im oberen Bereich der Anlage in den Ruinen des Hauses der Arrephoren durch den Berg hindurchzuziehen.

Laut Saint Germain sollten wir dabei einen Zeitkorridor zwischen zehn und zwölf Uhr einhalten.

Überwältigt starrte ich auf meine Steine.

Auch hier erkannte ich auf einmal eine ganz bestimmte Logik.
Meinen schwarzen Stein aus Irland und meinen weißen Stein vom Untersberg würde ich als Handwerkszeug benutzen. Tim würde seinen weißen Stein vom Untersberg mitnehmen und Basti bekäme einen von mir informierten weißen Stein mit derselben Energie. Diese würden uns allen als Verbindungssteine dienen.
Von den beiden am Flussufer gefundenen Kieselsteinpaaren würden wir eins am Asklepieion im unteren Bereich und das andere auf dem Plateau der Akropolis im Haus der Arrephoren ablegen.
Auf einmal war ich in der Lage, auch die restlichen Kiesel, die vor mir lagen, ihrer jeweiligen Aufgabe zuzuordnen.
Im Geiste sah ich Dreiecke. Wir waren zu dritt, nämlich Tim, Basti und ich. Wenn man zwei Dreiecke übereinanderlegte, ergaben sie einen Stern, aus dem man wiederum einen Kreis bilden konnte. Das war die richtige Basis, um die Untersbergenergie am Fuße der Akropolis zu manifestieren.
Ich hatte das Bild genau vor Augen.
Oben auf dem Plateau würden drei Kiesel ausreichen, um die Energie von unten durchzuziehen. Dessen war ich mir sicher. Es konnte gar nicht anders sein. Allerdings blieben jetzt noch sechs Kieselsteine übrig.
Sicherheitshalber überprüfte ich meine Vorgehensweise im Zwiegespräch mit Saint Germain.
»Saint Germain, liege ich mit meiner Vermutung über den Ablauf auf der Akropolis richtig?»
»JA!»
»Es sind immer noch sechs Steine übrig. Soll ich die hierlassen?»
»NEIN!»
»Okay! Soll ich sie also mitnehmen?»
»JA!»
»Werden wir die für etwas anderes brauchen?»
»JA!»
»Werden wir das vor Ort erfahren?»
»JA!»

Die Klepsydra-Quelle schien eine wichtige Rolle zu spielen. Das brachte mich auf den Gedanken, dass mit Hilfe des fließenden Wassers dieser Quelle die Untersbergenergie problemlos ins Mittelmeer und darüber hinaus gelangen könnte. Außerdem hätten wir vielleicht die Möglichkeit, durch unsere Aktion Zugang zur Heilenergie dieser Quelle zu erhalten, um sie anschließend nutzen zu können.
Während ich nachdachte, klopfte das Kribbeln im Ohr wieder an.

Dieses Mal war es Opa Carl.
Er bestätigte meine beiden Vermutungen.

Donnerstag, 28.9. 17

Mein erster Blick fiel auf die Rose, als ich am Morgen auf den Balkon trat, um die Blumen zu gießen. Ich konnte kaum glauben, was ich sah. Etwa zwei Wochen mochte es her sein, dass mir die bisher erste und einmalige Fünferformation von Knospen aufgefallen war. Erst jetzt erfasste ich die genaue Anordnung der Blütenansätze.
Sie entsprach exakt der fünf Augen eines Würfels.
Und die Knospe in der Mitte war dabei, sich langsam zu öffnen.
Im Zeitraffer klickten unzählige Bilder durch meinen Kopf.
Hatte ich nicht erst kürzlich die Eckpunkte auf der Europakarte abgesteckt und Papierschnipsel daraufgelegt?
Konnte es sein, dass hier ganz offensichtlich die mittige Knospe als Stellvertreterin des Untersbergs anfing zu blühen?
Diese Vorstellung hatte etwas Wunderbares…
Was für eine Symbolik spielte sich hier vor meinen Augen ab?
Ganz versunken betrachtete ich die Rose.
Die nächste Knospe, die sich öffnen würde, war diejenige, die den Eckpunkt in Irland symbolisierte. Der jetzigen Größe der einzelnen Knospen nach, würde eine nach der anderen an den Eckpunkten Granada, Athen und dann an irgendeinem Ort im Nordosten Europas aufgehen.

Es war verrückt.
Die Abfolge des Erblühens der Knospen würde sehr wahrscheinlich identisch zu den energetischen Aktionen verlaufen, die parallel von unserer Seite her stattfanden.

33
Flug nach Athen

Freitag, 29.9.17

Tim und ich holten Basti mit dem Auto von der Schule ab. Gemeinsam machten wir uns durch den Feierabendverkehr auf den Weg zum Frankfurter Flughafen. Die Sonne schien und für Ende September war es erstaunlich warm. Wir waren gut in der Zeit und kamen trotz belebter Autobahn pünktlich und entspannt am Flughafen an.
Der Start unseres Flugzeugs nach Athen war für zweiundzwanzig Uhr geplant.
Wir hatten nur Handgepäck mitgenommen, um eine Gepäckabfertigung mit eventuell langen Wartezeiten zu vermeiden.
Es gab einen Gedanken, der mich beunruhigte.
Mein weißer sowie mein schwarzer Stein waren meine wertvollsten Handwerkszeuge. Steine nach Griechenland einzuführen war zweifelsohne erlaubt. Bei der Ausfuhr konnte es allerdings Probleme geben. Es war strengstens verboten, griechische Steine ins Ausland auszuführen.
Noch zuhause hatten wir darüber gesprochen.
»Ich werde die beiden Zollbeamten da drüben fragen. Die müssten sich mit Ein- und Ausfuhrbestimmungen von Steinen auskennen.«
Tim ging geradewegs zu den Beamten hinüber. Basti und ich folgten ihm.
»Guten Tag, vielleicht könnten Sie uns weiterhelfen.«
Die beiden Männer vom Zoll sahen auf.

»Uns ist bekannt, dass die Ausfuhr von Steinen aus Griechenland verboten ist, da es sich um antike Steine handeln könnte. Wir haben zwei Steine dabei, die wir für unsere Energiearbeit verwenden. Wir wollen sie einführen, aber auch unbedingt wieder ausführen. Müssen wir diese Steine beim Zoll deklarieren?«
Ich zog die beiden Exemplare aus der Hosentasche und hielt sie den Zollbeamten hin.
Verdutzt sahen sich die beiden Männer an.
Der eine zuckte mit den Schultern.
»Das sind ja ganz normale Steine und kaum größer als ein Zweieurostück. Da dürfte es eigentlich keine Probleme bei der Ausreise geben. Ich denke, die nehmen sie einfach mal so mit, oder?«
Ein wenig hilflos blickte er seinen Kollegen an.
Dieser griff ein Telefon aus seiner Jacke und tippte eine Nummer ein.
Beide entfernten sich ein Stück.
Trotzdem konnten wir dem Gespräch gut folgen.
»Ja, hallo. Hier sind Reisende, die wollen zwei Steine nach Griechenland einführen und sie dann wieder mit nach Hause nehmen. Sie wollen wissen, ob die Steine beim griechischen Zoll deklariert werden müssen. Könnte es da Probleme geben? Nee, oder?«
Die beiden Zollbeamten tauschten sich kurz aus, bis der eine das Telefonat wieder aufnahm.
»Wie? So was hatten wir noch nie? Okay, ja, das sind zwei stinknormale Steine. Gut, sag ich ihnen. Danke.«
Die beiden Beamten kamen wieder zu uns.
»Also deklarieren müssen Sie da nichts. Gehen Sie in Griechenland einfach durch den Zoll, die gucken da sowieso nicht nach.«
»Dankeschön.«
Tim sah mich an.
Ich erwiderte seinen Blick mit einem unsicheren Achselzucken.
»Na ja, wird schon gut gehen«, murmelte ich in mich hinein.
Was blieb mir auch anderes übrig, als ins Vertrauen zu gehen?
Die geistige Welt wusste um die Wichtigkeit der beiden Steine.
Wenn sie wollte, dass alles klappte, musste sie die Umstände dafür

schaffen.
Unser Flug verspätete sich.
Es blieb uns nichts anderes übrig, als in der Abflughalle zu warten.
Eine militärisch wirkende, resolute Groundhostess ging prüfend durch die Reihen der Passagiere. Sie musterte alles sehr genau.
»Die hat keinen einzigen Fluggast ausgelassen. Beanstandungen müssen ja unwahrscheinlich Spaß machen...?«
Basti war sauer.
Letzten Endes erreichte sie auch uns. Ihre Anweisungen waren unmissverständlich. Mindestens eines unserer Gepäckstücke müsste eingecheckt werden.
Tim schnaubte.
Uns allen war jetzt schon klar, dass es locker bis in den frühen Morgen dauern konnte, bis wir unser Reiseziel erreichen würden.
Wir warteten und warteten.
Keiner der Passagiere wusste, wann wir abfliegen würden. Eineinhalb Stunden waren vergangen, bis endlich ein Mann in Pilotenuniform aus der Gangway kam und an den Boardingschalter trat. Er setzte sich hinter das Pult und sprach ins Mikrofon.
»Ich bin Ihr Flugkapitän. Es mag ungewöhnlich für Sie sein, dass ich hier zu Ihnen spreche. Wir haben große Verspätung und bitten Sie, sich noch ein wenig zu gedulden. Unser Bordpersonal ist eben erst aus Barcelona eingetroffen. Aber bald können Sie einsteigen.«
Tim und ich sahen uns müde an.
Basti stöhnte genervt und zog eine Grimasse.
»Mit denen flieg ich nie wieder. Es ist schon interessant, wie pünktlich Billigflieger sind. Bei denen kann man wenigstens solche kleinen Koffer, wie wir sie dabeihaben, als Handgepäck mitnehmen.«
Selbst Tim war jetzt gereizt.
Die gute Laune war in der Zwischenzeit bei allen von uns angekratzt. Das lange Warten zerrte an den Nerven. Ich versuchte mich zu entspannen. Mit Sicherheit würde es richtig sein, wie es war. Alles hat seinen Grund. Jedenfalls hatte ich in Gedanken schon für die Rückreise vorgesorgt.

Unsere Taschen würden wir pedantisch genau packen.
Ganz bestimmt nicht wollte ich wegen irgendeiner Dummheit, um meine Steine bangen müssen.

Der Flug verlief ruhig.
In Athen angekommen, mussten wir wie befürchtet, lange an der Gepäckausgabe warten.
Gegen drei Uhr morgens kamen wir in unserer Ferienwohnung an.
Die Straßen waren eng und vollgeparkt. Tim wollte gerade den Wagen an einer Ecke abstellen, als ein Mann über die Straße gelaufen kam. Er klärte ihn auf, dass hier eine Baustelle sei. Die Gestik des Mannes war eindeutig.
Für uns war hier kein Parkplatz.
»Dass hier um diese Uhrzeit einer rumläuft, um uns so etwas mitzuteilen… Unglaublich.«
Tim kochte.
Schon zweimal war er um den Häuserblock gefahren.
Ohne Ergebnis.
»Da vorne stehen eine Menge Männer mit Polizeiautos. Wo sind wir hier?« Basti sah sich erstaunt um.
Tim hatte in einer Querstraße doch noch eine Parklücke entdeckt. Wir luden unser Gepäck aus und liefen die paar Schritte bis zur Ferienwohnung.
Der Code an der Haustür, den wir per Mail erhalten hatte, schien zu passen.
Die Haustür sprang auf.
Erleichtert betraten wir den Eingangsflur.
Erschöpft und müde fielen wir in unsere Betten.

»Der Wecker klingelt um acht. Wenn wir noch vorher etwas zum Frühstücken finden wollen, sollten wir nicht zu spät aufstehen. Ab zehn Uhr ist die Akropolis angesagt. Gute Nacht, Tim!«
»Gute Nacht, Inga, ich schlafe schon.«

34
Die Akropolis

Samstag, 30.9.17

Übermüdet, aber motiviert, krochen Basti, Tim und ich am Morgen aus den Federn. Der mangelnde Schlaf steckte uns allen in den Knochen. Schon gleich wollten wir zu unserer Aktion aufbrechen.
Ja, genau heute würden wir die Herzenergie des Untersbergs zur Akropolis bringen und dort verankern. Das Ganze sah nach einem umfassenderen Projekt aus, bei dem wir uns auf manche Überraschung gefasst machen müssten.
Trotz unserer Müdigkeit war eine gewisse Anspannung bei jedem von uns zu spüren. Auch bei der heutigen Aktion würden Louise und Charlotte mit dem Schicken der violetten Flamme dabei sein.
Bevor wir das Haus verließen, schickte ich meiner Mutter eine Nachricht. Die violette Flamme sollte um zehn Uhr Ortszeit auf die Akropolis geschickt werden.
Wir zogen uns an und machten uns auf den Weg. Der Himmel war bedeckt. Nur spärlich drangen vereinzelte Sonnenstrahlen durch die Wolkendecke. Es war ein wenig kühl. Ein frischer Wind kam uns entgegen, als wir auf den Gehweg hinunter Richtung Hauptstraße einbogen. Dort zweigten wir links ab. Nach etwa hundert Metern erreichten wir die erste Metrostation. Wir studierten den Plan des Metronetzes und fanden heraus, dass bis zur Akropolis nur wenige Stationen zu fahren waren. Die Fahrtzeit dafür betrug lediglich ein paar knappe Minuten.
Unser Frühstück in einer Bäckerei bestand aus dampfendem Kaffee und leckeren süßen Stückchen, die noch warm und knusprig aus dem Ofen kamen.
Frisch gestärkt liefen wir die Treppe zur Metro hinunter, kauften eine Dreitageskarte und folgten der Beschilderung zu unserem Abfahrtsgleis.

Die Rolltreppen schienen endlos nach unten zu fahren.
Die nackten Wände waren mit weißen Fliesen gekachelt und vermittelten eine sterile Atmosphäre. Nirgendwo waren Reklametafeln angebracht und alles erschien kahl in dem fahlen Licht.
Spontan wurden Erinnerungen an alte Ostblockzeiten in mir wachgerufen. Als Jugendliche hatte ich damals einige Male die DDR besucht und bis heute waren diese Eindrücke geblieben.

Nach wenigen Minuten Fahrt stiegen wir aus. Der Eingang zur Akropolis befand sich unmittelbar um die Ecke.
Erstaunlicherweise standen an der Kasse nur wenig Touristen an.
Wie aus dem Nichts hatte sich plötzlich hinter uns eine riesige Schlange gebildet.
Tim löste die Tickets.
Ich sah auf meine Uhr und war erstaunt.
Es war Punkt zehn.
Ohne vorher auf die Uhr geschaut zu haben, hatte es funktioniert, den Zeitrahmen einzuhalten. Einfach so, genau wie vor sechs Wochen am Untersberg. Ab jetzt würden wir genau zwei Stunden zur Verfügung haben, um unsere Aktion durchzuziehen.
Die Zeit lief.
Ich blickte in den Himmel. Die Sonne kam heraus und die Luft erwärmte sich.
Ich schickte eine Nachricht an Louise.
»Fertig machen, es geht los.«
Direkt hinter dem Eingang war ein Tableau mit einer Übersichtskarte des gesamten Geländes angebracht. Auf der Stelle verglich ich den Lageplan mit meiner ausgedruckten antiken Akropoliskarte aus dem Internet und sah mich um.
»Seht ihr, wenn ich beide Übersichtspläne vergleiche, befinden wir uns auf der antiken Karte eindeutig hier.«
Ich deutete auf die Stelle meines mitgebrachten Plans und hielt ihn Tim und Basti hin.
»Genau. Und wenn wir den Weg da vorne hochlaufen, müssten wir

direkt zum Asklepieion kommen.«
Tim nickte.
»Dort wolltest du doch zuallererst hin.«
Basti war bereits vorausgelaufen.
Ganz oben auf dem Berg musste sich das Plateau befinden. Dort waren Teile von alten Bauwerken zu sehen. Es gab einen Hauptweg, auf dem die Besucher entlanggeführt wurden. An jeder Ecke standen Aufpasser mit Trillerpfeife, die ausnahmslos jedes Vergehen, wie das Überschreiten des Weges oder das Steigen auf Mauern, mit lautem Pfeifen und zurechtweisendem Blick ahndeten.
Langsam gingen wir weiter.
Wir mussten genauestens achtgeben, nichts zu übersehen. Es war unerlässlich gewissenhaft hinzuschauen, wo wir uns befanden, denn der Zahn der Zeit hatte die Formen der Grundmauerreste massiv verändert.
Basti war stehen geblieben und sah sich um.
»Hier biegt ein langer Weg nach links ab und führt geradeaus. Vielleicht sollten wir diese Richtung entlanggehen. Wenn wir nämlich hier weiterlaufen, kommt nicht mehr viel.«
»Das, was du meinst, Basti, müsste der Rundgang sein. Aber schau mal genau hin. Direkt dort vorne, wo nicht viel zu sehen ist, sind trotzdem kleine Fragmente von Mauerresten erkennbar.«
Tim war ein paar Schritte vorausgegangen, blieb stehen und wartete auf uns.
»Wir befinden uns jetzt direkt unterhalb des Berges.«
Ich deutete nach vorne.
»Zwischen den ganzen Baumgruppen dort, das müssten alles Grundmauern sein, die zum Asklepieion gehören.«
Nochmals verglich ich unsere Position mit meiner mitgebrachten Karte.
»Von der Lage her müsste es stimmen. Es ist aber in der Tat nicht leicht zu erkennen.«
Tim schaute suchend durch das Gelände.
»Könnt ihr hier irgendetwas von einer Quelle sehen?«

Eine Frau kam auf uns zu.
Sie hatte die ganze Zeit unter einem Baum auf einer Bank gesessen.
»Ach, da kommt ja jemand», sagte Tim. »Ich werde einfach mal nachfragen.»
Basti hatte sich auf einen Stein gesetzt.
Aufmerksam inspizierte ich die Gegend, während Tim sich mit der Frau unterhielt. Aus dem Augenwinkel konnte ich beobachten, wie die Frau immer wieder den Kopf schüttelte und gestikulierend auf Tim einredete. Neugierig geworden ging ich zu den beiden hinüber.
Die Frau holte ihr Handy zum Vorschein und zeigte uns Fotos.
Auf ihnen war eine Höhle zu sehen, in der sich eine Quelle befand.
Auch Basti kam dazu.
Tim sah uns beide an.
»Ihr habt nicht alles mitbekommen, was die Frau erzählt hat, stimmt's? Sie hat mir erklärt, dass es hier eine wichtige heilige Quelle gebe, an die wir aber nicht herankämen, denn sie sei vollkommen abgesperrt und videoüberwacht.»
Tim machte ein gequältes Gesicht.
»Ich hab ihr einen Fuffi hingehalten und gefragt, ob sie uns dorthin führen könnte, aber sie hat sich geweigert. Stellt euch vor, nur an einem einzigen Tag im Jahr öffnen die hier den Zugang zur Quelle. Und jetzt passt aber auf: Für sage und schreibe ganze zwei Stunden. Ist das nicht der Hohn?»
Tim hatte sich in Rage geredet.
Ironisch ergänzte er: »Also hat jeder, der tatsächlich dorthin will, reelle Chancen auf Erfolg. Damit wir zufrieden sind, hat sie uns die Fotos der Quelle auf ihrem Handy gezeigt.»
Er schnaubte verächtlich.
»Wer ist es, der verhindern will, dass die Menschen dorthin gelangen können?»
Diese Quelle schien in der Tat eine besondere Rolle zu spielen. Warum auch immer, sie wurde unter dem Deckel gehalten. So kamen wir nicht weiter. Mein Blick schweifte über das Gelände .
Zufällig fiel mir ein Baum auf.

Er war von einem harmonischen Gefüge einiger großer Steine umgeben. Dies gab dem Bild etwas Einzigartiges. Genau hier musste der richtige Platz sein, um die Herzenergie des Untersbergs durchzuziehen!

Ich war mir sicher.

Ein Blick auf den Plan bestätigte es. An diesem Ort befanden sich die Grundmauern des Asklepieion. Es war genau die Stelle, die ich ausgependelt hatte. Wenn hier tatsächlich eine Quelle in unmittelbarer Nähe floss, dann würden die langen Wurzeln dieses alten Baumes das Quellwasser in sich aufnehmen...

»Wir sind hier richtig.«

Ich hatte sechs Kieselsteine in meine geöffnete Hand gelegt.

»Jeder von uns bekommt zwei Steine. Bitte sucht sie euch selber aus. Wer auch immer diese Energie der Heilquelle verstecken will, kann es vergessen, denn es ist zwecklos. Dieser Baum hier und letztlich auch alles andere haben dieses Quellwasser aufgenommen. Ist doch eigentlich ganz logisch. Die Frage wird sein, wie man den Zugang dazu bekommen kann. Ich glaube, rein energetisch könnte das funktionieren.«

Basti war der Erste, der sich zwei Steine nahm.

Es folgte Tim und ich nahm, was übrig blieb.

Dann fuhr ich fort: »Wir legen die sechs Kieselsteine gleichmäßig um den Baum herum auf die großen Steine. Jeder von uns sollte sich dazu in die violette Flamme stellen. Meinen weißen Stein vom Untersberg und meinen schwarzen Stein aus Irland lege ich in die Mitte so nah wie möglich an den Baum.«

Tim und Basti sahen mich erwartungsvoll an, während ich die beiden Steine direkt am Baum platzierte. Ich hatte mich oben auf einen großen Stein unmittelbar am Baum gestellt.

»Kommt mit hoch. Wir stellen uns zu dritt um den Baum herum. Dann fassen wir uns an den Händen. Das stärkt den Energiefluss. Zum Schluss ziehen wir die Herzenergie des Untersbergs aus den bayrischen Alpen bis hier hin durch. Basti, du bist gut in Erdkunde und weißt Bescheid, also nochmal: von Bayern bis hierher, mit Schmackes

eins, zwei, drei - jetzt!»
Gleichzeitig zogen Tim, Basti und ich mental den Lichtstrahl durch den Baum.
Genau hier an diesem Platz wurde in diesem Moment die Herzenergie des Untersbers verankert.
Ich spürte sofort, dass der Energiestrom da war.
Wir drei ließen die Hände los und sahen uns an.
Es hatte funktioniert!
Ich steckte meinen schwarzen irischen und den weißen Stein vom Untersberg in meine Tasche zurück. Ansonsten nahm ich mir einen weiteren Stein, der neben dem Baum lag. Dieser würde uns nachher als Kontaktstein das Durchziehen des Energiestrahls erleichtern.
»Jetzt müssen wir hoch aufs Plateau.»
Ich war zufrieden, denn der erste Teil hatte wunderbar geklappt.
Ob es oben auch so reibungslos funktionieren würde?

Wir folgten dem Weg nach oben bis zum Eingangstor zwischen den Säulen. Ab hier wurde es plötzlich unwahrscheinlich voll. Menschenmassen aus aller Herren Länder drängten die Treppen hinauf. Das Durchkommen schien immer schwieriger zu werden.
Doch auf einmal spürte ich wieder diesen Energieschub.
Er war wieder da.
Wie beim Oktoberfest.
Er ermöglichte mir, einfach frei wie durch einen Tunnel zu laufen. Alles vor mir schien sich zu öffnen, wobei ich keinesfalls mein Lauftempo verringern musste. Beim Durchqueren der Massen gab es für mich kein Stocken, allerhöchstens mal ein Ausweichen.
Ich lief einfach.
Tim und Basti hatten Mühe, mir zu folgen. Während ich lief, drehte ich mich immer wieder um, damit ich die beiden nicht verlor. Dabei musste ich unwahrscheinlich aufpassen, um meinen Energielevel zu halten. Ich spürte, welch ein Kraftakt es war, diese Aktion durchzuführen. Nur als Dreiergespann konnte unser Unternehmen in Griechenland erfolgreich durchgeführt werden und ich wusste, dass die

beiden alles Erdenkliche tun würden, um die Aktion hundertprozentig zu Ende zu bringen.
Jetzt ging es ein Stückchen geradeaus.
Rechts kam der weltberühmte Parthenon in mein Blickfeld, der unübersehbar über der Hauptstadt Griechenlands thronte und als Wahrzeichen der Akropolis galt. Er war fast komplett von Baugerüsten eingeschlossen. Eine Menge Menschen standen staunend davor und fotografierten.
Als ich mich umdrehte, sah ich Tims gestreiftes T-Shirt und Bastis dunkelroten Pulli in der Menge. Die beiden kamen in meine Richtung gelaufen. Wir hielten uns links in Richtung des Erechtheion-Tempels. Auf etwa halber Strecke dorthin lag das Gemäuer, um das es ging.
Tim hatte die Stelle auf der Karte sofort entdeckt.
»Genau dort drüben müsste es sein. Aber das ist alles komplett abgesperrt. Wir werden dort wohl kaum hinkommen können.«
Ich musste mich bewegen, um mein Energiefeld zu halten. Langes Stehenbleiben in Menschenmassen ging nicht mehr.
»Lasst uns diesen Weg weiterlaufen, ich möchte dort vorne nochmal reinspüren.«
Ich setzte alles daran, so zentriert wie möglich zu bleiben. Wir liefen am Erechtheion vorbei, gelangten zu den Überresten eines ehemaligen Königspalastes und blieben schließlich auf einem offenen Platz stehen.
Ich schüttelte den Kopf und wies in Richtung des Erechtheions zurück.
»Also hier ist meines Erachtens energetisch überhaupt nichts los.«
Tim hatte sich umgedreht.
»Geht mir genauso. Aber dort unten, wo wir gerade herkommen, da war etwas. Dort, wo wir laut Plan hingehen sollen, müsste energetisch richtig viel zu finden sein. Wenn man genau hinsieht, haben die einen beträchtlichen Teil vom ganzen Komplex abgesperrt. Allem Anschein nach wird da restauriert. Auf alle Fälle wurden jede Menge Bauhütten und Zelte aufgestellt. Das Areal ist für Touristen nicht mehr begehbar.«

»Trotzdem. Lass uns zurückgehen. Mal sehen.»
Mehr fiel mir dazu im Moment nicht ein.
Tim, Basti und ich schlängelten uns an Menschentrauben vorbei, bis wir wieder vor dem Eingang des Erechtheion-Tempels landeten. Überall standen Touristengruppen, zwischen denen laut rufende Reiseführer hin und herliefen.
Tim wirkte zerknirscht.
»Es ist alles derart engmaschig abgesperrt, und überall stehen diese Ordner mit Trillerpfeife herum. Wir kommen da unmöglich unbemerkt hin.»
Gerade half ein Ordner einer Dame aus dem Fahrstuhl, der über die Außenmauer auf die Akropolis hinauffuhr. Sie befanden sich auf einer Art Holzpodest und schienen beschäftigt.
Wäre das die Möglichkeit einen Sprung über das Absperrband zu wagen?
Zu spät.
Der Ordner schaute in unsere Richtung.
Trotzdem war eindeutig spürbar, dass hier vor dem Erechtheion-Tempel die Energie bedeutend höher war als woanders. Seit ein paar Minuten schon standen wir an der Absperrung vor dem Eingang des Erechtheions. Eher beiläufig stellten wir fest, dass wir von niemandem registriert wurden.
Suchend ließ ich meinen Blick über die Absperrung gleiten. Vielleicht würde ich ja doch noch ein Schlupfloch finden.
Plötzlich hielt ich inne.
Ich hatte etwas erblickt.
Es lag keinen Meter von uns entfernt.
Ohne Nachzudenken erinnerte es mich an unsere Aktion am Untersberg. Dort hatten Tim, Miky und ich zwischen den Felsen mitten auf einer Wiese einen Steinkreis entdeckt. Jetzt fixierten meine Augen eine große, runde Steinplatte, die hinter der Absperrung lag und etwa einen Meter Durchmesser hatte.
Der Zusammenhang war da, die Kreisform wiederholte sich!
Mein Blick ging durch die Menschenmassen rings um uns herum.

Niemand nahm Notiz von uns.
Sofort stupste ich Tim und Basti an.
Ich hielt ihnen meine Hand mit den restlichen drei Kieselsteinen hin.
»Die runde Steinplatte dort ist die richtige Stelle. Die nehmen wir. Die Schwingung hier ist gut. Jeder von uns bekommt einen Stein. Wir steigen gleich über diese Absperrung. Unsere Steine legen wir in Form eines Dreiecks auf die runde Steinplatte. Der Kontaktstein von unten und mein weißer und mein schwarzer Stein kommen in die Mitte des Dreiecks. Dann stellen wir uns um den Kreis der Steinplatte und ziehen die Energie von unten durch den Berg durch.
Genau durch diese runde Steinplatte, okay?
Jetzt!«
Ohne uns nochmal umzublicken, stiegen wir flink über das Band der Absperrung.
Jetzt musste alles zügig gehen.
Egal, was kommen mochte, wir mussten einfach schneller sein als die Ordner. Jeder legte seinen Stein so ab, dass sich ein gleichseitiges Dreieck auf der runden Steinplatte bildete. Ich nahm den Kontaktstein und platzierte ihn mit meinem weißen und meinem schwarzen Stein in die Mitte.
Wir fassten uns an den Händen.
»Ihr seid bereit?«
Ich blickte hoch, wir drei sahen uns an und nickten.
»Eins, zwei, drei – jetzt!«
Wir bündelten unsere mentale Kraft.
Zeitgleich schoss der Energiestrahl vom Herzchakra des Untersbergs, den wir eben am Fuße der Akropolis verankert hatten, durch den Berg mitsamt der runden Steinplatte hindurch.
Es ging alles sehr schnell.
Die Kraft, die dahinter steckte, war deutlich zu spüren. Die Energiefontäne war durchgezogen. Egal, welcher Ordner jetzt noch pfeifen wollte, wir waren fertig. Tim, Basti und ich sahen auf und nickten uns zu. Wie selbstverständlich kletterten wir über die Absperrung zurück auf den Weg.

Es war fantastisch.
Wir waren umgeben von Menschen, aber keiner hatte uns registriert. Selbst der Ordner hatte uns nicht bemerkt. Er stand nur wenige Meter von uns entfernt.
Tim schmunzelte.
»Ich glaube, wir waren unsichtbar.«
Prompt dachte ich an meine Mutter.
»Du meinst, uns ging es wie Louise in der Kathedrale in Spanien? Sie hat dort dasselbe Phänomen erlebt. Ich glaube, die geistige Welt sorgt einfach im richtigen Moment dafür, dass wir für andere unsichtbar sind.«
Basti überlegte.
»Heißt das, die anderen gucken in diesem Augenblick wie zufällig woanders hin? Oder die geistige Welt hilft nach, indem sie vielleicht einen Vogelschwarm aufscheucht? Alle würden dann sofort in diese Richtung schauen. Ist es so?«
»Ganz genau, Basti. Eigentlich ist es egal, wie du es betrachten magst. Entscheidend sind allein die Umstände, die im jeweiligen Moment einfach passen. Die machen gute Arbeit da oben.«
Ich war beeindruckt mit welchem Überblick Basti die Dinge bereits erfasste.
»Du hast deine Sache super gemacht.«
Ich nahm ihn in den Arm und drückte ihn.
»Das war deine erste Aktion in Zusammenarbeit mit der geistigen Welt. Wirklich prima! Und alles ganz souverän. Danke schön. Danke euch beiden, Basti und Tim.«
Der Pflichtteil unserer Griechenlandreise war somit erledigt. Ich war erleichtert, denn endlich konnten wir zum entspannten Teil unseres Kurzurlaubs übergehen.

Tim hatte eine Idee.
»Wollen wir jetzt mal auf der anderen Seite nach unten gehen? Wir könnten doch ein Stückchen in die Richtung des Quellursprungs den Berg hinunterlaufen.«

Basti war sofort begeistert.

»Dort sind bestimmt nicht mehr so viele Menschen wie hier oben. Vielleicht finden wir dort noch etwas…?«

Wir schoben uns zurück durch die Massen zum Tor. Dabei machten wir einen kleinen Schlenker am Parthenon vorbei, dessen eigentliche Schönheit hinter Planen versteckt war. Von hier aus hatten wir einen fantastischen Blick in die Umgebung. Die Aussicht reichte über die Stadt Athen und deren umliegenden Hügel bis hin zum Meer.

Wir liefen die Treppen und das restliche Wegstück bergab, bis wir wieder den Rundweg erreichten. Von hier aus war der Quellursprung nicht weit. Genau darunter blieben wir stehen.

Kopfschüttelnd blickte ich nach oben.

»Wirklich, es ist alles abgesperrt! Seht ihr die ganzen Überwachungskameras? Warum wird den Menschen der freie Zugang zur Heilquelle verwehrt? Was ist der wahre Grund dafür?«

Basti hatte interessiert zugehört.

»Mama, ich glaube, die meisten Menschen wissen gar nicht, dass es hier eine Quelle mit großer Heilkraft gibt. Vielleicht wird es in Zukunft immer mehr Menschen geben, die das erkennen werden. Sollte der wahre Grund für die Absperrung tatsächlich die Heilenergie sein, wird das garantiert herauskommen. Davon bin ich überzeugt. Die Menschen können nicht dauerhaft von der Quelle ferngehalten werden.«

Tim war ein Stück vorausgegangen.

Er hatte eine Art Pfad entdeckt, der den Hang hinaufführte. Rechts ging es zu einer metallenen Gittertreppe, die aber auch komplett abgesperrt war. Jetzt stand er direkt davor. Kam aber nicht mehr weiter. Woraufhin er links ein paar Felsen hochkletterte, bis er eine kleine Höhle erreichte.

Basti und ich standen unten und beobachteten ihn.

Ich winkte Tim.

Meinen Sohn schien die Abenteuerlust gepackt zu haben.

»Mama, komm schon, da gehen wir auch hoch.«

Tim hatte sich auf einen großen Stein vor die Höhle gesetzt.

»Hier ist komischerweise nichts abgesperrt. Dort drüben aber an der Treppe schon.«
Basti setzte sich neben ihn.
Tim sah uns an.
»Fühlt ihr das Kribbeln in den Händen? Hier, Inga, spür da mal genau rein.«
Jetzt stand ich neben ihm. Ich musste mich bücken, um in die Höhle hineinschauen zu können. Ein paar Meter weiter hinten schien sie zu enden. Die Wände waren feucht. Ich suchte mir einen trockenen Platz und saß schließlich ein wenig versetzt von Tim und Basti im Höhleninneren.
In der Höhle war eine sehr hohe Energie spürbar.
»Wow. Du hast recht. Basti, spürst du das auch?«
Basti war die ganze Zeit nur schweigend dagesessen.
Er sah mich an und nickte.
»Sag mal, Mama, wo sind wir hier genau? Also erstens ist es hier feucht, hier gibt es eine Quelle, und zweitens scheint sie eine sehr hohe Schwingung zu haben.«
Ich rutschte auf einem kantigen Stein hin und her und versuchte dabei eine bequeme Position zu finden.
Tim stand auf.
»Die Energie hier ist unglaublich hoch. Die Frage ist nur, warum diese Höhle dann nicht auch abgesperrt wurde.«
Grübelnd kramte ich nach dem antiken Lageplan in meiner Hosentasche.
»Diese Höhle hier liegt ein kleines Stückchen oberhalb des Rundgangs, der um die Akropolis führt. Und so wie ich das sehe, befindet sich direkt über uns die Mauer des Plateaus. Unsere Stelle hier in der Höhle müsste sich demnach exakt unter dem Punkt des Plateaus befinden, an dem wir vorhin die Energie durchgezogen haben. Könnte das eine Erklärung für die hohe Energie hier sein?«
Tim war die ganze Zeit vor der Höhle hin und her gelaufen. Jetzt kam er unmittelbar auf uns zu.
»Das stimmt. Wir müssten uns direkt unterhalb der besagten Stelle

von oben befinden. Jetzt ist die Frage: Ist die Energie hier deshalb so hoch, weil wir sie eben durchgezogen haben, oder war sie vorher schon genauso intensiv?«

Aufmerksam war Basti unserem Gespräch gefolgt.

»Das können wir jetzt leider nicht mehr nachprüfen. Wir hätten das vor dem Durchziehen der Energie tun müssen. Aber dummerweise konnten wir das vorher nicht wissen.«

»Diese Höhle ist jedenfalls nicht abgesperrt«, stellte Tim fest. »Aus irgendeinem Grund scheint sie keine Bedeutung zu haben. Für wen auch immer. Aber dieser Fleck hier hat energetisch definitiv eine Bedeutung.«

»Die Frage ist, seit wann?« warf Basti ein.

Seine Mitarbeit war genial.

»Das werden wir wohl nicht mehr rausbekommen. Schade, eigentlich.«

Kurzerhand griff ich nach meinem Pendel. Ein Check-up mit Saint Germain könnte uns den aktuellen Stand darlegen. Er betonte mit Nachdruck, dass die Herzenergie des Untersbergs ab sofort auf der Akropolis verankert sei.

Zudem bestätigte er den erfolgreichen Abschluss unserer Aktion auf der Akropolis .Wir hatten tatsächlich den Zugang zur Energie der Klepsydra-Quelle gefunden und könnten diese Heilenergie fortan nutzen.

Neugierig schaute Basti in meine geöffnete Hand.

»Mama, weißt du, was mit den restlichen sechs Steinen passieren soll?«

Nachdenklich blickte ich auf die sechs bunten Flusskiesel.

»Die Steine werden auf jeden Fall in Griechenland bleiben, wir wissen aber noch nicht, wo. Lassen wir uns überraschen.«

Aufmunternd zwinkerte ich Tim und Basti zu.

»Soeben habe ich mit Saint Germain gesprochen. Es ist alles getan. Die Energie vom Untersberg ist hier verankert und sie fließt. Er dankt uns dafür.«

Das nette Stadtviertel unterhalb der Akropolis, von dem Tim daheim

gesprochen hatte, fanden wir sofort.
Wir waren hungrig und hatten zu wenig Schlaf. Die intensive Energiearbeit des heutigen Tages tat ihr Übriges. Angesichts der vielen einladenden Tavernen fiel uns die Auswahl schwer. Überall herrschte buntes Treiben und der Duft leckerer griechischer Köstlichkeiten stieg uns in die Nase. Jetzt war es an der Zeit, sich etwas Gutes zu tun. Abschalten und genießen war angesagt.
Überhaupt war in diesem Moment alles genial, das Essen schmeckte. Der griechische Rotwein konnte es zweifelsfrei mit einem Italiener aufnehmen.

Satt und müde machten wir uns auf den Rückweg zur Metrostation.
Morgen war auch noch ein Tag.
Wir wollten nur noch schlafen...

35
Delphi

Sonntag, 1.10.17

Heute war der erste Oktober.
Mit diesem Gedanken wachte ich auf. Wir hatten unsere gestrige Aktion auf der Akropolis exakt am letzten Tag des Monats September zum Abschluss gebracht.
Das stimmte mich zufrieden.
Jetzt freute ich mich auf die nächsten erholsamen Tage.
Wir hatten geschlafen wie die Murmeltiere und fühlten uns wesentlich besser und erholter als am gestrigen Tag. Tim schlug vor, nach Delphi zu fahren. Von Athen aus müssten wir mit etwa zwei Stunden Fahrtzeit rechnen, was zweifellos gut machbar war.
Basti stand noch unter der Dusche, als Tim und ich am Küchentisch saßen und Informationen über Delphi googelten.

Tim war bei Google Maps hängengeblieben.
»Willst du etwas über unseren genauen Standort wissen? Ich zeig dir mal was. Unsere Ferienwohnung liegt direkt neben der Landespolizei. Jetzt müssen wir uns auch nicht mehr über diese ganzen Typen wundern, die hier, zwar in Zivil herumlaufen, aber zur Polizei gehören und von denen wir die ganze Zeit das Gefühl haben, sie würden uns beobachten.«
»Verstehe«, kommentierte ich Tims spontane Recherche. »Ich glaube, die wissen selber nicht so genau, warum sie uns beobachten.«
Unterdessen hatte ich etwas ganz anderes gefunden.
»Hier, das ist der Apollontempel, zu dem wir hinfahren wollen. Er soll einst Sitz des Gottes Apollon gewesen sein.«
Tim setzte eine wichtige Miene auf.
»Nicht schlecht. Der hat sich damals auch gleich einen größeren Park anlegen lassen, so wie das auf dem Bild aussieht.«
Es war ein größerer Artikel, über den ich gestolpert war.
»Hier steht etwas über das Orakel von Delphi. Jetzt wird's richtig mythisch. Pass auf.«
Ich begann zu lesen.
»Den Menschen der Antike galt Delphi als Nabel der Welt. Dem Mythos nach ließ der Göttervater Zeus zwei Adler von je einem Ende der Welt aufsteigen, die sich in Delphi trafen. Nach dem Ende des goldenen Zeitalters vereinigte sich die Erdmutter Gaia mit dem Schlamm, der von der Welt übrig blieb, und gebar die geflügelte Schlange Python. Python hatte hellseherische Fähigkeiten und lebte an dem Ort, der später Delphi heißen sollte. Zeus zeugte mit einer seiner Geliebten ein Zwillingspaar, Artemis und Apollon. Apollon tötete die geflügelte Schlange Python, und durch das Blut, das sie vergoss, übertrug sich ihre hellseherischen Fähigkeiten auf Delphi. Das Orakel von Delphi war dem Apollon geweiht und galt als das wichtigste Orakel im antiken Griechenland. Es entwickelte im gesamten Griechenland einen beträchtlichen Einfluss und wurde vor allen wichtigen Unternehmungen befragt.«
Ich machte eine Pause.

»Und jetzt wird's amüsant… Der schöne Apollon muss eine Schwäche für die Weiblichkeit gehabt haben. Auf jeden Fall hat er einer delphischen Nymphe namens Kastalia nachgestellt, die sich vor seinen Verfolgungen irgendwann in eine Quelle stürzte.«
»Nee, oder…? In eine Quelle?«
Tim schüttelte sich vor Lachen.
»Wie singt Rainhard Fendrich so schön: ›Er hat en Hintern wie Apollo‹… Sehr wahrscheinlich war der aber nicht schön genug für eine delphische Nymphe.«
Prustend ergänzte ich: »Womit einmal wieder ganz eindeutig bewiesen wäre, dass die damaligen Götter alles andere als prüde und heilig waren.«
Wir beide lagen fast unter dem Tisch vor Lachen, als Basti aus dem Bad kam.
»Was ist denn mit euch los? Ist alles gut?«
Immer noch lachend setzte ich fort: »Seither trug diese Quelle ihren Namen und hatte eine besondere Wirkung auf den Menschen. Der Überlieferung aus der griechischen Mythologie nach wurde das Wasser der Quelle für rituelle Waschungen verwendet. Ein jeder, der sich mit dem Wasser wusch, würde von der Muse geküsst. Es ging um die unerschöpfliche Quelle der Begeisterung, der Kreativität und der Inspiration, die damit in die Welt getragen werden sollte.
Das klingt doch nicht schlecht. Lass uns aufbrechen.«
»Auf zu Apollo!«, rief Tim.
Basti verzog das Gesicht.
»Müsst ihr eigentlich immer so peinlich sein? Bitte nicht so laut und schon gar nicht auf der Straße. Gott sei Dank kennt uns hier niemand.«

Was uns beim Verlassen der Ferienwohnung sofort auffiel war die hohe Polizeipräsenz. Der gesamte Straßenzug wurde von Polizisten in Zivil überwacht. Beim Fußmarsch in Richtung Hauptstraße passierten wir einige uniformierte Polizisten. Sie musterten uns genau. Ebenso registrierten wir die kontrollierenden Blicke, die uns aus etlichen Polizei-

autos entgegenkamen.
Wir hatten Glück. Ein wesentlich schöneres und größeres Café als am Vortag befand sich in unmittelbarer Nähe.

Bereits auf dem Weg zum Frühstück hatte es angefangen. Ein zunehmender Druck zog durch meine linke Nierengegend. Nur ungern erinnerte ich mich an diese Art von Schmerz. Sofort fiel mir die Nierenbeckenentzündung von damals ein. Zwanzig Jahre musste das her sein. Der dumpfe Druckschmerz in der Flankengegend nahm zu und kam in Wellen.
Nein, das durfte jetzt alles nicht wahr sein.
Warum ausgerechnet jetzt?
Sollte ich zum Arzt gehen?
Benötigte ich ein Antibiotikum?
Mein Kopf pochte und leichte Panik stieg in mir auf. Der Schmerz nahm stetig zu. Ich ermahnte mich zur Ruhe. Gestern waren wir auf der Akropolis gewesen und hatten dabei hochenergetisch gearbeitet. Waren diese Schmerzen eine Heilreaktion auf die Klepsydra-Quelle? Mein Pendel bestätigte mir diese Annahme. Sollte ich das Risiko eingehen nicht zum Arzt zu gehen?
Nicht weiterdenken, sondern weitermachen.
Das war das Einzige, was mir dazu einfiel.

Fertig gefrühstückt verließen wir das Café.
Vor unserem Mietauto angekommen blieben wir erstaunt stehen. Die Parkverhältnisse in Athen stellten uns vor die nächste Herausforderung. Zwei Motorräder hatten unseren Wagen bis auf wenige Zentimeter zugeparkt. Nur mit großer Mühe gelang es Tim, eines der Motorräder zur Seite zu schieben.
Er war gereizt.
»Da hat jemand richtige Maßarbeit geleistet. Hier werden wohl millimeterweise Parkplätze vergeben...«
Tim verzog das Gesicht.
»Zum Glück habe ich gut gefrühstückt.«

Das Navi zeigte uns bis Delphi eine Fahrtzeit von ungefähr zwei Stunden an.
Dankbar über den bequemen Autositz konnte ich trotz der Schmerzen einigermaßen entspannen. Ich nutzte die Dauer der Autofahrt. Es war genügend Zeit. Kontinuierlich visualisierte ich einen Heilstrahl in meinem Rücken. Immerhin schienen die Schmerzen im Moment nicht stärker zu werden.
Unterwegs regnete es teilweise heftig, dann kam wieder die Sonne durch. Noch etwa dreißig Minuten hatten wir zu fahren, als wir die Autobahn verließen. Es ging Richtung Nordwesten. Die anfangs flache Gegend veränderte sich und wurde hügeliger. Die Straßen wurden kurviger und schließlich befanden wir uns in einer reinen Berglandschaft, die sich bis zu unserem Ziel fortsetzte.

Nach einer Rechtskurve tauchten die markanten Säulen des Apollon-Tempels auf. Tim stellte den Wagen etwa dreihundert Meter vor dem Eingang zur Tempelanlage ab. Außer uns standen lediglich vereinzelt andere Autos da.
Es bot sich ein malerischer Blick über das tief gelegene Tal. Direkt unterhalb des Abhangs waren deutlich große Areale mit Mauer- und Säulenresten zu erkennen, die zum Teil restauriert wurden.
Die Wolken schienen ein wenig aufzulockern. Trotzdem war es weiterhin windig und kühl.
Dauerhaft spürte ich den an- und abschwellenden Druckschmerz im Rücken.
Ich musste die geistige Welt dazuholen.
»Bitte helft mir, dass das gut geht. Ich verstehe das alles nicht.«
Der dumpfe Schmerz im Rücken ging allmählich in ein, hin und her wechselndes Stechen im Lungenbereich über.
Wie konnte das alles zusammenhängen?
Vor gut fünfundvierzig Jahren hatte ich als Kleinkind eine doppelseitige Lungenentzündung fast nicht überlebt.
Stand hier möglicherweise auch Heilung an?
Etwa zweihundert Meter vor dem Eingang zur Tempelanlage kamen

wir an einem Hinweisschild vorbei. Auf diesem wurde die Kastalische Quelle erwähnt.
Laut Beschreibung musste sie sich weiter oberhalb am Berg befinden. Eine deutsche Familie näherte sich uns. Es war der Großvater, der zuerst stehenblieb.
»Genau hier war's. Die Oma und ich waren vor fünfzig Jahren hier unterwegs. Damals konnten wir einfach den Berg hochlaufen. Alles war offen, und wir kamen geradewegs bis zur Quelle. Wie man sieht, ist jetzt alles abgesperrt.«
Wir drei tauschten vielsagende Blicke aus.
Tim schüttelte ungläubig den Kopf.
»Wirklich erstaunlich ist das. Als Argument werden bestimmt die vielen Touristen vorgeschoben.«
Basti brachte es auf den Punkt.
»Eindeutige Tatsache ist, dass auch hier die Quelle abgeschirmt wird.«

Erleichtert stellten wir fest, dass es hier bei weitem nicht so voll war wie auf der Akropolis. Der Kauf der Eintrittskarten ging zügig vonstatten.
Es war Basti, dem beim Durchqueren der ersten Tempelruine die beiden in Stein gemeißelten Kreuze auffielen, die sich direkt am Eingang sowie am Ende des ehemaligen Gebäudes befanden.
»Ob sich die Kirche auch hier sofort verewigt hat?«
»Gut aufgepasst, Basti! In der Tat ist es auffallend, dass jeder, der diesen Tempel betreten will, an diesem Kreuz vorbeigehen muss. Das Kreuz am Ausgang dürfte die Intention der Kirche noch bekräftigen.«
Auf den ersten Blick waren die Steine hier alle total verschieden. Man bekam den Eindruck, sie seien aus den unterschiedlichsten Zeitepochen zusammengesetzt.
Der gekennzeichnete Hauptweg war hier ebenso klar begrenzt wie auf der Akropolis.
Während wir langsam den Berg hochliefen, sahen wir uns um.

Im unteren Bereich der großen Anlage war an manchen Stellen ein ausgesprochen intensives Kraftfeld spürbar, an anderen dagegen gar keins.
Tim war vorausgelaufen und vor einer größeren Mauer stehen geblieben.
»Hier stehen ja noch mehr Ordner mit Trillerpfeifen herum, als auf der Akropolis.«
Wir erreichten ein Fundament, das aus sehr großen, unförmigen Steinen bestand. Diese waren sehr präzise zusammengesetzt und erinnerten mich sofort an Mauern von Inkaruinen in Südamerika. Die viel kleineren, rechteckigen Steine darüber wirkten dagegen eher gewöhnlich und unbedeutend.
Immer weiter ging es bergauf, an einem Säulenkomplex und an Gebäuderesten vorbei, bei denen jedoch keine nennenswerten Schwingungen zu spüren waren. Auf dem Gelände verstreut lagen große Steine, die mit alten griechischen Inschriften versehen waren. Hier und da hörten wir Trillerpfeifen und Zurufe der Ordner, die Regelverstöße ahndeten.
Wir folgten dem markierten Weg, auf dem es weiterhin bergauf ging. Alles um uns herum schien unbedeutend.
Je weiter wir nach oben kamen, umso weniger Touristen waren unterwegs.
Mittlerweile hatten wir eine Höhe erreicht, von der sich uns ein wunderschöner Blick über das eindrucksvolle Tal unterhalb des Appollon-Tempels bot.
Wir gingen weiter.
Zwei Granatapfelbäume kamen in unser Blickfeld. Rote Früchte leuchteten uns einladend entgegen.
Basti kletterte spontan den Hang hinauf.
»Da geh ich jetzt hoch. Wo gibt es frischere Granatäpfel als hier? Bevor einer pfeift, bin ich zurück, ha!«
»Pack den bloß gleich ein, bevor die Ordner kommen«, rief ihm Tim hinterher. In Windeseile hatte sich Basti einen Granatapfel gepflückt und kam flink zurück den Hang hinunter. Stolz präsentierte er Tim

und mir seine Beute.

»Den essen wir, wenn wir zurück in Athen sind«, verkündete er und ließ ihn in die Tasche seines Sweatshirts gleiten.

Das Bergauflaufen schien kein Ende zu nehmen. Ich warf einen Blick nach oben in der Hoffnung, bald am Ziel zu sein. Dabei fiel mir ein riesiger Felsen auf.

Augenblicklich kam mir das Wort »Portal« in den Sinn.

Dort angekommen, verspürte ich den Impuls, einen Moment lang zu verweilen, während Tim und Basti den Berg weiter hinaufstiegen.

Die massive Felswand ragte senkrecht in den Himmel und verströmte eine kraftvolle Energie. Vor dem Felsen leuchteten mir drei gelbe Blumen aus der staubtrockenen Erde entgegen. Direkt daneben musste sich ein Hohlraum befinden. Er war komplett zugemauert. Die Energie war hier besonders stark.

Ob sie direkt aus dem Felsen kam? Es war unwahrscheinlich kraftvoll hier.

Mir kam ein Gedankenblitz.

Genau hier musste der richtige Ort für die restlichen sechs Steine sein.

Bisher hatte es keine genaue Bestimmung für sie gegeben.

Jetzt ergab für mich alles einen Sinn!

Wir hatten nach Delphi kommen müssen.

Wieder einmal war es Tims Idee gewesen.

Sehr wahrscheinlich vorher von der geistigen Welt gut geplant und vorbereitet.

Jeder aus unserem Team musste eine ganz bestimmte Aufgabe innehaben. Basti, der in Griechenland das erste Mal bei einer Aktion dieser Art dabei war, machte seine Sache ausgezeichnet. Ich freute mich, dass er bei unserem Unternehmen so aktiv dabei war. Vor allem gefiel es mir, dass er so freudig bei der Sache war.

Ich machte mich wieder auf den Weg. Bald schon hatte ich die beiden eingeholt. Tim, Basti und ich gingen weiter, bis der Weg an einem alten Theater endete.

Nach einigen Minuten meinte Tim: »Hier ist nichts Besonderes mehr. Alles, was bisher energetisch interessant war, ist sowieso abgesperrt.

Ich denke, wir können langsam zurückgehen.«
Alsbald schon tauchte wieder der kraftvolle Felsen auf.
Seine markante Form stach mir sofort ins Auge.
»Seht ihr den riesigen Felsen dort? Eben bin ich dort ein paar Minuten stehengeblieben. Er sieht aus wie ein Portal. Energetisch ist das Ding der Hammer.«
Tim nickte.
»Das stimmt. Die Energie habe ich vorhin auch gespürt.«
Wir folgten dem Weg, bis wir direkt vor dem Portal standen.
Basti sprang um die Bäume herum und hüpfte über die Steine.
Tim und ich blieben stehen.
Ich sah ihn an.
»Jetzt weißt du auch, warum wir die sechs Steine mitgenommen haben. Es ist völlig klar. Genau vor dieses Felsportal gehören die hin. Wie immer ist hier alles abgesperrt. Typisch. Wir müssen wohl ein wenig improvisieren...«
Tim bekräftigte meine Theorie.
»Für mich passt das hundertprozentig. Keine andere Stelle hier fühlt sich annähernd so hochschwingend an wie dieser Felsen. Dieser Ort scheint mir energetisch noch wesentlich bedeutsamer als die Akropolis zu sein.«
Wir näherten uns der riesigen überhängenden Felswand.
Basti staunte.
»Wow, was für ein Ding! Echt beeindruckend! Wäre mal spannend zu wissen, was sich hinter dem zugemauerten Loch befindet. Seit wann das wohl zugemauert ist?«
Er überlegte.
»Werden wir hier gleich genau wie auf der Akropolis, die Herzenergie des Untersbergs durchziehen?«
Ich hatte mich mit meinem Pendel auf die Bank unter einen Baum gesetzt. Bevor wir in Aktion traten, wollte ich Opa Carl hinzuziehen.
»Wir sind absolut richtig hier. Die sechs Flusskiesel müssen zu diesem Felsen. Zuerst musste die Akropolis an die Herzenergie des Untersbergs angeschlossen werden. Delphi bildet laut Opa Carl den

Abschluss unserer Aktion in Griechenland.«
Wie aus dem Nichts war sie wieder da.
Die Energie stieg.
Ich spürte es deutlich.
Es musste sofort losgehen.
»Wir müssen näher an das Felsportal heran. Dazu sollten wir über die Absperrung.«
Ich holte die Kiesel aus Tims Rucksack.
»Jeder von uns nimmt sich zwei. Wir werden wieder einen Kreis legen.«
Tim und Basti nahmen sich ihre Kiesel und hielten sie in der Hand.
Jetzt konnten wir starten.
Wir nickten uns zu.
Doch stop!
Eine Gruppe Asiaten kam von oben den Berg hinunter und blieb stehen. Sie musterten die Stelle genau und fotografierten.
Dann entfernten sie sich.
Ich setzte zu einem neuen Versuch an.
Ein Spanisch sprechendes Paar näherte sich von unten.
Doch sie gingen weiter, als würden sie uns nicht registrieren.
»Auf jetzt, hier ist niemand mehr.«
Wir drei sahen uns an.
Sofort sprangen wir über die Absperrung.
Jeder von uns legte seine Kieselsteine ab.
Ein Kreis entstand.
Mein Handwerkszeug, den weißen und den schwarzen Stein, platzierte ich in der Mitte. Wir stellten uns um den Steinkreis herum und nahmen uns an der Hand.
»Eins, zwei, drei«, ich nickte, »jetzt!«
Tim, Basti und ich zogen die Herzenergie vom Untersberg bis hierher an den Felsen in der Tempelanlage von Delphi.
Ein enormes Pulsieren war zu spüren.
Es verstärkte sich und breitete sich aus.
Die Energie schien neue Dimensionen anzunehmen.

Einen Moment lang blieben wir einfach in diesem Feld und ließen es auf uns wirken.
Tim war fasziniert.
»Ist das stark hier. Hier ist energetisch wesentlich mehr los, als auf der Akropolis.«
»Stimmt. Tim hat recht. Mir geht es genauso«, pflichtete ihm Basti bei.
Auch ich nahm die enorme Kraft der Energie wahr.
»Die Menschenmassen auf der Akropolis gestern haben energetisch bestimmt eine Menge zugedeckt.«
Ich nahm Basti und Tim in den Arm.
»Seht euch die drei gelben Blümchen an. Da vorne direkt am Felsen, sind die nicht schön? Drei kleine Wegweiser für uns. Auf jeden Fall sind wir fertig. Alle Steine sind verteilt. Danke.«

Tim lief vor der Absperrung ein paar Schritte nach rechts und blickte den kleinen Felsabsatz hinunter.
»Aus dem Felsen dort kommt eine Quelle. Die Energie des Wassers kann kaum anders sein, als die Energie aus der Kastalischen Quelle. Eben haben wir den Lichtstrahl durch den Berg gezogen. Spätestens jetzt müsste es energetisch eine Verbindung durch den ganzen Berg geben.«
Kurzentschlossen kletterte ich über die Absperrung, hangelte mich das kleine Stückchen den Abhang hinunter und stand nun vor einem kleinen Rohr, aus dem Wasser sprudelte. Es kam direkt aus dem Berg. Instinktiv hielt ich meinen weißen und meinen schwarzen Stein darunter.
Ich spürte, wie das kalte Wasser über meine Hände lief.
Es fühlte sich gut an.
Tim und Basti waren mir gefolgt.
Nacheinander hielten auch sie ihre Steine unter das Wasser.
»So falsch kann das doch jetzt nicht gewesen sein?«
Tim lächelte mich an.
»Da bin ich mir sicher.«

Ich nahm seine Hand und drückte sie.
»Basti, was meinst du?«
Mein Sohn lief Slalom durch das Gebüsch.
»Der Lichtstrahl ist durchgezogen, und vielleicht können wir die Energie dieses Berges in unseren Steinen mitnehmen. Kommt, lasst uns auf den Hauptweg zurückgehen.«
Es war einfach großartig!
Alles passte.
Ich spürte, der dumpfe Schmerz in der Nierengegend und das Stechen in den Lungen hatte nachgelassen.
Darüber war ich froh.
Tim und ich nahmen uns an die Hand.
Zusammen mit Basti verließen wir den Sitz des Apollon.

Das Gefühl, alles richtig gemacht zu haben, hatte in diesem Moment etwas Befreiendes für mich. Die Wolken lockerten sich auf und gaben immer mehr das Blau des Himmels frei. Herrliche Sonnenstrahlen verströmten wohlige Wärme. Violette Blumen leuchteten auf einmal am Wegesrand.
Beim Hinauflaufen musste ich sie wohl übersehen haben.
»Danke, Saint Germain, Hüter der violetten Flamme!« sagte ich leise vor mich hin. Über den Blumen tauchten plötzlich weiße Schmetterlinge auf und tanzten ausgelassen in der Luft.
»Wusstet ihr, dass Schmetterlinge das Thema der Transformation symbolisieren? Die Raupe wird zum Schmetterling. Das Tierchen, das vorher nur kriechen konnte, ist auf einmal in der Lage zu fliegen. Weiß steht für das Licht. Schaut euch mal diese Schmetterlinge an, wie schön das ist.«
Auf der Fahrt mit dem Auto hinab in die Stadt bot sich uns ein fantastischer Blick bis hin zum Meer. Die Ebene strahlte in einem sagenhaften Grün. Beim Näherkommen stellten wir fest, dass dort Olivenbäume wuchsen. Tim fuhr weiter in Richtung Meer, bis wir das Küstenstädtchen Itea erreichten. Wir folgten der Straße bis zur Strandpromenade, stellten das Auto ab und schlenderten am Meer

entlang, vorbei an Tavernen und Restaurants.
Ich atmete die frische Seeluft ein.
»Ist das nicht herrlich hier? Hier sind kaum Touristen. Wir können uns die schönste Taverne aussuchen. Habt ihr jetzt auch so einen großen Hunger wie ich?«
»Wie wär's denn hier?«
Tim war vor einer Taverne stehen geblieben und studierte die Speisekarte. »Hier sieht es doch richtig nett aus.«
Der Kellner winkte uns freundlich zu.
Basti ging zielsicher zur vordersten Tischreihe.
»Gleich hier vorne, da haben wir einen schönen Blick.«
Alle Tische waren leer. Man merkte, dass die Urlaubszeit vorüber war. Der Kellner brachte uns die Speisekarte. Lachend erzählte er uns auf Englisch Dinge, die wir nicht verstanden und verteilte dabei das Besteck auf der rotkarierten Tischdecke.
Seine Fröhlichkeit steckte an.
Ausgiebig genossen wir den Moment. Tim, Basti und ich hatten ein hübsches Plätzchen gefunden an einem Tisch mit ausgezeichnetem Essen, griechischem Wein und einer einzigartigen Aussicht aufs Meer. Es war einfach herrlich hier!

Frisch gestärkt und zufrieden verließen wir die Taverne.
Die Rückenschmerzen hatten nachgelassen und in mir keimte die Hoffnung, dass sie vollends abklingen würden.
Tim öffnete die Türen unseres Wagens und wir stiegen ein.
»Wir könnten doch die Küstenstraße zurückfahren.«
Nach der Ortschaft Kirra begann sich langsam die Straße den Berg hinaufzuschlängeln. Unaufhörlich ging es nach oben. Der Blick über das Meer wurde immer weiter. Itea verschwand schließlich aus unserem Blickfeld. Die malerische Abendsonne tauchte die traumhafte Landschaft und das Meer in ein geheimnisvolles Licht. Eine Weile blieb uns dieses wunderschöne Bild erhalten, bis die Straße eine Kurve machte und von der Küste weg führte.
Die untergehende Sonne zauberte durch die Wolken unwirkliche

Schatten in die Bergwelt. Während die Gipfel im Dunkeln lagen, wurden die Hänge von rötlichem Licht angestrahlt.
Ich blickte in den Himmel Richtung Norden.
»Irgendwo da drüben liegt der Untersberg, das Herzchakra Europas.«
Zufrieden lehnte ich mich zurück.
Meine Rückenschmerzen waren so gut wie verschwunden.

Über den Bergen in nördlicher Richtung leuchtete eine bunte Regenbogenkugel am Horizont.

36
Letzter Tag in Griechenland

Montag, 2.10.17

Basti legte seinen Granatapfel auf den Tisch. Mit einem Esslöffel klopfte Tim die Fruchtkerne in einen Suppenteller. In Sache Granatapfelzubereitung war er buchstäblich unübertroffen. Leuchtend pinkfarbene Obstkerne purzelten in den Teller.
»Was für eine unglaubliche Farbe. Das habe ich noch nie gesehen.«
Sofort schob sich Basti ein paar Kerne in den Mund.
»Mmh, ist der süß und aromatisch.«
Er schob Tim und mir den Teller hin. Der Geschmack des Granatapfels hatte etwas Einmaliges.

Ich öffnete die Balkontür und betrat die Terrasse unserer Ferienwohnung. Die Luft war kühl, obwohl die Sonne schien.
Mir ging der gestrige Tag durch den Kopf. Die Aktion am Apollontempel war nicht geplant gewesen. Sie hatte sich einfach so ergeben. Die geistige Welt musste dies eingefädelt haben. Erst Delphi hatte die Aktion auf der Akropolis vollständig zum Abschluss gebracht.

Den heutigen Tag wollten wir genießen, fernab jeglicher Aufträge aus der geistigen Welt. Wenn wir Glück hätten, würden wir einen schönen Strandabschnitt finden. Erleichtert atmete ich durch. Die gestrigen Rückenschmerzen hatten sich in Luft aufgelöst.

Ich stand an der Balkonbrüstung und schaute hinunter. Zwei Polizisten in Zivil inspizierten die Straße. Sie standen unweit voneinander entfernt und waren sichtlich um einen gleichgültigen Gesichtsausdruck bemüht.
Einer von beiden stand unmittelbar unter mir.
Ich sah ihm direkt von oben auf den Kopf.
Als schien er meinen Blick zu spüren, drehte er sich urplötzlich um und sah zu mir nach oben.
Er sah direkt in meine Augen.
Augenblicklich schoss mir ein Gedanke durch den Kopf.
»Für das, was wir hier machen, gibt es keine irdischen Gesetze. Wir arbeiten hier im Auftrag der geistigen Welt.«
Ich musste lachen.
Der Mann sah immer noch zu mir hoch.
Der andere kam dazu und beide tauschten Worte aus.
Sie nahmen unseren Mietwagen unter die Lupe.
Bis aufs i-Tüpfelchen glich unser schwarzer Mietwagen den Polizeiautos.
Die Polizisten schienen verwirrt.
»Die fragen sich wohl, wem dieses Polizeiauto gehört.«
Tim stand hinter mir und grinste.
»Wollen wir frühstücken gehen? Am besten dorthin, wo wir gestern auch waren. Basti wäre einverstanden. Ihm hat der Orangensaft dort so gut geschmeckt.«
Nach dem Frühstück holten wir unseren Rucksack mit den Handtüchern aus der Ferienwohnung. Tim und ich entschieden, außer den Handtüchern nichts mitzunehmen. Wild entschlossen stopfte Basti seine Badehose dazu.
»Egal wie kühl das wird, ich gehe ins Meer.«

Die Straßen waren voll, und wir kamen größtenteils nur im Schritttempo voran. Links und rechts schossen in Zweierreihen Motorräder und Mopeds an unserem Auto vorbei. Hochkonzentriert lenkte Tim den Wagen durch den Athener Stadtverkehr.
Schließlich näherten wir uns der Stadt Marathon. Von hier aus mussten Straßen zu schönen naturbelassenen Strandabschnitten führen. Noch zuhause hatte ich darüber einen Artikel mit Wegbeschreibung im Internet gefunden.
Wir verließen die Hauptstraße und gelangten schließlich auf eine Nebenstrasse, von der aus in regelmäßigen Abständen Wege in einen Wald abzweigten.
»Ich glaube, diese Querstraßen führen alle zum Strand. Ich fahr da einfach mal rein.«
Tim bog rechts in den Wald ab. Er kam auf einen sandigen, unebenen Weg, auf dem er nur langsam weiterfahren konnte.
Mit einem Mal öffnete sich der Wald und wir hatten eine freie Sicht. Gleichzeitig entfuhr uns allen ein: »Ah, das Meer, wie schön...«.
Wir drei lachten herzhaft.

Wunderschönes, türkisblaues Meer glitzerte in der Sonne. Es waren kaum Menschen unterwegs. Der unerwartet frische Wind jedoch ließ uns frösteln.
Kurzerhand legten wir uns hinter einen Sandhügel und zogen Schuhe und Socken aus. Hier war es windgeschützt.
»Haben wir Glück. So ein feiner Platz.«
Tim räkelte sich auf dem Handtuch.
Kein Lärm, keine Menschen. Nur der Wind und das Meer.
Die Sonne kam immer weiter durch und es wurde allmählich wärmer.
Basti war aufgesprungen und lief zum Wasser. Ich folgte ihm.
»Steineflippen ist cool. Die flachen Steine sind genial.«
Basti holte aus und ließ einen kleinen Stein über die Wasseroberfläche hüpfen.
»Genial ist das hier und das Meer ist ruhig. Einfach super!«

Ich machte mit.
Tim gesellte sich dazu und wir drei alberten herum.
»Ich hab das Strandtennis eingepackt.«
Basti lief zu unserem Platz und winkte mit dem Schläger.
»Auf geht's.«
Es machte einen Riesenspaß...
Tim holte seinen Fotoapparat und verschwand hinter den Bäumen. Dieser Ort bot wunderschöne Motive. Basti machte sich auf zu einer Joggingtour am Strand. Wieder auf meinem Handtuch sitzend konnte ich ihn als kleinen Punkt am Wasser laufen sehen. Genüsslich ließ ich mich rücklings nach hinten plumpsen. Wie angenehm es war, im warmen Sand zu liegen.
»Hallo?«
Von hinten näherte sich ein Schatten.
Ich blinzelte und erkannte Tim, der sich über mich beugte, mich anlächelte und küsste.
»Dort hinten habe ich einige Bilder gemacht. Wo ist Basti?«
»Siehst du den kleinen Punkt da vorne?«
Ich hatte mich aufgerichtet.
Tim hielt sich die Hände über die Augen und blickte in die Ferne.
»Klasse, dann macht Basti gleich noch sein Sportprogramm. Ist ja bestens.«
»Es ist warm geworden«, stellte ich fest.
»Schade, dass wir unsere Badesachen nicht eingepackt haben.«
»Stimmt. Ist aber egal. Hier ist sowieso niemand unterwegs.«
Tim hatte begonnen sich auszuziehen und legte seine Kleider in den Sand.
Mit dem Handtuch über der Schulter lief er zum Wasser.
Ich lachte.
»Halt, warte.«
Ruckzuck hatte ich mich meiner Kleidung entledigt und rannte ihm durch den Sand hinterher. Vorsichtig steckte ich den Fuß in das türkisblaue Wasser. Einige Meter weiter schwamm Tim bereits kräftig drauflos. Auch ich ließ mich in das frische, kristallklare Wasser gleiten.

Wie herrlich reinigend es war!
Auch Basti kam dazu.
Er freute sich über eine Abkühlung nach dem Joggen.

Etwas oberhalb am Strand lag eine Taverne. Gedeckte Tische und Stühle standen draußen. Ob sie geöffnet hatte? Es war bereits Nachmittag und der Hunger rief.
Wir hatten die Sachen zusammengepackt und machten uns auf den Weg.
Ganz plötzlich fing es an.
Mitten im Gehen, beim Luftholen.
Kurz stoppte ich die Atmung.
Das linksseitige Lungenstechen von gestern hatte wieder eingesetzt und breitete sich über beide Lungenflügel aus.
Es nahm immer weiter zu.
»Bitte nicht schon wieder und vor allem nicht jetzt».
Ich war verzweifelt.
Musste mich am Riemen reißen.
»Direkt am Strand, Füße im Sand mit Blick aufs Meer. Und gleich gibt's was zu essen. Wir sind im Paradies!»
Tim war glücklich.
Der Kellner brachte eine Karaffe Rotwein und wir bestellten eine bunte Auswahl an Vorspeisen. Den ganzen Tisch voll verschiedenartig angerichteter Teller, wie wir das liebten!
Der Schmerz in meinen Lungen steigerte sich zu einem Reißen.
Unruhig rutschte ich auf meinem Stuhl hin und her.
Ich hatte das Gefühl, keine Luft zu bekommen.
Ein Unterdrücken gelang mir nicht mehr.
Ich stand auf.
»Dir geht's wieder nicht gut, stimmt's, Inga?»
Tim hatte sofort bemerkt, wie schlecht es mir ging.
Besorgt, aber auch resigniert sah er zu mir hinüber.
»Lasst mich alleine. Ich gehe ein paar Schritte.»
Dort drüben war ein Baumstamm, dorthin wollte ich gehen.

Vielleicht konnte ich pendeln.
Ich musste etwas herausfinden.
Oh Gott, es wurde immer fürchterlicher.
Immer bedrohlicher.
Ich durfte jetzt auf keinen Fall in Panik geraten.
Wenn ich jetzt auf der Stelle umfallen würde, könnte ich es nicht ändern. Dann wäre es so.
Tim und Basti taten mir leid.
Mal wieder war ich diejenige, der es schlecht ging.
Erst im letzten Urlaub hatten Tim und Basti das mit mir erleben müssen...
Ich war nicht mehr imstande zu pendeln.
Aber ich hatte mein Handy in der Tasche.
Ich musste versuchen, Louise anzurufen.
»Mama, bist du dran? Bitte schau, was los ist mit mir, keine Ahnung, Lungenreißen, ganz fürchterlich. Schick mir Reiki. Jetzt!«, japste ich.
Ich musste versuchen ruhig zu atmen.
Bis tief nach unten, damit ich genug Sauerstoff bekam.
Es fiel mir schwer.
Mein Brustkorb fühlte sich an, als würde er von innen her zerreißen.
Ich stand vorsichtig auf und ging langsam hin und her.
Pling!
Eine Nachricht von Louise.
»Es ist nicht eindeutig. Etwas Ernstes ist es aber nicht. Bleibe ruhig. Habe Charlotte mit im Boot. Melde mich.«
Wenn doch nur die Atmung wieder normal ginge...
Ich haderte mit meinem Großvater und Saint Germain...
»Was soll das hier? Wir haben alles für euch gemacht... wollten unseren letzten Urlaubstag genießen... haben hier gerade das Paradies gefunden... und mir geht's beschissen... Vielleicht bin ich auch gleich weg von hier... Warum bin ich bloß nach Griechenland geflogen? Warum muss das sein? Denkt doch wenigstens an Basti und Tim...«
Ich konzentrierte mich auf meine Atmung.
Eine Spur der Erleichterung stellte sich ein.

Louise musste sofort angefangen haben Reiki zu schicken.
Das spürte ich.
Ich wollte zu Tim und Basti zurück.
»Ihr da oben seid gefragt. Bitte helft mir, dass es gut wird«, funkte ich an meinen Großvater und Saint Germain.
Die Atmung wurde langsam leichter.
»Locker bleiben«, ermahnte ich mich, als ich langsam zum Tisch zurückging.
Die Beiden waren bereits fertig mit Essen. Ich hätte heulen können.
Fragende Blicke lagen auf mir.
»Dir geht's nicht gut, Inga, das kannst du nicht verstecken. Müssen wir zum Arzt?«
Forschend sah mir Tim ins Gesicht. Auch Basti war besorgt.
»Nein, wird schon besser«, hörte ich mich sagen.
Ich hielt Tim mein Weinglas hin.
Er goss ein wenig ein.
Dankbar nahm ich das Glas und trank ein paar große Schlucke.
Mir war alles egal!
Dieses Lungenreißen musste weg.
Der Wein tat gut.
Er wirkte wie eine Medizin.
Ich spürte, wie er mich entspannte.
In meiner Kleinkindzeit hatte ich eine doppelseitige Lungenentzündung nur knapp überlebt. Entfalteten hier gerade die Quellen der Akropolis und des Apollontempels ihre volle Wirkung? Hatten sich die Symptome der damaligen Lungenentzündung abschließend nochmal gezeigt und konnte damit alles in die endgültige Heilung gehen?
Noch vor einer viertel Stunde hatte ich mich ernsthaft vital bedroht gefühlt. Niemals zuvor hatte ich Vergleichbares erlebt. Noch vor einigen Minuten quälte mich der Gedanke, vielleicht nie wieder an einem Tisch zu sitzen.
»Mama, wir haben dir noch etwas übriggelassen, iß noch etwas. Das tut dir bestimmt gut.«
Aufmunternd sah Basti mich an.

Etwas unsicher wanderte mein Blick zwischen Basti und Tim hin und her.
Eine große Dankbarkeit erfüllte mich.
Ich lebte.
Und zwar jetzt.
In diesem Augenblick.
Auf einmal verspürte ich einen leichten Appetit.
Ich füllte meinen Teller mit den verbliebenen Vorspeisen und schenkte mir großzügig Wein nach.
Sollte ich doch beschwipst davon werden.
Es war mir in diesem Moment völlig egal!
Meine Atmung entspannte sich.
Alles Verkrampfte löste sich.
Glücklich beobachtete ich Basti und Tim, die wieder anfingen herumzualbern. Libellen kreisten um die beiden herum. Die großen schillernden Insekten flogen ein paar Runden und setzten sich auf ihre Füße.
Was für ein Schauspiel.
Ich war hingerissen.
Auf welch wunderbare Weise offenbarte sich just in diesem Moment die Botschaft der geistigen Welt. Wie schön inszeniert war dieses Schauspiel der Transformation. Erst gestern in Delphi waren die weißen Schmetterlinge zuhauf um uns herumgeflattert.
Eine Libelle nahm Kurs auf Tims Fuß.
Das konnte unmöglich die normale Tierwelt sein!
»Nicht zu fassen! Sie hat sich auf deinem Zeh niedergelassen!«
Ob sich Tim noch erinnerte?
»Leichtigkeit, Geschicklichkeit und Beweglichkeit, diese Bedeutungen fallen mir zu den Libellen ein...«
»Stimmt. Das war es.«
»Genauso neue Denk- und Handlungsweisen, aber auch bewusste Umsicht, die wir im Zusammenhang mit unserer Situation haben sollten.«
Alles, was wir hier gerade erlebten, gab Anlass zum Nachdenken.
Ich konnte wieder tief durchatmen und registrierte Dank dieses Um-

stands umso mehr den wundervollen Ort, an dem wir uns befanden.
Eine wohltuende Ruhe breitete sich in mir aus.

Die Sonne stand schon tief als wir beschlossen zurückzufahren.
Die Rückfahrt war im wahrsten Sinne des Wortes übermütig und ausgelassen. Wir sangen die verrücktesten Lieder, dichteten die unmöglichsten Reime und spielten die unsinnigsten Ratespiele.
Wir waren glücklich.

Zurück in der Ferienwohnung duschten wir und machten uns nochmal auf den Weg. Diesen Abend genossen wir in einer Taverne mitten in Athen und damit für uns das letzte Stückchen Griechenland, das sich bot.
Am langen Nebentisch saß eine Gruppe junger Leute.
Immer wieder gleitete mein Blick zu der Schar junger Menschen hinüber.
Ich stupste Tim.
»Die sind alle im gleichen Alter wie unsere Jungs. Warum muss ich bloß immer zu ihnen rüberschauen? Sie haben etwas Sympathisches an sich.«
»Geht mir gerade genauso. Ich kann es dir auch nicht sagen. Bis auf eine Frau sind das alles Männer.«
Tim lachte ein wenig verlegen.
»Schon seltsam. Man sieht auf Anhieb, dass sie nett sein müssen.«
Just in diesem Moment kam eine Gruppe junger Frauen dazu.
Es war eine bunte Mischung junger, ausgesprochen fröhlicher Menschen, die da am Nebentisch saß.

37
Abreise

Dienstag, 3.10.17

Am Flughafen würde alles reibungslos verlaufen, da war ich mir sicher.
Vorschriftsgemäß hatten wir keinerlei griechischen Steine eingepackt.
Von daher würde ich meinen schwarzen und weißen Stein bedenkenlos in meiner Handtasche mitführen können.
Tatsächlich verliefen alle Kontrollen problemlos.
Der Rückflug dauerte zwei Stunden. Durch die Zeitverschiebung landeten wir eine Stunde Ortszeit früher in Deutschland. Auch hier gestaltete sich am Flughafen alles unspektakulär und einfach.

Bald schon saßen wir wieder in unserem Auto.
Ein Jumbojet im Landeanflug brauste zum Abschied majestätisch über uns hinweg, als wir auf die Autobahn fuhren. Tim setzte den Blinker und wechselte auf die Überholspur.
»Such doch mal ein gutes Musikprogramm, ein bisschen Radio wäre jetzt schön.«
Ich schaltete das Radio ein.
Der heimische Sender war noch drin.
»Blowing with the wind of change", hörten wir die Scorpions singen.
»Take me to the magic of the moment on a glory night, where the children of tomorrow dream away in the wind of change."
Ein Schauer lief mir über den Rücken.
Was sangen die da?
The wind of change?
»Nicht alles, was man wahrnimmt, muss zwingend mit einem selbst zu tun haben«, dachte ich trotzig.
Mein Verstand protestierte lauthals.
Oder war es vielleicht doch so?

Oder zumindest ein bisschen?
Ungeachtet dessen weigerte ich mich dennoch alles auf mich zu beziehen.
The children of tomorrow...
Plötzlich kam mir das Bild der jungen Leute von gestern Abend in den Sinn. Sie hatten am Nebentisch gesessen. Junge Leute, die im gleichen Alter wie unsere großen Söhne gewesen sein mussten.
Mir fiel erneut meine erste Recherche über Athen ein. Dabei hatte ich einen Auszug aus dem schriftlichen Bericht einer Frau gefunden, die in den achtziger Jahren Botschaften von den Plejadiern durchgegeben hatte. Sie beschrieb in ihrem Text die Plejadier als den Menschen wohlgesinnte Außerirdische, die ihnen helfen würden, den Frieden zu finden. Im August 1987 hatte sie in Athen die Durchsage erhalten, dass neun Monate später Plejadier in Griechenlands Hauptstadt inkarnieren würden. Das hätte demnach etwa im Mai 1988 gewesen sein müssen.
Wieder sah ich diese jungen Menschen aus der Taverne von gestern Abend vor mir.
Ihr Alter passte!
Wer diese jungen Leute genau gewesen waren, war unerheblich.
Entscheidend war einfach nur die Botschaft.
Ich erkannte Bausteine, die zusammengehören mussten.
Hier ging es um alles, was mit der Heilung unserer Erde Gaia zu tun hatte.
Es ging um alle Aktionen, die mithelfen konnten, die Schwingungserhöhung der Erde und ihrer Bewohner zu unterstützen.

»Zum Tag der Deutschen Einheit haben wir ein besonderes Programm für Sie zusammengestellt«, erklang es aus dem Autoradio.
Es kam Willy Brandts Rede am Tag nach dem Mauerfall, die mich in diesem Moment auf seltsame Weise berührte.
Heute war der 3. Oktober, der Tag der Deutschen Einheit.
Das hatte ich total vergessen.
Immerhin kamen wir gerade aus Athen zurück.

Wir hatten die Akropolis besucht, die Wiege der Demokratie.
Reinkarnierte Gelehrte aus Atlantis hatten damals im antiken Griechenland bei der Gründung der Demokratie mitgeholfen.
So hatte es in dem Artikel geheißen.
Ihr Wissen musste von unschätzbarem Wert gewesen sein.

Meine Gedanken fuhren Karussell.
Es gab so viele Verbindungen. So viele…

38
Es geht gleich weiter

Mittwoch, 4.10.17

Schon am nächsten Morgen hielt meine Rose eine Überraschung für mich parat.
Die zweite Knospe der Fünferformation hatte begonnen, sich zu öffnen. Es war die Position Irland, die anfing zu blühen.
Die dritte Knospe, die stellvertretend für Granada stand, würde in den nächsten Tagen aufgehen.
Tatsächlich verlief die Abfolge des Erblühens aller Knospen hundertprozentig parallel zu unseren Aktionen.
Ich war begeistert.
Die Knospe, die Athen darstellte, würde noch ein wenig Zeit brauchen.
Noch sehr winzig dagegen war der letzte der fünf Blütenansätze.
Seine Position war weiterhin unbestimmt.
Irgendwo im Nordosten…

Ansonsten holte uns der Alltag ein. Bei Tim standen gleich einige Termine an. Für mich würde die Arbeit am späteren Vormittag beginnen.

Nach dem Frühstück verließ Tim das Haus.
Ich fuhr den Computer hoch, um meine Mails zu checken.
Es dauerte.
Der PC ratterte.
Endlich öffnete sich das Fenster der Webseite.
Ich gab mein Password ein.
Wie immer erschienen über den Eingabefeldern Meldungen und Nachrichten. Normalerweise schenkte ich ihnen keine Beachtung.
Die Wetterkarte.
Sofort sprang sie mir ins Auge.
Der Verlauf des Orkans Xavier zog sich als Dauerschleife über den Nordosten Europas hinweg. Der kreisende Wirbel begann über Irland, zog weiter über England, Norddeutschland, Polen, das Baltikum bis er schließlich über Russland stehen blieb.
Immer wieder begann die Dauerschleife von vorne.
Wie in Trance blickte ich auf die Karte.
Automatisch kam mir der Gedanke.
»Dort waren wir noch nicht. Im Nordosten.«
Fast zuckte ich zusammen, als ich mir meines Gedankens bewusst wurde.
Halt, nein.
So konnte das nicht weitergehen.
Ich brauchte dringend eine Pause.
Es war zu viel.
War ich überhaupt noch fähig, in »normalen« Kategorien zu denken? Ich beschloss, mich aus sämtlicher Konversation mit der geistigen Welt zurückzuziehen.

Auf jeden Fall für die nächste Zeit.

Freitag 6.10.17

»Hi, Miky, ja, wir sind wieder zurück. Hast du meine SMS mit den Bildern erhalten? Es waren unwahrscheinlich intensive Tage. Jetzt

bin ich erst mal froh, wieder hier zu sein. Muss das alles verarbeiten. Es fühlt sich aber gut an. Ich glaube, wir haben dort alles richtig gemacht.«
In kurzen Worten berichtete ich Miky von unseren Erlebnissen in Griechenland.
»Das klingt alles sehr gut, was du erzählst. Ihr habt dort eine Menge in Gang gesetzt, davon bin ich überzeugt. Das Schöne ist, du hast gleich deinen Sohn mit an die Hand genommen. Der weiß jetzt auch, wie das geht. Er bringt ja sowieso schon eine Menge Wissen mit, ohne dass er sich dessen bewusst ist. Die Herzenergie des Untersbergs ist jetzt auch in Griechenland verankert. Das war wichtig. Europa ist gerade dabei sich zu erhellen. Das Lungenstechen dürfte auf deine Selbstheilungsprozesse zurückzuführen sein.«
Er bestätigte also meine Annahme.
»Es hat sich fürchterlich angefühlt. Ich dachte, in jedem Moment könnte es aus sein. Und das alles an unserem eigentlich ersten richtigen Urlaubstag nach den ganzen Aktionen. Wir hatten einen Strand gefunden, der dem Paradies glich. Tim hat unendlich mitgelitten, und auch Basti tat mir leid. Das war so schrecklich. Glaub mir, übel ist gar kein Ausdruck dafür.«
Miky erläuterte noch einiges dazu.
»Da sind sehr viele Energien, vor allem Heilenergien aus den Quellen zusammengekommen. Deshalb muss es für dich so heftig gewesen sein. Du hast dort enorme Höhen und Tiefen erlebt. Das kenne ich. Bei solchen Aktionen ist das normal. Das sind Transformationsprozesse, bei denen Heilung geschieht. Das ist mega anstrengend und für die Menschen drum herum oft sehr irritierend und nur schwer zu verstehen.«
Auch wenn ich mit meinen Vermutungen richtig lag, war es nur ein schwacher Trost, was unseren letzten gemeinsamen Urlaubstag anging.
»Kaum waren wir daheim, sah es schon danach aus, als würde sich die wohl letzte Etappe der Aktion zeigen. Kannst du mir sagen, welche Vorstellungen die geistige Welt darüber hat? In welcher Zeit soll

ich das alles erledigen? Wie soll das alles gehen?«
Miky war verwundert.
»Ach was? Der Nordosten zeigt sich jetzt auch schon? Irgendwie hängt das alles zusammen. Wer weiß, vielleicht wird auch das in Kürze stattfinden. Innerhalb Europas dürfte es die letzte Station sein. Das hast du ja selber schon herausgefunden. Aber bitte, Inga, überstürze nichts. Es ist wichtig, erstmal abzuwarten. Für mich ist alles, was du sagst, absolut stimmig, und spontan würde ich auf Königsberg tippen. Diese Stadt hat etwas Magisches. Die hat mich schon immer fasziniert.«
Ich ergänzte: »Königsberg habe ich schon abgecheckt. Ich bin mir da aber nicht mehr sicher. Direkt an der Memel liegt ein Berg namens Rombinus. Allerdings ist der mir alles andere als sympathisch. Auch das Drumherum mit der Anreise würde sehr wahrscheinlich kompliziert werden. Ich glaube, es wird auf etwas anderes hinauslaufen. Genaueres weiß ich noch nicht.«
Miky war nachdenklich geworden.
»Warten wir's ab. Zum richtigen Zeitpunkt wird sich alles zeigen. Halte mich auf dem Laufenden, okay? Du darfst dich gerne jederzeit melden. Es bleibt spannend.«

Sonntag, 8.10.17

Diesen Sonntagvormittag verbrachten wir mit Tims ältesten Sohn in einer Kletterhalle. Auf der Rückfahrt wählten wir spontan eine andere Route. Es war Tims plötzlicher Einfall gewesen, statt der Autobahn die Landstraße zu nehmen. Auf dem Weg nachhause befand sich ein Lokal, in dem wir vor einiger Zeit vorzüglich zu Mittag gegessen hatten. Vielleicht würde es noch geöffnet haben.
Es war schon kurz vor vierzehn Uhr.
Wir hatten Glück.
Ein einziger freier Tisch schien auf uns gewartet zu haben.
Auch dieses Mal war das Essen ausgezeichnet.

Zufrieden setzten wir unsere Fahrt fort.
Tim lenkte das Auto vom Parkplatz.
Der Fahrweg ging entlang einiger Häuser, bis er auf die Hauptstraße mündete.
In dem kleinen Ort herrschte unerwartet viel Verkehr.
Dies alles, obwohl Sonntag war und zudem noch Mittagsruhe herrschte.
Es war zweifellos ungewöhnlich.
Wir standen immer noch in der Nebenstraße.
Tim hatte den Blinker gesetzt.
Wir warteten.
Dabei sah ich geradeaus.
Ich konnte gar nicht anders.
Auf der gegenüberliegenden Straßenseite der Hauptstraße standen zwei schwarze Autos.
Sie standen in einer Hofeinfahrt.
Es waren zwei große auffällige schwarze BMW.
Beide trugen ein ausländisches Nummernschild.
Plötzlich registrierte ich die ovalen Aufkleber.
»Tim, siehst du die beiden Autos da vorne? Die beiden auffälligen, megafetten, schwarzen, BMW. Die stehen hier in dem winzigen Ort in einer banalen Einfahrt vor einem unauffälligen Haus. Ich fasse es nicht!«
Kurz hielt ich die Luft an.
»Die kommen aus Litauen!«
Tim hatte Gas gegeben und bog ab.
»Irre! Auf dem Lande hätte ich solche Modelle nicht erwartet. Und dann gleich zwei auf einmal.«
Ich atmete laut und vernehmlich.
Mehr ging nicht.
Tim ergänzte: »Autos mit litauischer Nummer gibt es hier auch nicht gerade wie Sand am Meer«.
Sein vielsagender Blick traf mich.
Nein, nein, nein!

Nichts wollte ich von diesem Gedanken wissen, rein gar nichts.
Ob ich es wollte oder nicht, es war eindeutig.
Der nordöstliche Punkt innerhalb Europas tauchte auf.
Die fünfte Knospe meiner Rose.
Der Punkt, der noch ausstand.
Er lag in Litauen.

»Saint Germain, ihr zieht jetzt alle Register oder was? Wenn ihr glaubt, dass ich wegen eines einzigen Hinweises nach Litauen reise, habt ihr euch getäuscht. Mit einer simplen Information fange ich gar nichts an. Da muss schon ein bisschen mehr kommen.«

Das Tempo musste raus.
Wir waren eben erst von Griechenland zurück.
Zudem hatte mir Miky ebenso angeraten, es ruhig angehen zu lassen.

Nichts anderes würde ich tun!

Montag, 9.10.17

Gleich früh am Morgen musste ich in die Praxis. Eine neue Kundin hatte sich angemeldet und um einen frühen Termin gebeten. Wie immer nahm ich mir Zeit für ein einführendes Gespräch. Ganz beiläufig erzählte sie mir von ihrer Urlaubsreise im Sommer. Dabei schwärmte sie davon, wie einzigartig das Baltikum sei. Eindrücklich sei die letzte Etappe ihrer Rundreise gewesen.
Ich stockte!
Hatte ich soeben »Vilnius« gehört?
Ganz offensichtlich sprach sie von der Hauptstadt Litauens.
Wie vom Donner gerührt saß ich da.
Die ersten spontanen Gedanken gingen sofort online an die geistige Welt.
»Ihr gebt euch redliche Mühe, wirklich beachtlich! Der zweite Hinweis innerhalb von zwei Tagen. Kompliment!«

Ich spürte sofort, wie es in meinen Ohren kribbelte.
Opa Carl stand wohl schon in den Startlöchern.
Gerade wurde mir unmissverständlich gezeigt, dass unsere Geschichte wohl in Kürze ihre Fortsetzung finden würde…

Erst am Nachmittag kam ich nachhause. Ich kochte mir ein paar Nudeln, das musste reichen. Mit gefülltem Magen ging es mir gleich besser.
»Eine Tasse Kaffee noch, dann geht's weiter.«
In Gedanken längst schon beim Pendeln, startete ich die Kaffeemaschine.
Das Kribbeln in meinem Ohr nahm zu.
»Ja, ja, ich komm ja schon.«
Ich dachte nur: »Wer ist hier ungeduldig? Ihr oder ich?«
Der klare Ausschlag des Pendels zeigte mir sofort, dass ich meinen Großvater in der Leitung hatte.
Opa Carl teilte mir mit, dass die kommende Aktion dringlich sei.
Sie müsse bis Ende Oktober abgeschlossen sein.
Ich war genervt.
Jetzt gab es doch noch Stress.
Wer fragte mich, ob ich Lust dazu hatte?
Aber ich spürte, es musste wichtig sein.
Opa Carl machte sowas nicht zum Spaß.
Missmutig schaltete ich den PC ein.
Mit Google Maps würde ich den ersten groben Überblick erhalten.
Wie ich sofort feststellte, war Vilnius optimal. Die Stadt lag an einem Fluss namens Neris, der in seinem weiteren Verlauf in der Stadt Kaunas in die Memel mündete. Diese wiederum floss in die Ostsee. Damit wäre es schon mal problemlos möglich, die Energie direkt vor Ort dem Wasser in Richtung Ostsee zu übergeben.
Das allererste Bild, das mir ins Auge sprang, war ein Foto der Kathedrale von Vilnius. Ihre Architektur glich jener der Akropolis und des Brandenburger Tors frappierend.
Schon wieder fing es an, alles zusammenzupassen.

Ich fand Informationen über Vilnius, wonach die Stadt früher als das Jerusalem des Ostens bezeichnet wurde. Damals war ein hoher Prozentsatz der Bevölkerung jüdischen Glaubens gewesen. Die Zahl der heute noch dort lebenden Juden dagegen war verschwindend klein. Wie in anderen Städten hatte es auch hier im Dritten Reich ein jüdisches Ghetto gegeben.

Am Abend saßen Tim und ich beisammen. Mir war beklommen zumute.
Was hatte Tim wegen mir schon alles aushalten müssen. Und jetzt musste ich ihm beibringen, dass eine weitere Reise nach Litauen bevorstand.
Wie sollte ich ihm das vermitteln?
Er musste es als Zumutung empfinden, überhaupt damit konfrontiert zu werden. Ich begann zu zweifeln. Es war ein einziger unüberschaubarer Berg, der vor mir lag. Irgendwie musste ich die richtigen Worte finden. Tief in mir drin spürte ich, dass alles richtig war, was hier passierte. Die letzte Aktion im Nordosten wartete nur darauf, durchgeführt zu werden.
Erst das würde unsere ganze vorige Arbeit in die Vollendung bringen. Tim hatte mich immer bei allem unterstützt.
Vilnius würde jedoch sehr wahrscheinlich das Fass zum Überlaufen bringen.
Dessen war ich mir voll bewusst.
»Tim, so wie es aussieht, steht die nächste Aktion an. Ich weiß, das klingt verrückt. Aber so wie es aussieht ist es dringlich. Die Herzenergie des Untersbergs muss noch in den Nordosten gebracht werden. Es wird die letzte Aktion sein. Mein Opa hat mir das versichert.«
Tim sah mir in die Augen.
Sein Gesichtsausdruck war ernst und traurig.
»Hat das irgendwann mal ein Ende? Immer wollen die irgendwas von dir. Danach geht es dir regelmäßig schlecht. Ich komme da an meine Grenzen. Ich möchte mal wieder ganz normal mit dir in Urlaub fahren. Verstehst du das? Immer sollen wir etwas tun, was Saint Ger-

main, Karl dem Großen, oder sonst wem aus der geistigen Welt so einfällt.«
Ich fühlte mich den Tränen nahe. Tims harte und kalte Worte taten mir unendlich weh. Trotzdem wusste ich, wie Recht er hatte, mit dem was er sagte.
Der Kloß in meinem Hals drückte.
»Ich habe dich zu sehr gefordert. Das tut mir leid. Niemand kann das von dir verlangen. Die letzte Aktion werde ich alleine durchziehen. Es soll dich nicht tangieren. Heute ist Montag, der neunte Oktober. Bis Ende des Monats muss alles erledigt sein.«

Traurig und resigniert zog ich mich zurück. Ich suchte den Dialog mit Saint Germain. Er bestätigte mir meine Vermutung.
Die letzte Aktion musste von mir alleine bewältigt werden.
Dies sei meine Aufgabe.
Ich alleine musste dieses Projekt beenden!

39
Große Zweifel

Dienstag, 10.10.17

Recht schnell war mir klar, was ich zu tun hatte und machte mich am Vormittag auf den Weg zum Stadtfluss. Für die Aktion in Vilnius würde ich weitere Steine benötigen. Niedergeschlagen ging ich zum Flussufer und sammelte Flusskiesel.
Unzählige Gedanken kreisten mir durch den Kopf.
»Die Situation entwickelt sich zu einer Zerreißprobe zwischen mir und Tim. Hallo, geistige Welt, Opa Carl! Beschützt Tim und mich und vor allem beschützt unsere Liebe. Ich brauche eure Hilfe! Langsam weiß ich nicht mehr, wo mir der Kopf steht. Hallo ihr da oben! Das muss doch alles einen Sinn ergeben!«

Einerseits spürte ich genau, dass alles, was auf mich zukam, zweifellos richtig war. Andererseits fühlte ich mich hin- und hergerissen. Wieviel Verständnis wurde Tim noch abverlangt?
Aber was blieb mir letztendlich übrig?
Ich hatte keine andere Wahl als ins Vertrauen zu gehen.
Nachmittags suchte ich das Gespräch mit Louise und Charlotte. Beide machten mir Mut. Sie ermunterten mich ernsthaft, die Sache zu Ende zu bringen. Das tat gut. Zweifellos glaubten beide hundertprozentig an die Wahrheit in dieser Geschichte. Dies spürte ich deutlich.
Zurück zuhause stellte ich die Verbindung zu meinem Großvater her. Bevor ich weitere Schritte veranlasste, wollte ich eine klare Zusage aus der geistigen Welt.
»Opa Carl, ich verlasse mich auf eure Aussagen. Ihr beschützt Tim und ihr beschützt mich. Ihr beschützt unsere Liebe. Ansonsten werdet ihr nach jemand anderem schauen müssen. Egal, um was es geht. Mir geht die Kraft aus.«
Opa Carls »JA!« hatte in diesem Moment doch etwas Beruhigendes.
Die geistige Welt war also da.
Kurzerhand fuhr ich ins Reisebüro.
Dort besorgte ich mir ein Flugticket nach Vilnius für Montag, den 23. Oktober. Für den nächsten Tag plante ich den Rückflug.
Diese Aktion würde die letzte sein, die ich zu bewältigen hatte.
Mein Großvater hatte es mir versichert.
Dessen ungeachtet würde ich dabei alleine sein.
Eine erdrückende Schwere lag über mir.

40
Die Mannschaft wird komplett

Mittwoch, 11.10.17

An diesem Nachmittag schauten meine Mutter und ich uns gemeinsam die Bilder an, die Tim und ich in Griechenland gemacht hatten. Bislang hatte ich keine Möglichkeit gefunden, sie mir genauer anzusehen. In aller Ruhe gingen Louise und ich nach und nach die Bilder durch. Die Tage in Griechenland zogen nochmals wie ein Film an mir vorüber.
Inzwischen waren wir in Delphi angekommen.
Bei zwei der Fotos hielten wir plötzlich inne.
»Das hier ist der riesengroße Felsen, der aussieht wie ein Portal. Er war Tim und mir sofort aufgefallen.«
Ich deutete am Bildschirm auf die Oberkante der großen Felswand.
»Was siehst du dort? Ganz spontan? Ohne nachzudenken...«
Aufmunternd sah ich meine Mutter an.
»Könnten das die vier in Stein gemeißelten amerikanischen Präsidentenköpfe am Mount Rushmore sein?«
Louise nickte eifrig.
»Genau. Habe sie auf Anhieb erkannt! Man könnte wirklich meinen, es seien die Präsidentenköpfe in vereinfachter Form. Zeig doch mal das nächste Foto.« Wie gebannt saßen Louise und ich vor dem Bildschirm.
»Das gibt es jetzt aber nicht!«
Louise konnte es nicht fassen.
»Schau dir diesen Stein an, Inga. Siehst du das Gesicht darin? Irre, diese Ähnlichkeit. Es sieht aus wie Altkanzler Helmut Schmidt.«
Überwältigt hielt ich inne.
»Wir haben die Fotos direkt vor Ort nur kurz auf dem Display von Tims Kamera durchgeschaut. Hier auf dem Bildschirm ist alles viel größer. Du hast recht. Das Gesicht springt einem ja fast entgegen.«

Ich überlegte.
»Lass mich mal einen Faden spinnen. Das Orakel von Delphi entstand ja laut eines Mythos aufgrund besonderer Umstände. Es wurde in der Antike wegen seiner hellseherischen Fähigkeiten auch bei politischen Angelegenheiten befragt. Könnte es sein, dass in Delphi die Zukunft in Stein geschrieben beziehungsweise gemeißelt worden ist? Was wissen wir schon Genaues über das Alter dieser Steine. Die Ruinenreste um den Apollontempel erschienen uns ohnehin ziemlich zusammengewürfelt. Wer weiß schon, ob an anderen Orten dieser Welt vielleicht noch weitere Begebenheiten verewigt sind. Gibt es nicht auch in Australien diese uralten Höhlenmalereien? Die Motive der damaligen Ureinwohner beschreiben prägnante geschichtliche Ereignisse aus der Zukunft.
Was meinst du?
Könnten die Bilder vom Apollontempel nicht eine mögliche Interpretation des Orakels von Delphi sein?«

Donnerstag, 12.10.17

Auf dem Weg zur Arbeit lief ich den Waldpfad hinunter. Die Luft roch herbstlich frisch und das bunte Laub raschelte unter meinen Schuhen. Ich hatte genügend Dinge, über die ich nachdenken konnte. Mir fiel der gechannelte Text von Erzengel Metatron ein, den ich vor unserer Griechenlandreise gefunden hatte. Er besagte, dass die Demokratie im antiken Griechenland mit Hilfe inkarnierter Seelen aus Atlantis verankert worden sei, da diese mit demokratischen Strukturen des goldenen Zeitalters von Atlantis her vertraut waren.
Genau diese Seelen der Demokraten des alten Griechenlands seien später als Gründerväter der Vereinigten Staaten wiederaufgetaucht. Möglicherweise als Benjamin Franklin oder als einer der amerikanischen Präsidenten? Warum fiel mir gerade Benjamin Franklin ein?
Ich blieb stehen.
Etwa zwei Meter über mir, auf dem quer verlaufenden Ast eines Baumes, saß ein braunes Eichhörnchen. Es musterte mich mit seinen klei-

nen aufgeweckten braunen Augen. Dabei drehte es sich immer wieder hin und her. So ein quirliges kleines waches Wesen! Es war lustig, dem Eichhörnchen zuzuschauen. Das putzige Tierchen blieb einfach sitzen und sah mir hinterher.
Meine Gedanken schweiften nochmal zum Mittelpunkt des gesamten Themas zurück. Es ging um den Untersberg und dessen Herzenergie. Der Beginn des Ganzen hatte in Irland stattgefunden, aber das eigentliche Zentrum stellte Deutschland mit dem Untersberg dar. Die Energie des Herzchakras Europas, das sich im Untersberg befand, verband die Außenpunkte im Nordwesten mit Irland, im Südwesten mit Granada, im Südosten mit Athen und Delphi. Jetzt kam noch der Nordosten mit Vilnius dazu.
Vor meinem inneren Auge zogen die Bilder vom Brandenburger Tor, der Akropolis und der Kathedrale von Vilnius vorbei.
Ich bog an der Hauptstraße auf den Gehweg ab.
Gleich würde ich meinen Praxisraum erreichen.
Aus dem Nichts heraus fing mein Ohr an zu kribbeln.
Jetzt blieb mir keine Zeit mehr für eine Kommunikation.
Doch rechtzeitig zur Mittagspause klopfte die geistige Welt erneut bei mir an.
Ich zog mein Pendel aus der Tasche und war sofort online. Es war Saint Germain, der sich die ganze Zeit gemeldet hatte. Trotzdem entschied ich mich in diesem Fall, eine Bestätigung meines Großvaters einzuholen.
Irgendetwas, was ich nicht greifen konnte, war anders.
Plötzlich war im Hinblick auf die Aktion, die ich durchführen sollte, wieder das Gefühl großer Dringlichkeit da.
Ich switchte zu Saint Germain, der mir mitteilte, dass weder er noch mein Großvater mit mir reden wollte.
Jemand ganz anderes habe mir etwas Wichtiges mitzuteilen!
Plötzlich sah ich die Bilder von heute Morgen vor mir.
Es waren vor allem die Bilder von Delphi.
Mich durchfuhr es wie ein Blitz.
Alles war sonnenklar.

Aber mein Verstand weigerte sich.
Er wollte diese an Abstrusität kaum zu überbietende Eingebung nicht akzeptieren.
»Saint Germain, du willst mir doch nicht allen Ernstes sagen, dass eine Seele namens Helmut Schmidt mit mir reden will?«
»DOCH!«
»Dann verbinde mich mit der Seele, die sich Helmut Schmidt nennt.«
Schlagartig veränderte sich die Qualität der Pendelbewegung noch bevor mein Gedanke zu Ende gedacht war.
Die Intensität nahm ab.
Der Pendelausschlag wurde superklar und auffallend akzentuiert.
Er stand der Zackigkeit unseres Altbundeskanzlers in keiner Weise nach!
Eindeutiger hätte der Energiewechsel nicht sein können.
»Okay, das ist er, ganz eindeutig.«
Sofort spürte ich, dass es passte.
»Geht es um Vilnius?«
»JA!«
»Geht es um etwas, das ich dort erledigen soll?«
»JA!«
Sofort war der Gedanke parat.
»Hat es etwas mit dem Zweiten Weltkrieg zu tun?«
»JA!«
»Es geht um das Thema der Juden?«
»JA!«
»Soll ich in die Synagoge?«
»JA!«
Ich kombinierte.
»Okay. Wie in der hiesigen Kirche soll ich dort ein Lichtzelt installieren. Es geht darum, eine Verbindung zwischen Judentum und Christentum herzustellen. Ein Akt der Versöhnung in Bezug auf das Dritte Reich.
Ich glaube, ich verstehe...
Dafür werde ich weitere Steine mitnehmen.«

»JA!«
Die Seele, die sich Helmut Schmidt nannte, brachte mein Pendel zum Überschlag.
Alle Impulse waren soeben aus meinem Innersten hervorgekommen.
Was sorgte dafür, dass alles wie selbstverständlich ablief?
Woher kam meine plötzliche Gewissheit in dem ganzen Gefüge?

Freitag, 13.10.17

Die Ereignisse begannen unübersehbar an Fahrt aufzunehmen. Die Informationen verdichteten sich und wurden von Tag zu Tag umfassender.
Schon fühlte ich mich wie in einem Karussell, dessen rasante Geschwindigkeit mir den Atem raubte.
Gott sei Dank erreichte ich Miky. Unser Gespräch war kurz aber intensiv.
Sein Schlussgedanke war es, der mich aufhorchen ließ.
»Wir haben in der christlichen Kirche ein Lichtzelt erstellt. Jetzt bekommst du den Auftrag, in Vilnius die Synagoge aufzusuchen, um dort das Gleiche zu tun. Damit wäre das Christentum und das Judentum abgedeckt.
Bedenke, als dritte große Weltreligion existiert der Islam.«
Miky hatte recht.
Zweifelsohne war das ein wichtiger Aspekt.
Ohne Zögern nahm ich ihn in meine Überlegungen auf.
Sollte ich in Vilnius Ausschau nach einem islamischen Gotteshaus halten?
In der Hauptstadt Litauens jedoch fand ich auf Anhieb nichts, womit ich spontan etwas anfangen konnte.
Somit kam Vilnius nicht in Frage.
Das Thema Moschee musste ich also anderweitig angehen.

Montag, 16.10.17

Völlig zerschlagen wachte ich an diesem Morgen auf. Alle Glieder taten mir weh. Ich hatte Mühe, aufzustehen. Dies war der Grund, weshalb ich meinen weißen und schwarzen Stein mit auf die Arbeit nahm. Diese kleinen Energiepakete in der Hosentasche würden sicherlich dafür sorgen, dass ich gut durch den Vormittag kam.
Am späten Mittag war ich fertig mit der Arbeit und räumte meinen Praxisraum auf. Wieder einmal stellte ich erstaunt fest, wie fantastisch diese beiden Steine wirkten. Zwischenzeitlich fühlte ich mich wieder fit.
Während ich den Raum für den nächsten Tag vorbereitete, ging mir das letzte Telefonat mit Miky durch den Kopf. Er hatte davon gesprochen die drei großen Weltreligionen miteinander zu verbinden. Dafür müssten zum Christentum das Judentum und auch der Islam mit ins Boot geholt werden.
Bestünde somit die Möglichkeit, das Licht der Herzenergie in das Durcheinander der Religionen zu bringen?
Jeder, der es wollte, könnte sich dieser Energie anschließen.
Der Gedanke fühlte sich gut an... Und mir kam eine Idee, die mir mehr und mehr gefiel. Ganz in der Nähe war vor vielen Jahren eine Moschee errichtet worden.
Praktischerweise hatte ich genau jetzt meinen weißen und meinen schwarzen Stein dabei.
Wie einfach es doch sein konnte.

Sogleich machte ich mich auf den Weg zum Stadtfluss.
Ein einziger Kontaktstein würde für mein Vorhaben genügen.
Ohne zu überlegen entschied ich mich für einen weißen hübsch geformten Kiesel und informierte ihn mit der Herzenergie des Untersbergs.
Ich setzte mich ins Auto und sah auf die Uhr.
Es war halb eins. Geradewegs fuhr ich zur Moschee. Ihr schräg gegenüber fand ich einen Parkplatz. Ich überquerte die Straße und lief

zum Eingang des großen Gebäudes, vor dem ein älterer Mann saß. Ich fragte ihn, ob die Moschee geöffnet habe. Freundlich blickte er mich an. Er wollte wissen, ob ich zwecks einer Besichtigung hier wäre. Ich nickte.
»Aber vor allem komme ich zum Beten.«
Der Mann antwortete mit einer offenen Willkommensgeste, stand auf und führte mich hinein. Er zeigte mir den Gebetsraum der Männer und wies anschließend, mit der Bitte meine Schuhe auszuziehen, nach oben auf die Empore. Dort war der Bereich der Frauen. In einem Nebenraum stand ein eigens dafür vorgesehenes Regal, in welches ich meine Schuhe stellte.
In Socken stieg ich die Treppe hinauf.
Die Empore war von einer großen Glaskuppel überdacht, durch welche die Sonne schien. Der komplette Boden war mit Teppich ausgelegt, der den Schall schluckte. Das Gehen ohne Schuhe war auf diesem Untergrund ausgesprochen angenehm.
Alles wirkte hell und freundlich.
Vollkommen alleine stand ich hinter der Balustrade der Empore direkt unter der Glaskuppel.
Zuerst legte ich meinen informierten Kieselstein vor mir ab.
Dann schaltete ich die violette Flamme ein.
Augenblicklich konnte ich meinen Großvater Carl und Saint Germain wahrnehmen. Sie halfen mir, ein leuchtend weißes Lichtzelt unter der Kuppel aufzubauen und es mit dem Lichtzelt der christlichen Kirche zu verbinden.
In Gedanken schickte ich es um die ganze Welt.
Wiederum formulierte ich es als Einladung an alle.
Jeder, der wollte, durfte sich dieser Energie anschließen.
Eine ganze Weile noch stand ich am Geländer der Empore und ließ den Moment auf mich wirken.
Eine angenehme Ruhe lag im Raum.
Alles war gut.
Ich trat hinaus. Der ältere Mann, der mich vorhin in die Moschee geführt hatte nickte mir zum Abschied freundlich zu.

Dienstag, 17.10.17

Staunend stand ich vor meiner Rose.
Die erste, mittige Knospe (Untersberg) war verblüht.
Die zweite, nordwestliche Knospe (Irland) hatte sich zu einer prächtigen Blüte entfaltet. Die dritte, südwestliche Knospe (Spanien) begann sich zu öffnen und die vierte, südöstliche Knospe (Athen) würde in den nächsten Tagen aufgehen.
Noch ganz klein und grün schien die fünfte Knospe auf ihren Einsatz zu warten...
Das Telefon holte mich aus meinen Gedanken.
»Hallo Mama, alles klar? Prima, oh, du hast dein Haushaltspensum schon erledigt? Fleißig, fleißig! Du bist gerade am Lesen? Was? Ein alter Artikel über den Nato-Doppelbeschluss und die Friedensaktivisten.«
Louise ergänzte: »Genau, und in diesem Zusammenhang ist mir das Büchlein eingefallen, dass Papa geschrieben hat. Er hatte das Büchlein damals mehrfach kopiert, für seine Kinder und Enkelkinder. Ihm ging es dabei um die Zukunft aller.
Du erinnerst dich doch bestimmt noch daran. Wie alt warst du da, vielleicht vierzehn, fünfzehn? Denk mal, er hatte damals für sein Alter eine sehr junge Familie. In den Achtzigern war das. Zur Zeit des kalten Kriegs, mit den friedlichen Demonstrationen und den Blockaden vor dem Raketendepot in Mutlangen. Die Amerikaner hatten in Deutschland ihre Pershing-II-Raketen stationiert. Die sowjetischen Mittelstreckenraketen SS-20 waren auf den Westen gerichtet. Es war ein Wettrüsten zwischen den beiden Supermächten, das einem Angst machen konnte. Mit all den Atomraketen hätte man x-mal die Welt vernichten können. Vor dem Raketendepot in Mutlangen hielten damals die Friedensaktivisten zu denen Papa gehörte, Mahnwachen und organisierten Blockaden.
Es gibt noch Bilder, wie die Polizei Friedensaktivisten einschließlich Papa weggetragen haben. Es war klar, dass es zu einem Prozess kommen würde. Viele dieser friedlichen Menschen wurden verknackt.

Dein Vater wurde zu einer Geldstrafe verurteilt.
Kurz nach seiner Freilassung aus der Kriegsgefangenschaft in Russland hatte Papa Ende der vierziger Jahre einen Bericht verfasst. Er schrieb darin über seine Kriegserlebnisse und äußerte darin seine Meinung über den zweiten Weltkrieg und alles was damit zu tun hatte.
Genau diesen Bericht verwendete er einige Jahrzehnte später in den Achzigern als Verteidigungsrede im Mutlangenprozess. Nie wieder solle so etwas passieren. Und dafür wolle er sich einsetzen. Der Richter hat ihn damals trotzdem, genau wie die anderen auch, knallhart nach Standard verurteilt.«
Ja, ich erinnerte mich an das Buch.
Mein Vater hatte mir damals auch ein Exemplar gegeben.
Allerdings hatte ich es nie gelesen.
Eigentlich wusste ich gar nicht, ob ich es überhaupt noch hatte.
Ich stand auf und ging zum Bücherregal.
»Ob ich das noch finde? Warte mal!«
Gründlich suchten meine Augen die nebeneinander stehenden Buchrücken ab.
Es sprang mir geradezu entgegen.
Das Büchlein.
Warum stand es einige Zentimeter hervor?
Seit Ewigkeiten hatte ich es nicht angerührt.
Irgendwann beim Staubputzen vielleicht.
Das war mehr als merkwürdig.
An seiner beigen Farbe hatte ich es sofort erkannt.
Komisch, eigentlich war es unscheinbar.
Vorsichtig nahm ich das Büchlein aus dem Regal.
Urplötzlich verspürte ich eine seltsam drängende Energie.
Eine große Traurigkeit ging von ihr aus.
Was passierte hier?
»Mama, da ist etwas, von dem ich nicht weiß, was es ist. Ich muss das abchecken. Melde mich, bis gleich.«
Ich legte auf und griff nach meinem Pendel.

Sofort war ich in Kontakt mit meinem Großvater.
Er teilte mir mit, dass mein verstorbener Vater mit mir sprechen wolle.
Mir war seltsam zumute.
Trotzdem willigte ich ein.
»Okay, aber nur ohne Energieabzug.«
Augenblicklich spürte ich, wie die Energie des Pendels wechselte.
Der Ausschlag des Pendels veränderte sich merklich.
»Papa, spreche ich mit dir?«
»JA!«
Mein erster Gedanke kam.
»Warst du in Litauen?«
»JA!«
Bisher wusste ich nur, dass mein Vater während des Krieges in Lettland gewesen war. Von Litauen war mir nichts bekannt gewesen.
Jetzt bestätigte er mir die Richtigkeit meines Vorhabens.
Er versicherte mir seine volle Unterstützung.
Es sei wichtig und dringend.
Laut dachte ich vor mich hin.
»In Irland hat alles angefangen und sich immer mehr zu einem Gemeinschaftsprojekt entwickelt. Immer mehr Mitwirkende sind dazugekommen. Irgendwie sieht es so aus, als würde alles mit dem Zweiten Weltkrieg zusammenhängen.«
Ich musste dieses Büchlein lesen.
Jetzt.
Ohne Umschweife schlug ich es auf.
Als erstes fiel mein Blick auf die Widmung meines verstorbenen Vaters für seinen Enkel.
Dann blätterte ich weiter und las.
Bis zum Schluss.
Vollkommen überwältigt von dem, was ich darin erfuhr, klappte ich das Büchlein zu und legte es vor mir auf den kleinen Tisch.
Mein Vater war also in Litauen gewesen.
Genau dorthin würde meine Reise gehen.
In einer knappen Woche.

Donnerstag, 19.10.17

Noch war es früh und der Wecker hatte schon ein paar Mal geklingelt. Aber immer wieder drehte ich mich um.
Ein klares Bild manifestierte sich vor meinen Augen.
Ich befand mich in Vilnius und blickte auf eine Häuserecke.
Ein Mann mit langem Mantel und Baskenmütze tauchte auf.
Er kam um die Ecke.
Es musste sich um einen Franzosen handeln.
Ich erwartete einen verstorbenen Freund meiner Mutter, Henri.
Ja, ich war mir vollkommen sicher, dass er es war.
Der Mann sah mich direkt an.
Ich blickte ihm ins Gesicht.
Dann erkannte ich ihn.
Es war Willy Brandt.
Er grinste - und plötzlich war er weg.
Sofort war ich hellwach. Mein Herz raste. Was war das schon wieder? Ich schüttelte mich und schwang mich aus dem Bett. Mich fröstelte. Das Fenster stand offen. Schnell zog ich mir etwas über. Auch Tim war inzwischen wach und setzte sich auf die Bettkante.
Er war erstaunt.
»Du hast es aber eilig aus dem Bett zu kommen«
»Eben hatte ich Besuch von Willy Brandt.«
Ich lachte ein wenig unbeholfen und zuckte mit den Schultern. Direkt spürte ich wieder das Kribbeln in meinem linken Ohr.
»Okay«, dachte ich, »mal schauen, was jetzt kommt, Opa Carl oder Saint Germain werden schon eine Erklärung dafür haben.«
Ich setzte einen Kaffee auf und beschloss, heute statt Müsli ein Brot zu essen. Mein Pendel hatte ich schon in der Hand.
Inzwischen konnte schon mal der Kaffee durchlaufen.
»Opa Carl, bist du es?«
»JA!«
»Du meldest dich wegen des Traums eben mit Willy Brandt, stimmt's?«
»JA!«

»Danke, ich melde mich gleich nach dem Frühstück.«
Ich erzählte Tim von meinem plastischen Traum kurz vor dem Aufwachen.
»Na ja, du träumst schon seltsame Sachen. So intensiv und realistisch, wie du mir das gerade schilderst, träumt man selten. Meistens ist man dann erst mal total erledigt, stimmt´s?«
Tim schenkte Kaffee nach.
»Stimmt, bin immer noch nicht ganz bei mir. In zwei Stunden habe ich meine ersten Termine. Das mit dem Traum muss ich aber unbedingt vorher noch abchecken.«
Herzhaft biss ich in mein Marmeladenbrot.

Tim ging und ich räumte den Tisch ab. Es würde gerade noch für eine volle Spülmaschine reichen. Ich sah auf die Uhr. In spätestens fünfundvierzig Minuten musste ich los. Mit dem Pendel in der Hand legte ich los.
Mein Großvater war sofort online und startete mit der ersten Meldung.
Die Seele, die sich Willy Brandt nannte, freute sich scheinbar sehr über das geplante Vorhaben in Vilnius.
Opa Carl versuchte mir noch weitere Dinge mitzuteilen, die ich aber nicht sofort verstand.
Ich ließ das Pendel sinken und überlegte.
Auf der Suche nach Informationen über Vilnius war ich vor zehn Tagen im Internet auf einen Stadtplan gestoßen.
Plötzlich fiel mir das jüdische Ghetto ein.
Ich erinnerte mich genau.
Es war durch eine Straße zweigeteilt.
Das Kribbeln in meinem Ohr schwoll deutlich an.
»Opa Carl, soll ich in das ehemalige jüdische Ghetto der Stadt?«
»JA!«
»Will mich die Seele, die sich Willy Brandt nennt, darauf aufmerksam machen?«
»JA!«

Mir lief ein kalter Schauer über den Rücken bei der Vorstellung, durch das ehemalige jüdische Ghetto in Vilnius gehen zu müssen. Dieser Gedanke rief eine gewisse Beklommenheit in mir hervor.
Trotzdem würde ich es tun.
Von einem Augenblick auf den anderen wusste ich plötzlich, dass ich mich inmitten eines großen Teams befand, das zusammenarbeitete. Im Laufe der Wochen war es immer größer geworden. Das Team für das anstehende Projekt in Vilnius.
Sofort war mir klar, wer dazugehörte.
»Opa, ist die Seele, die sich Willy Brandt nennt, auch mit von der Partie?«
»JA!«
»Stimmt es dann auch, dass die Seele, die sich Helmut Schmidt nennt, ebenso dabei ist?«
Geradezu etwas Feierliches lag in der Luft, als mein Großvater antwortete.
»JA!«
Es war sehr lang und ausgedehnt.
Opa Carl musste happy sein.
Ich hatte erkannt, wie groß unsere Gruppe mit all ihren Teilnehmern geworden war. Alle nahmen aktiv an diesem Projekt teil.
Das Team der weltlichen Seite bestand aus mir, Tim, meinem Sohn Basti, Miky, meiner Mutter Louise und deren Freundin Charlotte.
Wir waren also zu sechst.
Damit bestand unsere Gruppe exakt aus drei Frauen und drei Männern.
Aus der geistigen Welt waren mein verstorbener Vater, mein verstorbener Großvater, Karl der Große, Saint Germain, eine Seele, die sich Helmut Schmidt nannte, sowie eine Seele, die sich Willy Brandt nannte, mit dabei. Auch die geistige Welt schickte somit exakt sechs Vertreter ins Projekt.
Eine bemerkenswerte Tatsache.
Wir waren insgesamt zu zwölft!

Freitag, 20.10.17

Die Kamera in der Hand probierte ich verschiedene Blickwinkel und Positionen aus. Das Motiv musste festgehalten werden.
Ja, so war es richtig.
Die vierte Rosenknospe war aufgegangen.
Der Eckpunkt für Athen hatte begonnen zu blühen.
Es war eine üppige Blüte, die hier für die Akropolis und Delphi heranwuchs.
Die letzte Knospe des Nordostens, zeigte kleine orangefarbene Blütenblätter.
Bald würde sie aufgehen.
Die Schlussetappe im Nordosten startete in drei Tagen. Diese Aufgabe hatte ich in eigener Regie zu meistern. Dafür würde ich nach Vilnius reisen. Ganz alleine. Es war ein komisches Gefühl. Der Gedanke verursachte mir Unbehagen.
Trotz allem blieb mir nur eine Wahl.
Ins Vertrauen zu gehen.
Einen groben Fahrplan hatte ich mir für die Aktion zurechtgelegt.
Genügend Kieselsteine hatte ich auch.
Alles Weitere musste ich abwarten.

Elf fleißige Helfer würde ich an meiner Seite haben. Die sechs aus der geistigen Welt und die fünf von der hiesigen.
Alle würden mich am kommenden Montag unterstützen.
Jeder von Ihnen würde mit der violette Flamme in Vilnius dabei sein.

41
Vilnius

Montag, 23.10.17

Am letzten Abend vor der Reise hatte ich mich zurückgezogen. Ich versuchte Ruhe zu finden. Dies gelang mir am besten, wenn ich alleine war. Trotzdem hatte es mir wehgetan, als Tim gestern zu sich nach Hause fuhr.
Bewusst war ich heute Nacht alleine geblieben, hatte aber sehr unruhig geschlafen. Als der Wecker klingelte, war ich sofort wach und stand auf. Alles lief wie automatisch ab, das Waschen, Anziehen, Frühstücken. Ich war in Gedanken. Heute war der Tag, an dem eine Menge passieren konnte und so viel offen stand.
Ich sah auf die Uhr, ich sollte los! Der Zug fuhr um sechs, und ich musste noch mein Auto auf einem abseits gelegenen schlecht beleuchteten Parkplatz abstellen, was mir nicht sonderlich behagte.
Dort angekommen parkte ich, überquerte die Brücke über die Gleise und befand mich wenig später am Bahnhof. Der Zug wartete bereits. Es war ein Pendlerzug, der sich relativ schnell füllte. Immer mehr Menschen standen auf dem Gang. Die Luft wurde stickig.
Ich war froh als ich umsteigen konnte. Jetzt galt es, den ICE nach Frankfurt zu bekommen. Eine Reservierung hatte ich nicht, hoffte aber trotzdem einen freien Platz zu bekommen. Der ICE stand schon da. Überraschenderweise war er noch ziemlich leer. Mir blieb genügend Zeit, mich in aller Ruhe nach einem Sitzplatz umzuschauen. Gleich im ersten Wagen blieb ich stehen und las: Reserviert von Frankfurt bis Hannover. Sehr gut. Bis dahin würde ich lange weg sein. Ich zog meine Jacke aus und legte meinen Rucksack oben auf die Ablage. Mein Rucksack war leicht. Für lediglich eine Übernachtung brauchte ich nicht viel. Das Wichtigste hatte ich eingepackt.
Ich ließ mich in den Sitz fallen.
Draußen wurde es allmählich hell.

Zwei Männer, der eine seine Aktentasche tragend, der andere mit einer Zeitung unter dem Arm, setzten sich zu mir an den Vierertisch. Beide hatten vorher genauestens die Reservierungsschildchen studiert.

Der Fensterplatz mir gegenüber war noch frei. Der ICE hatte sich in Bewegung gesetzt und nahm zügig Fahrt auf.

Zum Lesen hatte ich nichts dabei. Ich konnte mich jetzt ohnehin nicht konzentrieren. Eine ganze Weile sah ich aus dem Fenster. Landschaften flogen vorbei. Vage Konturen von Häusern, Kirchtürmen, Straßen und Autos. Dazwischen mein Spiegelbild, das ich in der Scheibe sehen konnte. Ich erinnerte mich an meine Kindheit und daran, wie ich bei unseren damaligen Zugfahrten immer wieder meine Nase am Zugfenster plattgedrückt hatte.

Die Abteiltür war aufgegangen.

Vom Gang her war ein Keuchen zu hören.

Gepäck wurde hereingeschleift.

Ich wunderte mich.

Wir waren doch noch lange nicht im nächsten Bahnhof.

Dann horchte ich auf.

»Oje. Ist hier noch was frei? Entschuldigung, ist hier noch was frei? Ich hab so viel Gepäck, mein Gott, ich kann das doch nicht hier auf dem Gang rumstehen lassen.«

Eine wohlbeleibte jüngere Frau war vor unserem Vierertisch stehen geblieben. Sie schleifte einen riesigen Koffer und überdimensionierte Taschen hinter sich her. Der Stress stand ihr ins Gesicht geschrieben.

»Ist hier am Fenster noch frei?« fragte sie, unseren Blick suchend, etwas hilflos und verzweifelt. Die beiden Männer und ich nickten.

»Oh Gott, wie bekomme ich dieses Gepäck nach oben? Wissen Sie, der Koffer ist so schwer, den kann ich gar nicht hochheben. Und dann noch die Taschen, oje, oje!«

Sie wischte sich die Stirn ab.

»Kommen Sie, ich helfe Ihnen.«

Der Mann mit der Aktentasche war aufgestanden und versuchte, den riesigen Koffer hochzuhieven. Der Mann mit der Zeitung packte mit

an, und es gelang den beiden, das mächtige Gepäckstück sicher auf der Ablage zu verstauen.
Uff, sie hatten es geschafft!
Die beiden Männer atmeten auf.
»Oh Gott, wie bekomme ich den nachher wieder runter?«
Die gestresste Frau fing fast an zu kreischen.
»Da muss mir wieder jemand helfen.«
Die beiden Männer sahen sich wortlos an und verdrehten die Augen.
Der Mann mit der Zeitung hob beschwichtigend die Hand.
»Das kriegen wir schon hin, setzen Sie sich doch erst mal.«
Wie ging noch das Lied?
Man reist besser mit leichtem Gepäck ... Ich hatte es schon öfter im Radio gehört.
Wieviel Wahrheit doch darin steckte.

Alsbald erreichte der ICE Frankfurt. Ich schnappte meinen Rucksack und verließ den Zug. Jetzt ging es die Rolltreppen hoch direkt in den Flughafen. Kurzentschlossen passierte ich die Sicherheitskontrolle, um die Zeit bis zum Abflug frei gestalten zu können. In einem Bistro unweit des Flugsteigs bestellte ich mir einen Teller Kürbissuppe und eine Tasse Cappuccino. An der Kasse bezahlte ich bei einer jungen blonden Frau und las dabei zufällig ihr Namensschild: Israel!
Ich zuckte zusammen.
Reiste ich nicht gerade in das ehemalige Jerusalem des Ostens?
Dankend nahm ich das Wechselgeld entgegen und setzte mich an einen Tisch.
Ein junger Mann brachte den Cappuccino.
Ich blickte in die Tasse und war verblüfft.
Es war das hellbraun-weiße Muster, das in Schlieren den Kaffeeschaum durchzog.
Ohne langes Nachdenken sah ich das Bild eines an der Plazenta hängenden Embryos.
Ich fasste mir an die Stirn.
Sollte das der Anfang von etwas Neuem, Lebendigem sein, von dem

ich nicht wusste, was es sein konnte? Versinnbildlichte dieser Embryo das Ergebnis aller unserer bisherigen Aktionen?
Wer wusste das schon?
Mit gefülltem Bauch verließ ich das Bistro und machte mich auf den Weg zum Boardingschalter. Ich stellte mich in die Warteschlange, passierte die Bordkartenkontrolle und schulterte meinen Rucksack.
Dann lief ich über die Gangway und betrat das Flugzeug.
Zwei Stunden Flug lagen vor mir.
Auch das würde ich hinbekommen.
Die Stewardess machte ihren Kontrollgang. Alle Passagiere einschließlich mir hatten sich angeschnallt. Die Maschine war dabei, auf die Rollbahn zu fahren.
Aber was war das?
Ein paar Reihen vor mir war ein leises Quäken zu hören.
Unverkennbar kam es von einem sehr kleinen Baby.
Es musste das Stimmchen eines Neugeborenen sein.
Kurz hielt ich inne.
Erst die blonde Frau mit dem bemerkenswerten Namen, dann der Cappuccino und jetzt das.
Ich grübelte.
Das Flugzeug hob ab.

In Vilnius angekommen, verließ ich zügig das Flughafengebäude. Wenige Minuten später gelangte ich zu einer Reihe wartender Taxis. Dem Fahrer des vordersten Wagens zeigte ich die Adresse meines Hotels und stieg ein.
Die Häuser, an denen wir vorbeifuhren, erinnerten mich an alte Bilder aus dem Osten. Sie waren zum Teil aus Holz und hatten den Charme einer morbiden Vergangenheit, die eine gewisse Beklommenheit in mir hervorrief. Ich musste an das Büchlein meines Vaters denken und suchte unbewusst nach Hinweisen, wie Vilnius damals möglicherweise ausgesehen hatte. Diese Holzhäuser mussten wohl aus jener Zeit stammen.
Die große Eingangstür des Hotels ging unerwartet leicht und ließ sich

bequem öffnen. Ich betrat die Lobby und meldete mich an der Rezeption. Sodann durchquerte ich die Hotelhalle in Richtung Treppenhaus und folgte den Stufen in den zweiten Stock. In meinem Zimmer angekommen, stellte ich meinen Rucksack ab und machte mich frisch. Die junge Frau an der Rezeption hatte mir einen Stadtplan ausgehändigt. Auf meine Bitte hin hatte sie mir alle relevanten Details einschließlich meiner Route eingezeichnet. Ich faltete das Blatt zusammen und steckte es in meine Jackentasche.
Die Uhr zeigte halb zwei.
Die Aktion ging los.
Ich schickte eine Nachricht an Louise.
Jetzt hieß es, violette Flamme an.

Vom Hotel aus folgte ich der Straße zur Synagoge. Es war kalt und windig. Ich war froh über die Mütze, die ich heute Morgen eingesteckt hatte. Der Himmel war bewölkt. Alles erschien in einem trüben Grau. Der Vorplatz der Synagoge war durch ein schmiedeeisernes Gitter und offensichtlich angebrachte Überwachungskameras gesichert. Am Gebäude selber waren Bauarbeiten im Gange. Ein Schild am Gitter informierte die Besucher über die Öffnungszeiten. Die Synagoge würde heute Abend von halb sechs bis sechs Uhr geöffnet sein.
Zügig ging ich weiter, um keine Zeit zu verlieren. Keinesfalls durfte ich jetzt bummeln, wenn ich bis halb sechs wieder hier sein wollte.
Von hier aus war es nicht weit bis zum ehemaligen jüdischen Ghetto. Auf dem Weg dorthin kam ich an einer Holzbank vorbei. Ein verwahrloster Mann mit gewaltiger Schlagseite saß dort.
Ich erfasste sofort, dass ich mich bereits im Gebiet des ehemaligen Ghettos befand, wollte aber erst auf dem Rückweg hier tätig zu werden.
Jetzt folgte ich einer größeren Hauptstraße.
Aus einer Gasse des ehemaligen Judenviertels kam eine alte Frau in kunterbunter Kleidung in meine Richtung gelaufen. Sie hatte schwarze Augenränder und lief in gebückter Haltung schräg an mir vorbei. Die Frau rief mir irgendetwas in litauischer Sprache zu, was ich nicht

verstand, was sich aber seltsam anfühlte.
Schnell ging ich die Straße weiter.
Ich wollte mich auf keinen Fall aufhalten lassen.
Mein Ziel war die Kathedrale. Schließlich erreichte ich einen großen Platz mit einem langgestreckten Gebäude an dessen Ende sich die Kathedrale erhob. Ich näherte mich den hohen Säulen des Portals. Sie erinnerten tatsächlich an das Brandenburger Tor.

Ein Bettler am Eingang der Kathedrale strahlte mich mit beiden Augen an. Ich durchsuchte mein Portemonnaie, fand aber kein Kleingeld. Also drückte ich ihm einen Fünfeuroschein in die Hand und lief weiter in die Kathedrale hinein.
Dort sah ich mich zunächst um. Der weite Raum war fast menschenleer. Ich machte einen Rundgang. Zwischen dem Chorgestühl links und rechts vom Hauptaltar und den Kirchenbänken war eine Schranke. Ich spürte in mich hinein. Nein, im Altarbereich sollte die Aktion auf keinen Fall stattfinden.
Trotzdem spürte ich, dass die Zeit drängte.
Ich fühlte einen Druck im Brustkorb, der stetig zunahm.
Als ob sich Energie freisetzen wollte.
Die Aktion musste zum Abschluss gebracht werden.

Rasch lief ich zu den Kirchenbänken und blieb vor der ersten Reihe stehen.
Hier und jetzt musste es geschehen.
Ich holte meine Kontaktsteine aus der Tasche, legte sie kreisförmig auf den Boden und platzierte meinen weißen und meinen schwarzen Stein in die Mitte. Unerwartet nahm ich plötzlich alle elf Helfer wahr. Sie alle waren energetisch anwesend.
Zu zwölft standen wir um die Steine herum.
Deutlich sah ich vor meinem inneren Auge, wie die sechs Teammitglieder aus der geistigen Welt und wir sechs aus der hiesigen Welt uns an den Händen hielten.
Wir bildeten einen Kreis um die Steine herum.

Ich visualisierte die violette Flamme und zog mit aller Kraft die Herzenergie des Untersbergs bis in die Kathedrale von Vilnius hindurch.
Der Druck in meinem Brustkorb ließ nach.
Sofort war mir klar, dass der Lichtstrahl verankert war.
Einen kurzen Moment noch blieb ich stehen und packte meinen weißen und meinen schwarzen Stein wieder ein.

In den Bänken weiter hinten saßen jetzt vereinzelt Leute. Ich lief an ihnen vorbei geradeaus den Mittelgang hinunter. Zum Abschluss würde ich für jeden, der an der Aktion teilgenommen hatte, eine Kerze anzünden. Es sollten Lichter sein für alle Beteiligten aus der diesseitigen und aus der jenseitigen Welt.
Auf dem Opferlichtständer, dessen Reihen stufenartig angeordnet waren, brannten nur wenige Kerzen. Ich formte mit meinen zwölf kleinen Lichtern einen Kreis. Während ich sie anzündete, nannte ich im Geist nacheinander alle Namen.
Von links her näherte sich eine Frau, die dicht zu mir aufrückte.
Es wäre genügend Platz da gewesen, um in angemessenem Abstand Kerzen aufzustellen.
Unwillkürlich ging ich in Abwehrstellung.
Von rechts kam eine weitere Frau, die sich mir ebenso näherte.
Sie begann plötzlich in meinen Lichterkreis einzugreifen.
Sie griff nach meinen Kerzen!
Instinktiv begann ich sofort mit einer energetischen Raumreinigung.
Dabei steckte ich den unmittelbaren Raum um mich herum ab.
Geistig mit der Raumreinigung beschäftigt, wehrte mein rechter Arm reflexartig die Hand der Frau ab.
Nachdrücklich schüttelte ich mit dem Kopf, schaute auf meine zwölf Lichter und breitete mental immer weiter die violette Flamme aus.
Beide Frauen verschwanden genauso plötzlich, wie sie gekommen waren.
Abschließend ging ich eine letzte Runde durch die Domkirche.
Vor dem Verlassen der Kathedrale vergewisserte ich mich, ob unsere zwölf Kerzen noch brannten.

Beim Anblick des Kerzenständers atmete ich erleichtert auf.
Alle zwölf Lichter strahlten kräftig und hell.
Zufrieden verließ ich die Kathedrale.
Ab sofort würde die geistige Welt auf sie achtgeben.
Als nächstes begab ich mich zum Ufer der Neris.
Die Herzenergie musste ins Fließen gebracht werden. Zum Glück hatte ich genügend informierte Steine mitgenommen. Rechts der Kathedrale bog ich in einen Fußweg ab, der in eine Allee mündete.
Ich war umgeben von wunderschönem herbstlichen Orange und Gelb der hohen Bäume. An einer großen Verkehrsstraße angekommen blieb ich stehen.
Staunend beobachtete ich die alten Trolleybusse, die über das marode Straßenpflaster donnerten.
Wie alt sie wohl sein mochten?
Ich überquerte die Straße.
Von hier aus waren es nur noch wenige Schritte bis zu einer Treppe, die zum Fluss führte. Flache Stufen zogen sich bis weit unter die Wasseroberfläche.
Ein Entenpaar watschelte am Ufer entlang und blieb stehen.
Die zwei Enten sahen mich an, rührten sich aber nicht vom Fleck.
Ruhig und kräftig floss die Neris an mir vorüber.
Es war ein ganz markanter Stein, den ich mir für diesen Fluss ausgesucht hatte. Das Baltikum galt als die Schatzkammer des Bernsteins. Auch mein Flusskiesel war von auffallend gelber Farbe und glich damit genau dieser Sorte Edelstein.
Nochmals betrachtete ich ihn, als er in meiner Handfläche lag.
Schon im nächsten Augenblick würde sich die Herzenergie des Untersbergs auf den Weg in die Ostsee machen.
Weit holte ich aus.
Schwungvoll und so weit es ging, warf ich den Stein in die Neris.
Plopp.
Wiederum kam es mir vor wie in Zeitlupe.
Kreise bildeten sich auf der Wasseroberfläche.
Völlig in dem Moment eingetaucht beobachtete ich das langsame

Größerwerden der Kreise, bis sie schließlich verschwammen.
Der Fluss schien sie einfach mitzunehmen.
Bald würden sie in der Ostsee sein.
Das Entenpaar sah mich an und lief ein paar Schritte.
Dann ließ es sich vom Wasser davontragen.

Eine angenehme Ruhe breitete sich in mir aus.
Die Energie floss fortan auch in den Nordosten. Als einziger hatte dieser noch gefehlt. Nunmehr war auch im nordöstlichen Teil Europas die Herzenergie des Untersbergs angekommen.
Doch jetzt hieß es umschalten.
Ich musste die Zeit im Auge behalten.
Rasch brach ich auf in das ehemalige jüdische Ghetto.
Von der Hauptstraße aus bog ich in einen Teil des Ghettos ab. Dabei gelangte ich in eine Gasse. Sofort glaubte ich sie wiederzuerkennen.
Zuhause noch hatte ich einige Bilder von Vilnius angesehen. Genau das alte Schwarzweißfoto dieser Gasse war mir sofort aufgefallen. Es war der Durchgangsbogen in der Mitte der Gasse, der sich abhob. Er verband zwei gegenüberliegende Häuser miteinander.
Direkt unter dem Bogen stand ein kleiner Junge.
Genau in diesem Moment stand ich dort.
Unter diesem Bogen.
Dieses Mal war es ein kleiner weißer Stein, den ich wie zufällig aus meiner Tasche holte.
Ich legte ihn unter den Bogen.
Es konnte nur hier passieren.
Nirgendwo anders.
Wie viel Elend musste hier geherrscht haben in jener dunklen Zeit...
»Ihr seid frei, ihr seid alle frei, es ist gut...«
Es war wie ein Endlosgedanke.
Ich visualisierte die violette Flamme.
Zuerst unter dem Bogen.
Dann sah ich, wie sie sich über die ganze Gasse ausbreitete, weiter und weiter...

Abermals überquerte ich die Straße, durch die ich vorhin schon einmal gekommen war. Sie trennte die beiden Teile des ehemaligen Ghettos.
Des großen und des kleinen Ghettos.
Ich blickte nach oben.
Über mir auf dem Straßenschild stand: »Vokieciu gta».
Und darunter: »Deutsche Straße».
Eiskalt lief es mir den Rücken runter.
Angekommen auf der anderen Straßenseite zweigte ich aufs Geratewohl ab und erreichte einen Platz, an dessen Rand ein großes, schäbig wirkendes Haus stand. Direkt davor lag ein großer Innenhof mit alten Wäschestangen, einigen Bäumen und etwas Grünfläche.
An diesem Ort befand sich der andere Teil des ehemaligen Ghettos.
Genau an dieser Stelle würde ich den zweiten Stein ablegen.
Hier konnte ich die violette Flamme großflächig entstehen lassen und damit Licht und Leichtigkeit in diese Gassen bringen.
Die violette Flamme breitete sich aus, weiter und weiter...
Von der ganzen Energie überwältigt verließ ich das Viertel.
Es war bereits später Nachmittag.
Ich sah in den Himmel.
Letzte fahle Sonnenstrahlen schienen durch die wenigen Lücken der Wolkendecke.
Ich atmete tief durch.
Wie gut es im Moment tat, nach dem Grau des Nachmittags das Blau des Himmels zu sehen...

Mein Magen knurrte unbeschreiblich.
Seit heute Morgen hatte ich nichts mehr gegessen. Auf einmal fühlte ich die Intensität des ganzen Tages.
Seit wann war ich wach und wie lange schon unterwegs?
Was hatte ich bereits alles unternommen?
Ich hatte Glück. Unmittelbar ein paar Straßen weiter fand ich ein Restaurant. Dort suchte ich mir einen Fensterplatz und gab zügig meine Bestellung auf.

Dann blickte ich auf die Straße.
Ich stutzte.
Es war die gebückte Körperhaltung, die mir sofort ins Auge sprang.
Draußen lief die alte Frau, der ich heute Nachmittag im jüdischen Viertel begegnet war. Es war die Frau mit den bunten Kleidern und den schwarzen Augenrändern.
Vorhin noch hatte sie mir etwas zugerufen.
Dieses Mal sah sie mich nicht.
Schnellen Schrittes lief sie am Fenster vorbei, bog um die Ecke und war verschwunden.
Welch bemerkenswerte Begebenheit.
Eine fast identische Situation verlief völlig anders, als noch ein paar Stunden zuvor.
War das zweite Auftauchen der Frau ein möglicher Hinweis darauf, dass die Aktion im ehemaligen Ghetto erfolgreich verlaufen war?
Auf jeden Fall ein interessanter Denkansatz.
Dann musste im Ghetto bereits eine energetische Veränderung stattgefunden haben…

Die Bedienung brachte das Essen.
Pasta und ein großes Pils.
Wie gut das tat!
Dringend brauchte ich jetzt Erdung.
Ich sah auf die Uhr.
Bis achtzehn Uhr waren es noch zwanzig Minuten.
Jetzt musste ich mich sputen, um noch Einlass in die Synagoge zu bekommen.
Ich bezahlte, stand auf und ging.

Wie lange ich vorhin gebraucht hatte, um von der Synagoge bis hierher zu kommen, konnte ich nicht mehr nachvollziehen. Zügig lief ich die Straße hoch.
Erneut kam ich an dem wohlbeleibten verwahrlosten Mann vorbei.
Dieses Mal saß er jedoch auf einer anderen Bank.

Erstaunt stellte ich fest, wie fit er wirkte.
Ich hatte verstanden!
Es war die gleiche Symbolik wie bei der alten Frau. Dieser Mann versinnbildlichte den anderen Teil des Ghettos. Auch hier musste sich demnach energetisch etwas verändert haben.
Ich hatte noch zehn Minuten und musste mich beeilen.
Eine Kreuzung galt es noch zu überqueren, dann war ich da.
Die Synagoge stand direkt vor mir.
Es war kurz vor achtzehn Uhr, als ich am Gittertor klingelte.
Ich blickte nach oben.
Überall waren Überwachungskameras angebracht.
Es fühlte sich seltsam an.
Es surrte und das Tor sprang auf.
Ich lief über den Vorplatz in die Synagoge.
Hier war es dunkel.
Nur im rechten Bereich des Innenraums brannte Licht.
Ich betrat den Vorraum.
Eine Pförtnerin saß hinter einem Tisch.
Sie sprach mich auf Litauisch an. Ich versuchte es mit Englisch und fragte, ob ich in die Synagoge hineindürfe. Die Frau redete einfach weiter und gestikulierte mit den Armen. Sie deutete auf ein Schild an der Tür.
»No tourist«, stieß sie hervor.
Ich verstand. Es ging um die Baustelle. Ich versuchte ihr begreiflich zu machen, dass ich beten wolle, und blickte sie fragend an. Die Frau schüttelte den Kopf.
Es musste einen anderen Weg geben.
Zum Abschied nickte ich der Pförtnerin zu, verließ die Vorhalle und trat hinaus.
Kurz blieb ich stehen und hielt inne.
Dann blickte ich nach oben.
Hier befand ich mich direkt unter dem riesigen Torbogen des Eingangsportals.
Für das, was ich vorhatte, würde es genügen.

Ohne Zögern holte ich den letzten informierten Stein aus der Tasche.
Ich legte ihn vor mir ab und begann die violette Flamme zu visualisieren.
In diesem Moment war ich mental mit allen elf Helfern unseres Teams verbunden.
Vor meinem inneren Auge breitete sich das Licht aus.
Ich ließ einen Lichtbogen entstehen.
In meinem Geist erfüllte er die ganze Synagoge.
Ich verband ihn mit dem Lichtzelt des Christentums und dem Lichtzelt des Islams, in dem Gedanken, dass sich jeder der es wolle, dieser Energie anschließen könne. In meinem Inneren sah ich, wie sich alles miteinander verband und in einer Einheit erstrahlte.
Die Pförtnerin war aus der Synagoge gekommen und blickte in meine Richtung. Sie schien verwundert.
Schulterzuckend ging sie zurück und schloss das Tor.

Es war vollbracht.
Ich wusste es.
Durch das Gittertor ging ich auf die Straße zurück.
Dort wartete ein Mann.
Er fragte mich nach dem Rabbi.
Er kam zu spät.
Ich sah auf die Uhr.
Es war Punkt sechs.
Wir beide blickten zum Portal.
Eine große Gruppe von Männern kam heraus.
Die große Tür fiel zu.
Die Synagoge war geschlossen.

Am Abend setzte ich mich an die Hotelbar und bestellte mir ein Bier und eine Schale Erdnüsse. Mehr gab es im Hotel nicht zu essen. Das musste reichen. Ich hatte keine Lust mehr irgendwo hinzugehen.
Ich verspürte eine große Müdigkeit und Erschöpfung.
Die junge Studentin hinter der Bar war freundlich und nett.

Trotz meiner Übermüdung entwickelte sich eine interessante Unterhaltung zwischen uns. Sie empfahl mir vor meiner Heimreise einen Abstecher zum Gediminas-Turm zu machen. Er sei sehr beliebt wegen seiner Lage und des sagenhaften Blicks über die ganze Stadt Vilnius.

Dienstag, 24.10.17

Ich hatte mir den Wecker früh gestellt. Die kurze Zeit, die mir bis zum Abflug blieb, wollte ich für einen lockeren Stadtbummel nutzen.
Gestern Morgen noch in Deutschland, hatte ich die Wetter-App überprüft.
Für den heutigen Tag in Vilnius hatte sie Regen vorausgesagt. Umso überraschter war ich, als ich aus dem Fenster meines Hotelzimmers sah.
Ich blickte in einen wolkenlosen blauen Himmel.
Trotzdem fühlte ich beim Aufstehen eine tiefe Schwere in mir. Gestern Abend noch hatte ich unzählige Seelen ins Licht geschickt. Diese Vorgehensweise war mir nicht unbekannt.
Jedoch hier in der Hauptstadt Litauens war es gravierend.
Ich musste gestern eine Menge in Gang gesetzt haben.
Vilnius war ein besonderer Ort.
Wahrscheinlich musste genau hier in dieser Stadt alle Schwere und Düsternis in die Leichtigkeit gebracht werden.
Der helle Frühstücksraum befand sich im Innenhof des Hotels. Er war von einer Glaskuppel überdacht, sodass man in den Himmel schauen konnte.
Ich frühstückte und holte mir Kaffee nach. Er hatte eine malzige Note, die mich an irgendetwas Vertrautes erinnerte. Lange dachte ich nach, kam aber nicht drauf.
Beim Auschecken in der Hotelhalle fielen mir die Vitrinen auf, in denen Bernsteinschmuck und andere von Hand gefertigte Bernsteinobjekte ausgestellt waren. Sehr hübsch waren die kleinen filigranen Bernsteinengel. Jedes Engelchen war anders, und alle leuchteten in

Hellgelb, Maisgelb, Orange und durchscheinendem Braun.
Dies waren die richtigen kleinen Mitbringsel für die fleißigen Helfer daheim. Jeder, der mitgeholfen hatte, sollte seinen eigenen Engel bekommen.
Kichernd dachte ich an Saint Germain und Co.
»Sorry, ihr müsst ohne auskommen. Ihr seid doch selber Engel. Trotzdem danke.«
Ich grinste in mich hinein.
Alles war erledigt, ich konnte das Hotel verlassen.

Durch die große Eingangstür trat ich hinaus. Die klare trockene Luft draußen roch nach Winter. Zuhause gab es Temperaturen dieser Art im Januar oder Februar.
Doch heute war Dienstag der 24. Oktober und ich befand mich in Litauen.
Ich machte mich auf den Weg in die Innenstadt. Dabei schlenderte ich durch kleinere Gassen.
Darüber hinaus verspürte ich eine seltsame Vertrautheit mit dieser Stadt.
Schließlich erreichte ich wieder den großen Platz vor der Kathedrale am Rande des Burgbergs. Der blaue Himmel dieses Morgens ließ alles in einem freundlichen Licht erscheinen. Im Sonnenschein sah die Basilika viel schöner und prächtiger aus als gestern. Ganz oben auf dem Berg erhob sich das Wahrzeichen der Hauptstadt Litauens.
Der Gediminas-Turm.
Um auf den Burgberg zu gelangen, musste ich mich zur anderen Seite des Hügels begeben. Der Fußweg zum Turm war mit unterschiedlich großen Steinen gepflastert und ein wenig holperig. Oben an der Mauer der Burg angekommen blieb ich stehen.
Der Rundumblick war grandios.
Bernsteinfarben schimmerte der Wald unterhalb des Burgbergs. Ich war erstaunt über die großen Waldflächen inmitten der Stadt.
Auch hier oben auf dem Berg empfand ich eine rätselhafte Vertrautheit mit allem, was mich umgab. Einen Moment lang tauchte ich in

dieses Gefühl ein.
Ein Geheimnis lag darin.
Ich ging ein paar Schritte weiter rechts an der Mauer entlang. Von hier aus blickte ich direkt auf die Kathedrale, unten am Fuße des Hügels. Mir kam das Bild des Untersbergs mit der Hubertushütte in den Sinn. Auch diese Hütte lag unmittelbar am Fuße des Bergmassivs. Mal wieder war es ein Gedankenblitz.
In gleicher Weise wie am Untersberg könnte ich auch hier die Energie von der Kathedrale durch den Berg nach oben ziehen.
Kurz entschlossen sah ich mich um.
Drüben standen Bauarbeiter.
Sie nahmen mich nicht zu Kenntnis.
Ansonsten war ich alleine.
In aller Ruhe legte ich meinen weißen und meinen schwarzen Stein auf den Boden.
Ich visualisierte die violette Flamme.
Vor meinem inneren Auge erschien der Energiestrahl, den ich gestern in der Kathedrale verankert hatte.
Deutlich nahm ich wahr, wie der Lichtstrahl mehr und mehr den ganzen Berg ausfüllte, bis die Lichtfontäne oben aus dem Hügel herausschnellte. Unverkennbar kraftvoll war das Energiefeld, das hier entstand.
Ich war hingerissen.
Wie spontan mal wieder alles ablief.
Und vor allem wie einfach es funktionierte.
Die Aktion musste jetzt definitiv abgeschlossen sein.

Alsbald machte ich mich auf den Rückweg. Dabei entschied ich mich für einen kleinen Schlenker, der mich an der alten Universität und am Präsidentenpalast vorbeiführte. Kurz drauf befand ich mich wieder auf meiner Hauptroute, aus deren Richtung ich gekommen war.
Plötzlich registrierte ich die Kirche.
Zum vierten Mal lief ich bereits an ihr vorbei.
Nur flüchtig hatte ich sie am Vortag im Vorübergehen wahrgenom-

men. Die letzten fahlen Sonnenstrahlen des Spätnachmittags hatten die goldene Kirchturmkuppel noch schwach erhellt. Allein deshalb musste ich die Kirche wohl gestern registriert haben.
An diesem Morgen strahlte die goldene Kuppel auffallend hell und klar.

Vor dem Eingang angekommen blieb ich stehen. Ich sah zum Kirchturm hinauf. Das Kreuz auf der Kuppel hatte einen schrägen Querbalken. Es war eine orthodoxe Kirche, vor der ich stand.
»Da muss ich auch noch rein.«
Ganz plötzlich kam der Gedanke.
Er war deutlich und klar.
Ich öffnete die große Tür und trat in einen Vorraum.
Er war schummrig und dunkel.
Eine Frau mit schwarzem Kopftuch musterte mich argwöhnisch. Sie trug ein bodenlanges schwarzes Kleid und hielt einen museumsreifen Besen in der Hand, dessen kurzer Stiel das Arbeitsgerät zweifellos untauglich machte.
»Wie unpraktisch, rückenschonendes Arbeiten geht anders…«, kam mir bei dem Anblick unweigerlich in den Sinn.
Einen Zuständigen für Gesundheitsfragen gab es hier offensichtlich nicht.
Wenn doch, musste er inkompetent sein.
Möglicherweise hatte die Frau deshalb so schlechte Laune.
Ich versuchte es mit einer behutsamen Geste.
Zurückhaltend blieb ich stehen.
Vorsichtig deutete ich an, dass ich beabsichtigte in das Innere der Kirche zu gehen.
Die Frau nickte unwirsch.
Dann deutete sie auf die große Schwingtür hinter sich und trat ein Stück zur Seite.

Ich betrat das Kircheninnere.
Dunkelheit umgab mich.

Alles war finster.
Nur sehr langsam zeichneten sich schemenhaft Strukturen ab, von denen ich nur ahnen konnte, was sie darstellen mochten.
Es war stickig.
Überall roch es nach Weihrauch und ich bekam kaum Luft.
Schwer und mächtig hing er im Raum.
Ein Gefühl aufkommender Übelkeit erfasste mich.
Nur undeutlich konnte ich jetzt dunkle Bilder und Kerzenständer erkennen.
Die Heftigkeit des Weihrauchs benebelte meine Sinne.
Ich spürte die Wucht der Schwere und Düsternis.
Plötzlich fing ich an zu schwanken.
Sofort musste ich handeln. Sofort!
Rasch legte ich mir beide Hände aufs Herz.
Im Geiste rief ich meine elf Begleiter um Hilfe.
Mit aller Kraft zentrierte ich mich.
Mein Herz begann wie wild zu klopfen.
Ich visualisierte die violette Flamme.
Mit aller Kraft zog ich die Energiesäule weiter.
Mein Herz raste.
Nein, ich durfte nicht umzufallen.
Ich musste es schaffen.
Immer wieder rief ich das Team aus der geistigen Welt dazu.
»Saint Germain, Opa, Papa... ohne euch geht das nicht.«
Bis zur Spitze hatte sich der Druck in meinem Brustkorb gesteigert.
Plötzlich und unerwartet verschwand der Druck.
Ich atmete erleichtert aus.
Vor meinem inneren Auge entstand ein Lichtzelt.
Es strahlte.
Jetzt erfüllte es den ganzen Raum.
Ich verband das entstandene Lichtzelt mit dem des Christentums, dem des Islams und dem des Judentums. Es würde jedem freigestellt sein, sich dieser Energie anzuschließen.
Alles erstrahlte in einer Einheit.

Der Druck in meinem Brustkorb war verschwunden.
Mein Herzschlag ging wieder normal.
Ich war fertig.
Erst jetzt registrierte ich die Frau mit dem schwarzen Kleid.
Sie hatte die ganze Zeit hinter mir gestanden.
Durch die Pendeltür verließ ich die Kirche.
Die Frau folgte mir und wischte mit dem Besen hinter mir her.
Die orthodoxe Kirche war definitiv das große Finale gewesen!
Sie hatte ganz klar und dennoch nebenbei mit auf dem Weg gelegen.
Einfach mal so, im Vorbeigehen hatte ich noch eine ungeplante, aber harte Nuss zu knacken gehabt!
Zum Glück hatte ich davon vorher nichts gewusst!
Gott sei Dank!
Wieder Sonnenschein und frische Luft!
Erleichtert atmete ich durch.
Ich trat aus dem Vorgarten der Kirche hinaus.
Ein großes, schlankes und dunkelhaariges Paar kam mir entgegen. Der Mann wie auch seine Frau fielen durch ihre auffallend schrägstehenden, katzenartigen Augen auf. Waren das schon wieder Außerirdische wie im Sommer auf der Reise nach Irland? Allmählich konnte ich das alles nicht mehr fassen. Ungeachtet dessen amüsierte mich dieser Gedanke.
Ich grinste in mich hinein.
An beiden vorbei steuerte ich in Richtung irgendeines Cafés oder Restaurants.
Immer noch war ich energetisch total geflasht.
Etwas weiter fand ich ein nettes Bistro.
Dort bestellte ich mir einen Cappuccino und ein süßes Stückchen.
Endlich befand ich mich wieder inmitten normaler Menschen und hatte dabei noch eine Kleinigkeit zu Essen.
Was wollte ich mehr?

Ein wenig später saß ich in einem Taxi, das mich zum Flughafen brachte.

Ich wollte nach Hause.
Es war genug.
Ich wollte in die Normalität zurück.
Im Flughafen hatte ich noch genügend Zeit, um durch Boutiquen zu schlendern und mich in der Wartehalle auszuruhen.
Nur einen kurzen Moment blickte ich auf.
Das große dunkelhaarige katzenäugige Paar ging an mir vorbei.
»Ob die wohl nach Irland wollen…? Wer weiß schon, wen sie dort treffen…?»
Dieser spontane Gedanke brachte mich zum Lachen.
Es war wieder einmal unglaublich.
An der Wand in der Wartehalle prangte eine riesige Europakarte.
Sie war das Schlussbild.
War diese Europakarte der Ausdruck dafür, was wir die letzten Monate alles erledigt hatten?
Übervoll mit Gedanken und Bildern von allem, was ich erlebt hatte, betrat ich die Lufthansa-Maschine. Alles hatte sich auf wunderbare Weise zusammengefügt. Eine wohltuende Gelassenheit breitete sich in mir aus.
Heute war der 24. Oktober 2017.
Ich hatte alles erledigt.
Dies musste der Abschluss gewesen sein.
Und die geistige Welt hatte mich dabei geführt.

»Guten Tag, willkommen an Bord.»
Die junge sympathische Stewardess nickte mir freundlich zu.
»In etwa anderthalb Stunden werden wir in Frankfurt landen. Durch die Stunde Zeitverschiebung sind wir sogar früher da.»
Sie lachte mich an und wies mit der Hand auf den Gang. Die Boardingkarte in der Hand machte ich mich auf die Suche nach meinem Platz. Nach ein paar Schritten hielt ich inne.
Unwillkürlich sah ich nach links.
Ich blickte in die strahlenden Augen einer Mutter, die ihr Kind im Arm hielt.

Es war wach und zufrieden und sah mir tief in die Augen.
Ich war glücklich.
Endlich durfte ich das Baby sehen.
Wie alles in unserem Universum hatte es seine Zeit gebraucht, um auf die Welt zu kommen.
In jedem neuen Leben wohnte das Wunder eines neuen Anfangs.
War unsere Geschichte womöglich gleichermaßen Bestandteil eines neuen Anfangs, der von der geistigen Welt eingeläutet wurde?
Wer wusste das schon so genau...

Aber eines stand sicher für mich fest.
Für alles, was hier passiert war, hatte ich die Normalität verlassen müssen.
Ich hatte mich von der geistigen Welt führen lassen.

42
Nachklang

Einige Tage später kamen Tim und ich von einem gemeinsamen Wochenende mit Basti aus Norddeutschland zurück. Der vorausgesagte Orkan im Norden hatte sich glücklicherweise in Grenzen gehalten.
»Endlich wieder daheim», stellte ich fest, als ich die Tür aufschloss.
Ich machte das Licht an und wir betraten die Wohnung.
Mein erster Blick galt der Rose.
Am Freitag vor der Abfahrt hatte ich sie vorsorglich vom Balkon ins Wohnzimmer geholt. Frostige Temperaturen waren vorausgesagt gewesen.
Bis zum Schluss hatte ich mich sorgfältig um die Rose gekümmert.
Die ganze Zeit über war ich mir meiner Verantwortung für das Wohlergehen dieser Pflanze bewusst gewesen. Sie gehörte zum Projekt der geistigen Welt mit dazu.

Die letzte Blüte war die Wichtigste.
Sie war die Vollendung.
»Tim, die fünfte Knospe ist aufgegangen. Es ist die Blüte des Nordostens.«

Wie ich mich freute.
Meine letzte Rose blühte!
Würde die Herzenergie vielleicht genauso wie diese Rose unsere Geschichte in Europa zum Blühen bringen…?

Eines Abends, Anfang November 2017 dann, saßen Tim und ich auf dem Sofa.
Es war etwa zwei Wochen her, dass ich von Vilnius zurückgekehrt war.
Tim nahm meine Hand.
»Inga, du solltest alles Erlebte aufschreiben, ich glaube, dass könnte wichtig sein.«
Dieses Mal ließ ich mir viel Zeit beim Überlegen.
»Ja, vielleicht… irgendwann einmal… später…«

43
Postskriptum

Bei der Entstehung dieses Buches erlebte ich wiederholt Initiationen. An besonderen Stellen schalteten sich immer wieder mein Großvater oder Saint Germain ein, um mir meine Gedanken nachdrücklich zu bestätigen. Sie meldeten sich vor allem dann, wenn meine Zweifel zu groß wurden.
Es war wiederholt energetisch intensiv und anstrengend. Erneut durchlief ich wichtige Transformationsprozesse, was das Schreiben manchmal verzögerte. So gelang mir der konkrete Abschluss erst, nachdem ich sämtliche Inhalte mehrfach konsequent durchleuchtet hatte.

Übrigens gilt bei all dem noch etwas anzumerken: Das Universum bedient sich mitunter bemerkenswert humorvoller Hinweise, was man kaum für möglich halten würde. Ich erfuhr es beim Schreiben dieses Buches ein paar Mal und immer musste ich herzlich darüber lachen. So war ich zum Beispiel an der Textstelle hängengeblieben, wo Miky zum Kloster Andechs fuhr. Ich beschloss zu pausieren. Kurz darauf stand plötzlich jener Bierkrug bei uns vor der Tür, der bereits seit einigen Tagen in der Hecke vor dem Haus gelegen hatte.
Er trug die Aufschrift: Kloster Andechs!
Damit ging es weiter im Text, so einfach war das.
Etwas unwahrscheinlich Reales hatte für mich auch die Passage, in der meine Mutter und ich Fotos aus Griechenland betrachteten. Ohne Umschweife erkannten wir beide auf dem Stein in Delphi ein Gesicht, das an Helmut Schmidt erinnerte. Das Gleiche galt für meinen Traum, in dem mir Willy Brandt begegnete. Lange Zeit wusste ich nicht, wie ich das niederschreiben sollte.
Dass mir die geistige Welt für die genaue Schilderung all dieser Geschehnisse ausdrücklich grünes Licht gegeben hatte, dürfte manchen Leser verwundern.
Eine ganze Zeit schon mit meinem Text hadernd, ging ich eines Nachmittags einkaufen. Beim Bezahlen erhielt ich als Wechselgeld ein funkelnagelneues Zweieurostück mit dem Porträt von Helmut Schmidt. Zu diesem Zeitpunkt wusste ich nicht um die Existenz einer derartigen Zweieuromünze. Wieder einmal war ich baff.
Dies als konkretes Zeichen betrachtend, beschloss ich weiterzuschreiben.
Meine größte Hoffnung ist, dass mein Buch verstanden wird.

43 Anhang Bilder

Hill of Tara in Irland

Mystische Cliffs of Moher

Der Untersberg bildet das Zentrum des Geschehens

Bild eines Altbundeskanzlers in einem Stein in Delphi?

Vier Präsidentenköpfe wie am Mount Rushmore?

Gewöhnlicher Milchschaum im Cappuchino oder Embryo mit Nabelschnur an Plazenta?

Trotz angesagtem Regen strahlender Sonnenschein am nächsten Tag

Rosenblüten öffnen sich analog zu den Ereignissen